中国服务外包发展报告

REPORT ON CHINA OUTSOURCING DEVELOPMENT

中国服务外包研究中心　编

2012

图书在版编目（CIP）数据

中国服务外包发展报告．2012 / 中国服务外包研究中心编．-- 北京：中国商务出版社，2012.5
ISBN 978-7-5103-0710-2

Ⅰ．①中…　Ⅱ．①中…　Ⅲ．①服务业－对外承包－研究报告－中国－2012　Ⅳ．①F719

中国版本图书馆CIP数据核字(2012)第095341号

中国服务外包发展报告2012
REPORT ON CHINA OUTSOURCING DEVELOPMENT 2012
中国服务外包研究中心 编

出　版：中国商务出版社
发　行：北京中商图出版物发行有限责任公司
社　址：北京市东城区安定门外大街东后巷28号
邮　编：100710
电　话：010-64515141（编辑三室）
010-64283818（发行部）
网　址：www.cctpress.com
邮　箱：cctp@cctpress.com
印　刷：北京联兴盛业印刷股份有限公司
开　本：787 毫米 × 1092 毫米　1/16
印　张：14　**字数**：350 千字
版　次：2012年6月第1版　2012年6月第1次印刷

书　号：ISBN 978-7-5103-0710-2
定　价：298.00 元

编辑委员会

编写成员

审核成员

学术委员会

专家委员会

序　言

尽管世界经济环境复杂多变，但以服务业跨国转移和要素重组为主的新一轮国际产业转移，物联网、云计算、新一代互联网和移动通信等新兴信息技术的蓬勃兴起，推动着全球服务外包的持续发展。大力发展服务外包，已成为我国积极参与全球经济、转变外贸发展方式的重要内容之一。

2011 年，是我国实施“十二五”规划的第一年。在各方面的共同努力下，我国服务外包接包合同额继续保持快速增长，国际市场份额进一步扩大，企业实力日益提升。同时，随着各项政策和制度不断完善、人才培养机制逐渐理顺、园区和城市功能更加健全，我国服务外包发展的总体环境进一步优化，产业创新步伐明显加快。

《中国服务外包发展报告 2012》以“创新发展”为主题，反映了 2011 年全球特别是中国服务外包产业发展的总体状况，对产业发展的新特点、新趋势进行了集中描述，并积极开展前沿理论和热点问题的探讨。希望本报告能为国内外关注中国服务外包产业发展的各界朋友提供有益的参考。

仇鸿

中华人民共和国商务部　部长助理

二〇一二年五月二十五日

前　言

在中华人民共和国商务部和国家其他相关部委的指导下，在中国企业界、学术界、地方政府部门和研究机构的支持下，中国服务外包研究中心组织编写了《中国服务外包发展报告2012》，全面反映中国服务外包产业的发展现状及趋势。

本报告围绕“服务外包在中国的创新发展”主题，从宏观到微观、从现状到发展趋势、从产业发展到政策推动，反映新情况、新特点，探讨前沿理论、热点问题，全面展示了2011——“十二五”规划实施的起步之年中国服务外包产业创新跨越发展的现状和趋势。

本报告共分为三个部分。

第一部分为发展报告。

第一章是服务外包发展概述。从服务外包市场、市场发展主体、市场发展环境三个方面描述了2011年中国服务外包产业的发展现状，解析了产业创新的情况。

第二章是服务外包行业。从信息技术外包（ITO）、业务流程外包（BPO）、知识流程外包（KPO）三个层面，遴选出八个典型领域：云计算服务外包、电子商务服务外包、金融服务外包、呼叫中心外包、物流与供应链服务外包、医药研发外包、动漫研发外包及工业设计外包，阐述行业发展现状、特征及趋势。

第三章是服务外包企业。根据2011年中国服务外包企业网络调查所获得的资料，从企业数量分布、经营情况、发展升级等方面反映企业发展特征，并摘选了部分企业创新成长的典型案例。

第四章是服务外包园区。通过对服务外包园区发展现状分析，展示园区产业集聚的特色，挖掘园区产业发展创新运营亮点。

第五章是服务外包城市。从发展概况、创新突破、发展趋势三个方面分析介绍了中国服务外包示范城市的服务外包发展情况。同时，对部分非示范城市的服务外包产业发展情况、特点和趋势作了分析介绍。

第六章是服务外包发展环境。报告梳理了2011年服务外包产业相关政策内容及政策落实情况，汇总了行业协会建设及投资促进活动开展现状，列举了服务外包领域信息安全及知识产权保护的创新举措。

第七章是服务外包人力资源与人才培养。介绍2011年服务外包人才现状，中央及地方政府在人才培养方面的推动措施，并从人才培养参与主体、运作方式、促进活动等方面展示中国服务外包人才培养体系的完善创新。

第八章是服务外包产业发展展望。从宏观经济环境、政策环境、技术环境出发，展望全球及中国服务外包产业的发展特征。

第二部分为专论。

围绕2011年服务外包产业发展热点问题进行专题讨论，包括制造业服务化、服务外包价值与中国经济转型、我国服务外包产业发展中的问题与思考、服务外包行业统计工作研究、战略视角下的服务外包人才培养体系、服务外包产业链创新发展研究等6篇专论。

第三部分为附录。

重点列举了2011年产业发展大事记、国务院及中央各部委关于促进服务外包发展的政策，中国服务外包示范城市发展情况以及代表性企业/园区/培训机构名录。

中国服务外包研究中心名誉主任 中欧国际工商学院院长

朱晓明博士

2012年5月25日

目　录

专 论

附 录

图解目录

表格目录

发展报告

第一章

服务外包发展概述

主要观点

▶ 全球离岸服务外包市场保持良好的发展态势

- 全年合同执行金额达 1 100 亿美元，同比增长 14%
- ITO 持续占据主导地位，约占整个服务外包离岸市场的 61%

▶ 产业快速增长，创新步伐加快

- 全年承接离岸服务外包合同执行金额 238.3 亿美元，同比增长 65.0%
- 信息技术外包（ITO）业务仍居于主体地位，从事研究、设计、开发等高端知识流程外包（KPO）业务的增长速度和所占比重迅速提升

▶ 离岸在岸协调发展

- 离岸规模稳步扩大，来自美国、欧盟、日本和中国香港等市场业务占据主导
- 在岸市场逐步释放，呈现出离岸外包与在岸外包协调发展的趋势

▶ 市场主体健康发展

- 全国新增服务外包企业 4233 家，离岸执行金额超过 1 亿美元以上大企业达 22 家，企业自主创新能力增强
- 服务外包园区成为中国服务外包产业的重要载体，部分领先园区开始探索高端发展道路
- 在示范城市和新兴城市带动下，全国服务外包产业出现区域化发展和整体化提升的良好互动格局

▶ 产业发展环境不断完善

- 服务外包的就业促进作用日益凸显，全年新增就业 85.4 万人
- 较为完善的服务外包产业政策支持体系已初步建立
- 通过政策支持、完善机制、加强宣传，产业创新发展环境不断完善
- 产业研究交流环境进一步健全

第一节 市场概述

一、全球市场背景

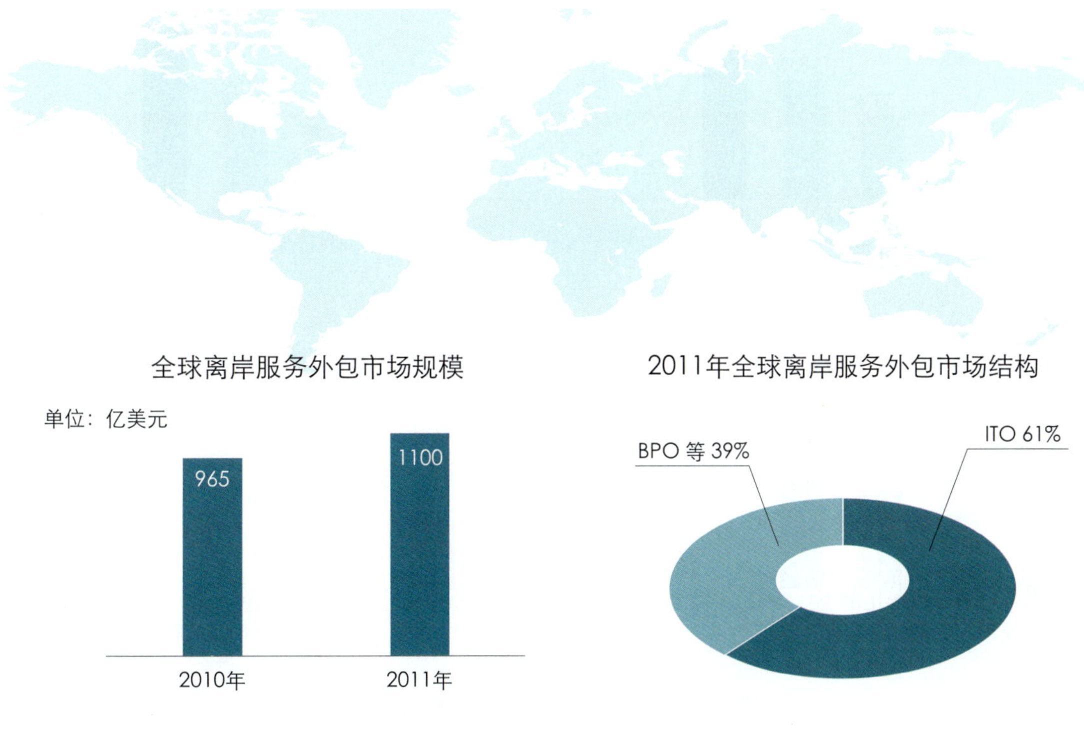

图 1-1 全球服务外包市场规模和结构

资料来源：中国服务外包研究中心。

2011 年，全球离岸服务外包市场保持良好的发展态势，全年合同执行金额达 1 100 亿美元，同比增长 14%，占全球服务支出市场的 13%。

在全球离岸服务外包市场中，ITO 持续占据主导地位，其中以软件研发外包及系统集成外包为主要领域，约占整个 ITO 市场的 45%。同时，得益于云计算等新兴技术手段的运用，整合资源渠道，提供行业平台型的业务流程整体解决方案成为可能，BPO（含 KPO 在内）领域的业务覆盖范围得到进一步拓展。

2011 年整体发包规模来看，美洲、欧洲、日本、韩国仍是主要的发包区域。美国仍然是最大的发包市场，美国的经济复苏和因金融危机而抑制延迟的服务需求开始启动，带来了发包市场扩张机遇。欧洲市场由于主权债务危机的影响，使得欧洲等主要发包市场的经济复苏呈现放缓态势，对服务外包产业的发展带来一定影响。

从承接方市场来看，成本及人才储备充足的优势，使得发展中国家仍然是全球服务外包产业的最大承接方市场，尤其是来自亚太地区的新兴发展中国家占据主导地位。但随着全球经济环境的变化，主要发包国为了保护本国工作岗位，反对业务离岸化等贸易保护主义措施有所抬头，发达国家的二、三线城市在全球接包地市场中的竞争优势有所显现。

二、产业发展概况

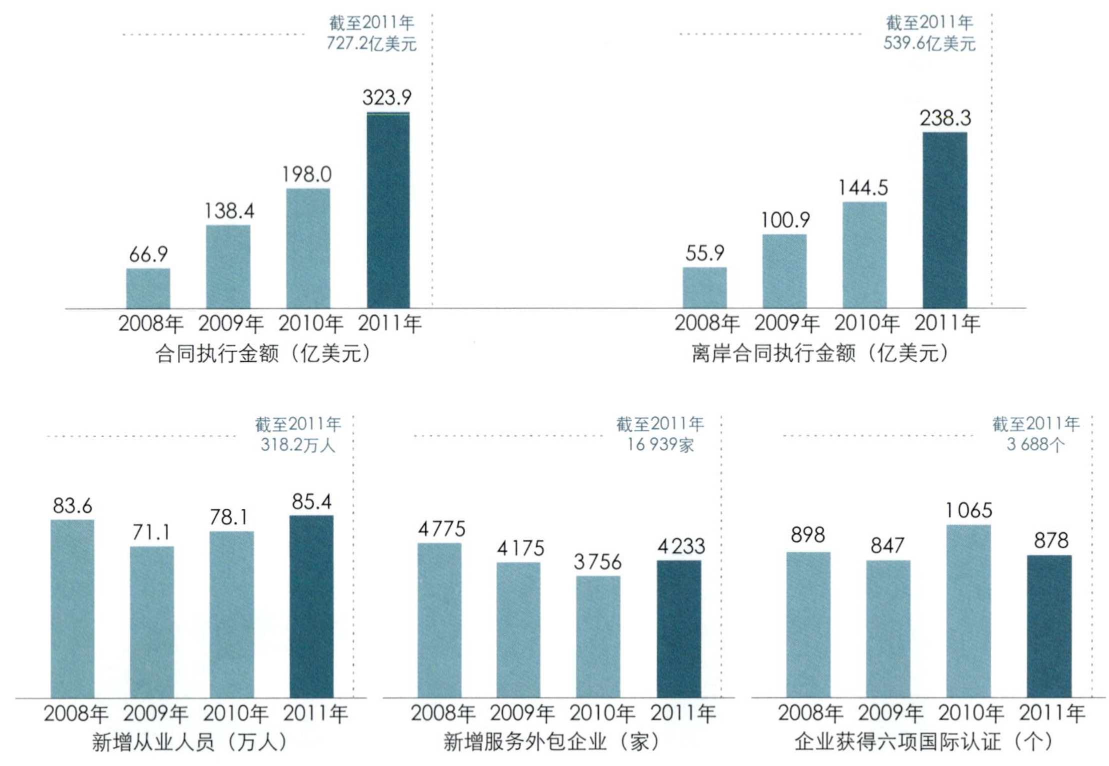

图 1–2　中国服务外包产业发展情况

资料来源：中华人民共和国商务部。

2011 年是我国“十二五”的开局之年，也是自 2006 年商务部提出“千百十”工程，促进服务外包产业发展的第 6 年。党的十七届六中全会通过的《关于深化文化体制改革推动社会主义文化大发展大繁荣若干重大问题的决定》提出，要“鼓励外资企业在华进行文化科技研发，发展服务外包”，我国服务外包产业步入拓展领域，加快发展的战略机遇期。2011 年我国服务外包产业快速增长，全年承接服务外包合同执行金额 323.9 亿美元，同比增长 63.6%，其中，承接国际（离岸）服务外包合同执行金额 238.3 亿美元，同比增长 65.0%，新增企业 4 233 家，新增从业人员 85.4 万人，企业新增六项国际认证 878 个。

三、产业创新概况

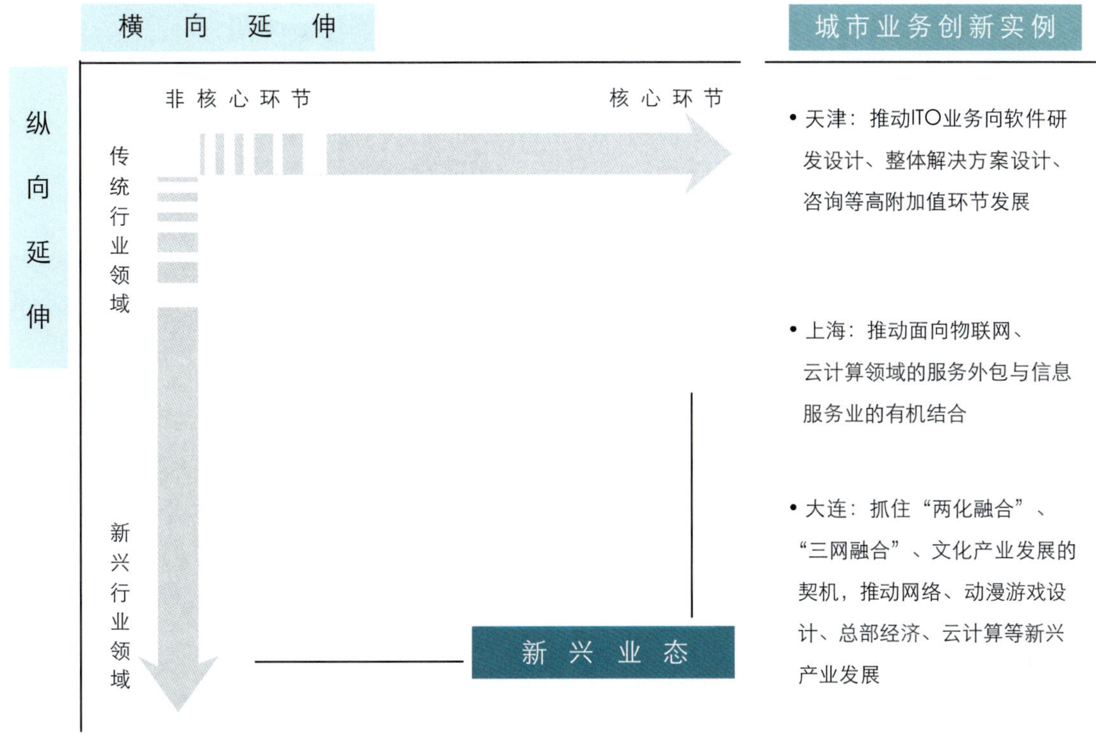

图 1–3 中国服务外包业务创新持续推进

资料来源：中国服务外包研究中心，示范城市年度工作汇报。

面对外部市场形势的变化以及内部成本不断上涨的挑战，中国服务外包产业的比较优势已经开始由低成本简单服务向具有成本优势的研发设计和整合服务转化，创新成为中国服务外包产业继续向高端延伸的必由之路。从我国服务外包企业承接业务类型来看，信息技术外包（ITO）业务仍居于主体地位，2011 年 ITO 产业执行金额 197.8 亿美元，占比 61.1%，成为我国的传统优势领域；KPO 业务快速增长，2011 年 KPO 产业执行金额 77.2 亿美元，同比增长 214.7%，占比 23.8%，成为我国服务外包产业参与国际竞争的新兴领域。随着我国服务外包产业创新持续推进，新兴业态不断涌现，产业链条逐步完善，服务外包产业呈现出向价值链高端延伸的趋势。

创新要素	创新内涵
• 主体要素：包括区域内的企业、大学、科研机构、中介服务机构和地方政府	• 政策创新：财政税收、人才培养、国际认证、园区建设、国际市场开拓等政策创新
• 功能要素：包括技术技能、管理职能和运行模式	• 模式创新：企业服务模式、园区运营模式、城市发展模式等创新
• 环境要素：包括体制机制、法律法规、基础设施建设和保障条件	• 技术创新：云计算、物联网、人工智能、三网融合等新一代信息技术的运用和发展
	• 机制创新：公共服务机制、学习交流机制、市场交易机制等创新

图 1–4 中国服务外包产业创新要素与创新内涵

资料来源：中国服务外包研究中心。

各级政府通过加大制度创新力度，培育一批引领技术革新、创新服务模式的服务外包企业，发挥科研机构、高校对服务外包创新的人才支持作用，营造良好的服务外包创新发展环境，不断加快创新实践的步伐。如北京以创新促发展，加快服务外包的"规模化、高端化和国际化"；上海明确"积极承接离岸，不断完善功能，重在发展高端，重点集聚总部，加强区域合作"的基本发展思路，创新产业特色；苏州将服务外包产业的创新体系建设作为2020年建成创新型城市的突破口和有力支撑；成都建设"创新外包"的魅力新城。这些实践不断演绎和丰富着中国服务外包产业的创新内涵。

第二节　服务外包市场

一、离岸市场发展

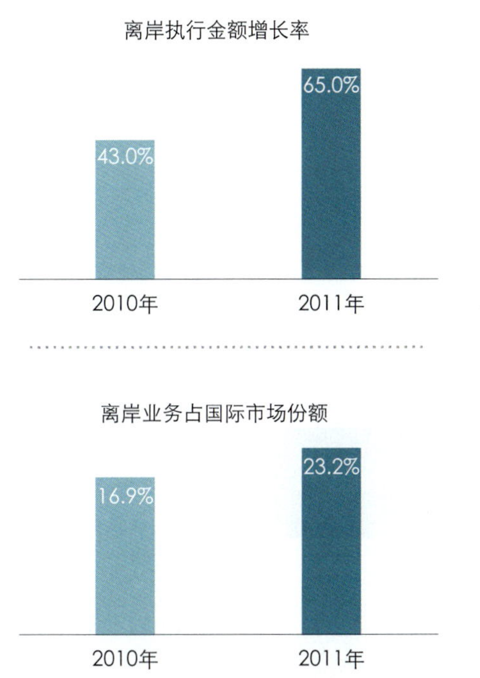

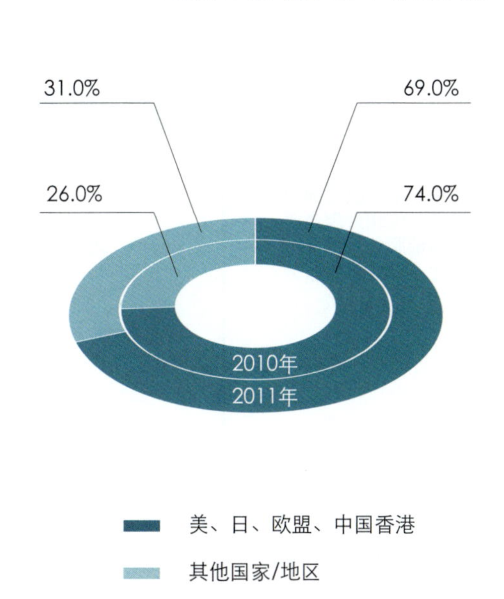

图 1–5　中国服务外包离岸市场快速发展

资料来源：中华人民共和国商务部。

2011 年承接离岸服务外包合同执行金额 238.3 亿美元，同比增长 65.0%，比上年提高 22 个百分点；占全球离岸市场比重为 23.2%，比上年提高 6.3 个百分点，我国服务外包产业国际市场份额进一步扩大。美欧日等仍是我国承接离岸外包业务的主要市场，其中美国占据最大规模，全年执行金额达到 61.3 亿美元，而来自日本市场的业务量增长率有所下滑。同时，拉丁美洲、非洲和大洋洲等新兴市场的拓展速度不断加快。2011 年，我国承接来自美国、欧盟、日本和中国香港等国家（地区）的离岸外包合同执行金额达 164.3 亿美元，占我国离岸外包合同执行总额的 68.9%。

二、在岸市场发展

培育和启动在岸市场

- 北京：加强政府部门协调，促进在岸业务释放
- 哈尔滨：要求政府信息化建设类项目必须面向社会招投标，进一步扩大在岸需求
- 厦门：推动政府部门、事业单位和大型企业，将内部服务外包给市场化、专业化的服务机构

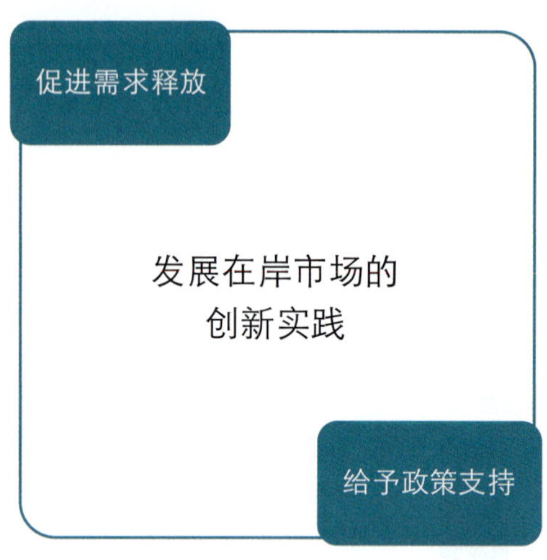

制定和实施在岸政策

- 广州：市级专项资金支持企业承接在岸发包业务，2011年安排专项资金支持在岸接包业务超2000万人民币的企业
- 合肥：在服务外包促进政策中，对服务外包企业从事在岸与离岸业务一视同仁，特别是对人才培训资金支持

图 1-6　城市发展在岸服务外包市场的创新实践

资料来源：中国服务外包研究中心、示范城市年度工作汇报。

伴随着我国产业结构调整加速推进，特别是以物联网、云计算为代表的新一代信息技术的发展为服务外包产业创新带来新的动力，中国庞大的内需市场得到进一步释放，在岸市场规模不断扩大。同时，产业支持政策也逐步关注到在岸服务外包，国办函〔2010〕69 号文指出“积极培育在岸服务外包市场，促进国际国内服务外包业务协调发展”，以及 2011 年国务院颁布了《进一步鼓励软件产业和集成电路产业发展的若干政策》（国发〔2011〕4 号），进一步对面向 ITO 业务在岸扶持政策得到突破。各地方政府也采取多种措施，紧盯国际国内两个市场，坚持离岸在岸一视同仁，产业逐渐呈现出离岸外包与在岸外包并重、协调发展的趋势。

第三节　市场发展主体

一、企业发展

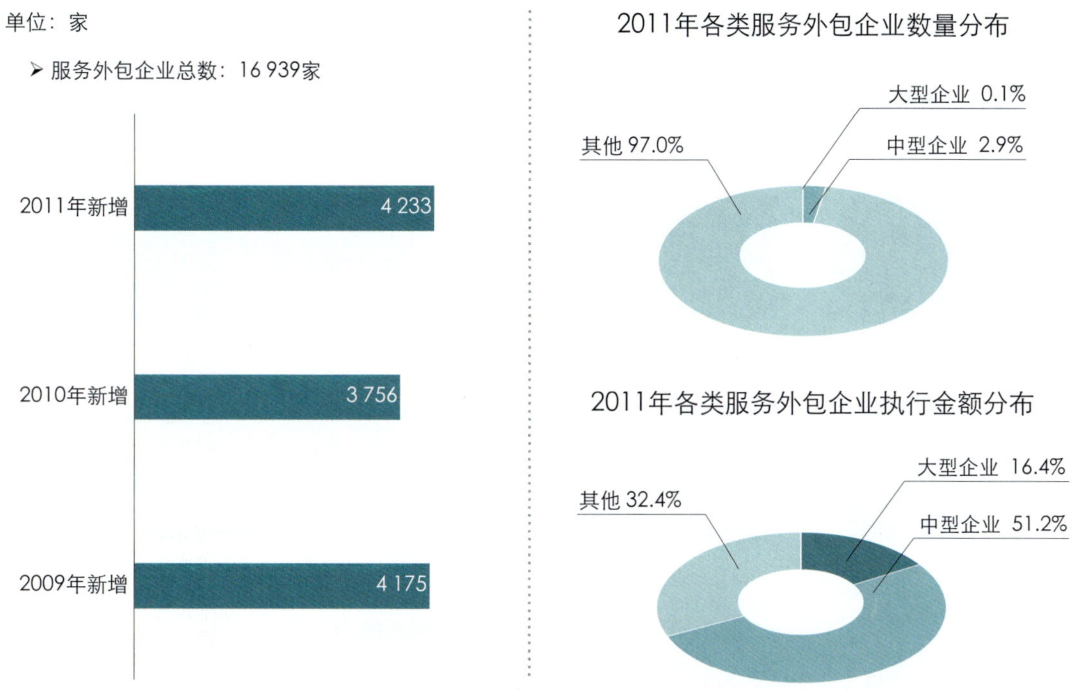

图 1-7　企业数量与企业规模分布情况

资料来源：中华人民共和国商务部。

2011 年，全国新增服务外包企业 4 233 家，同比增长 12.7%，累计企业总数已达到 16 939 家。其中，离岸外包合同执行金额超过 1 亿美元的大型企业共 22 家，比上年增加 7 家；而占据企业总数 2.9% 的中型企业，完成了全国离岸执行金额的 51.2%，大中型企业的规模效应逐步显现。

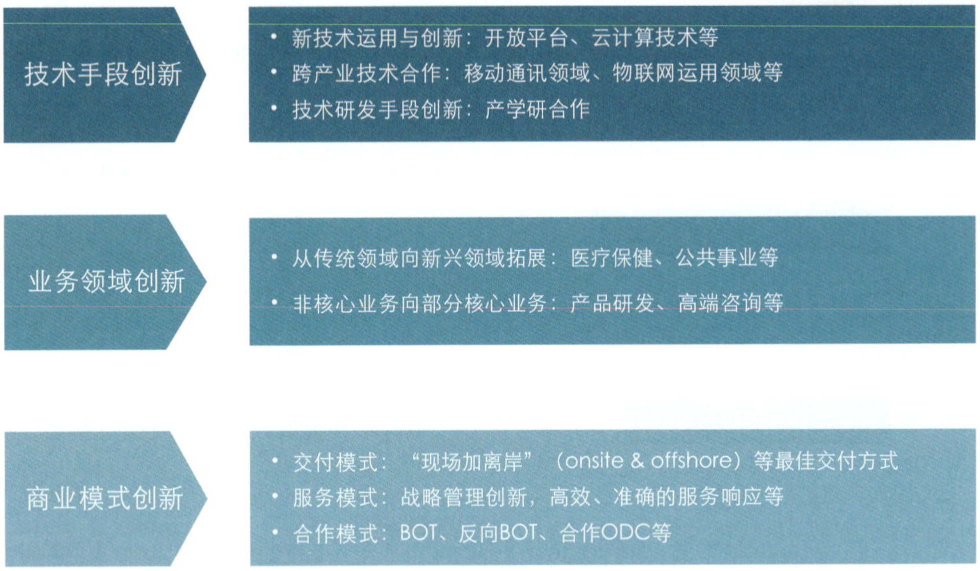

技术手段创新
- 新技术运用与创新：开放平台、云计算技术等
- 跨产业技术合作：移动通讯领域、物联网运用领域等
- 技术研发手段创新：产学研合作

业务领域创新
- 从传统领域向新兴领域拓展：医疗保健、公共事业等
- 非核心业务向部分核心业务：产品研发、高端咨询等

商业模式创新
- 交付模式："现场加离岸"（onsite & offshore）等最佳交付方式
- 服务模式：战略管理创新，高效、准确的服务响应等
- 合作模式：BOT、反向BOT、合作ODC等

图 1–8 服务外包企业提升创新能力

资料来源：中国服务外包研究中心。

顺应离岸服务购买商对服务模式不断创新的需求，依靠国内鼓励自主创新扶持政策，我国服务外包企业不断加大基础技术研发投入，组建高素质的研发团队和研发中心，加强在技术手段、业务领域和商业模式的创新，大幅提升自主创新能力。服务外包企业软件著作权数、申请专利数大幅增加，并积极争取通过各项国际认证。截至 2011 年底，企业获得各类认证数共计 8 321 个，其中六项国际认证 3 688 个，经认定的技术先进型服务企业达到 1 050 家。企业自主创新能力逐步增强，开拓国际市场能力得到显著提升。

二、园区发展

扩大品牌影响	丰富服务内涵	推进模式创新
北京中关村软件园 打造高端自主创新示范区 广州经济技术开发区 打造华南地区顶级的服务外包基地 齐鲁软件园 打造“济南硅谷” 苏州工业园区 打造“中国模式服务外包产业第一园” 无锡“Park”系列园区 形成各具特色、差异化发展	构建一站式金融服务平台 上海财大金融科技园提供“天使投资-典当行-小额贷款-担保贷款-银行贷款-VC、PE”的融资链条满足企业不同周期融资需求 全方位专业服务 深圳软件园建立了完备的人才培训、技术服务、金融服务、市场品牌四项服务为核心的软件产业服务体系 新技术研发运用平台 厦门市软件园拥有数字媒体技术服务平台、IT开发与测试平台、IC设计研发平台，并与厦门大学、华侨大学等高校共建开放性实验室、产学研基地	开发模式创新 大连软件园从“官助民办”到“引凤筑巢”，大力支持企业自建软件园 合作模式创新 合肥经济技术开发区与上海漕河泾新兴技术开发区合作共建了创新创业园，在服务外包产业和科技企业孵化器等多方面开展合作 产学研模式创新 南京模范路科技创新园区参与到驻区大学科技园建设和产业技术研究院建设中 功能模式创新 新加坡杭州科技园汇集产业发展、综合服务与生态景观三大功能，力争打造一个集生活、工作、休闲、学习于一体的“国际化、市场化、人文化、生态化”一流的综合园区

图 1-9　服务外包专业园区的高端化发展道路探索

资料来源：中国服务外包研究中心、示范城市年度工作汇报。

服务外包园区已经成为中国服务外包产业的重要载体，成为产业链的聚集和体现。截至 2011 年底，全国示范城市经认定的服务外包专业园区接近 150 家，各类服务外包园区贡献了全国服务外包产业产值的 80%。目前全国各级政府都将服务外包产业园区作为集中发展软件与服务外包产业的有效载体来重点推进，园区运营机制也逐步由“官办园区”为主向专业开发商主导、政府及各界力量辅助发展的模式转变。部分园区开始探索扩大品牌影响、丰富服务内涵、推进模式创新的高端发展道路。

三、城市发展

2011年服务外包离岸执行额地域分布情况

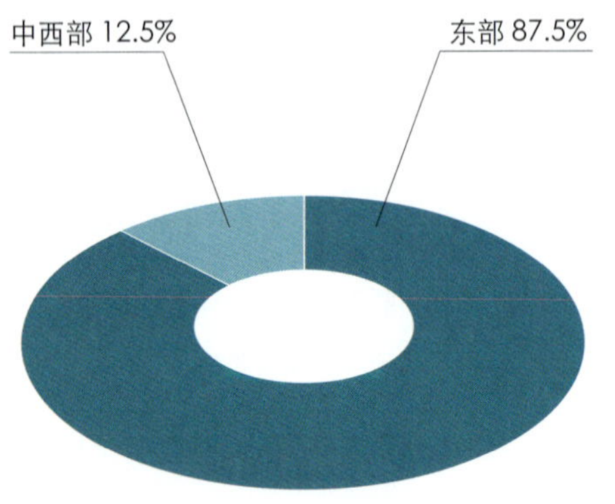

➢ 江苏、上海、广东、北京、浙江五省市离岸服务外包合同执行金额占全国的74.6%

2011年服务外包离岸执行额城市分布情况

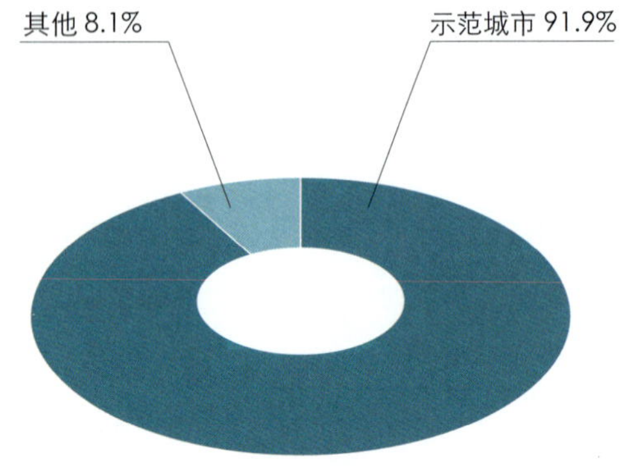

➢ 示范城市离岸执行金额占全国91.9%
➢ 示范城市新增企业数占全国63.8%
➢ 示范城市新增从业人员占全国77.8%

图 1-10 中国服务外包产业呈现集聚发展态势

资料来源：中华人民共和国商务部。

目前，东部地区是我国服务外包产业的集中区，中西部地区服务外包发展速度加快，发展潜力较大。2011 年，东部地区省市离岸合同执行额合计 208.6 亿美元，占全国离岸合同执行总额的 87.5%。中西部地区依靠丰富的人力资源、较低的综合成本，服务外包发展速度较快，承接离岸服务外包合同执行金额同比增速达一倍以上。从各个城市发展情况看，示范城市是中国服务外包发展的主力军，对全国服务外包离岸合同执行额贡献率度达 91.9%，引领带动作用不断增强。同时，一些服务外包新兴城市的迅速发展也成为 2011 年的一大亮点。宁波、青岛等城市服务外包离岸执行金额达到 2.8 亿美元以上。在示范城市和新兴城市加速发展的带动下，全国服务外包产业出现区域化发展与整体化提升的良好互动格局。

第四节 市场发展环境

一、人才培育环境

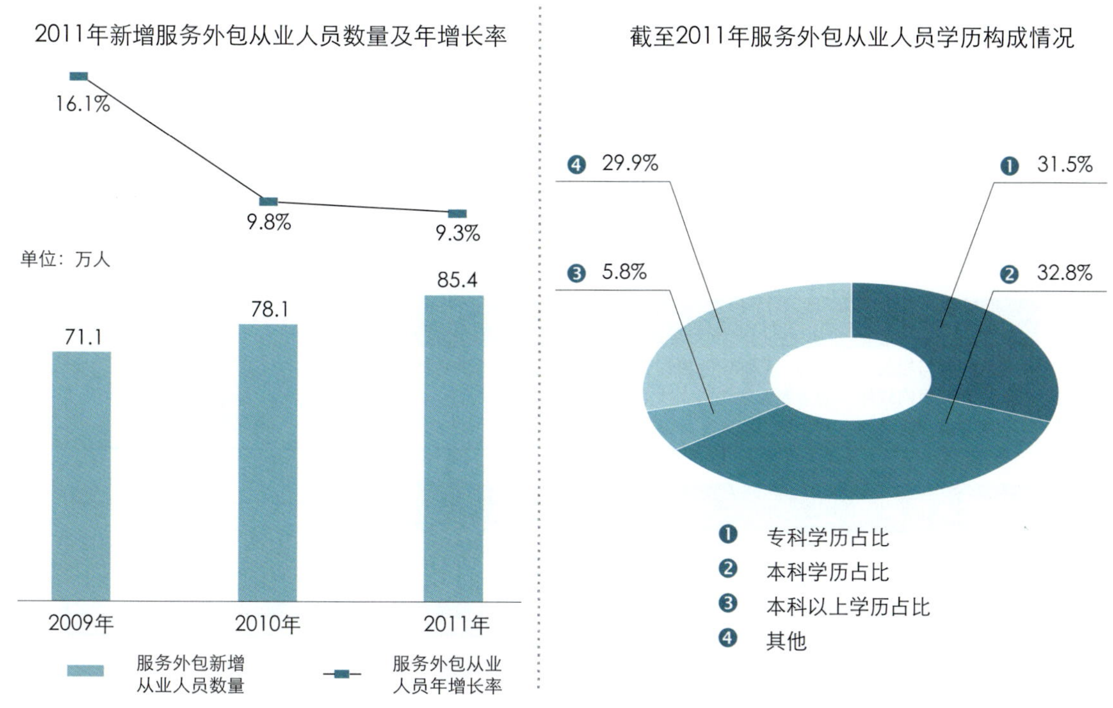

图 1-11 中国服务外包从业人员情况

资料来源：中华人民共和国商务部。

服务外包的就业促进作用日益凸显。2011 年新增服务外包从业人员 85.4 万人，其中新增大学毕业生（含大专）58.2 万人，占比达到 68.1%。截至 2011 年底，全国服务外包从业人员 318.2 万人，其中大学及以上学历 223.2 万人，占 70.1%。服务外包产业的人才素质不断提升，已成为吸纳中高端人才的重点领域。“十一五”期间，服务外包产业年新增大学生就业人数占当年大学生毕业人数的 7% 左右，2011 年该比率上升到了 8.8%。

加强政府引导
- 上海对服务外包企业接收大学生实习给予补贴
- 成都出台《成都市服务外包产业人才十二五规划》，从战略上谋划服务外包的人才培养方向
- 杭州以培训机构为枢纽，创新人才培养资金的发放和使用模式

创新培养模式
- 深圳依托互联网将国内18所高校实验室连接起来，构建了一个远程网上教学及项目管理实训体系
- 合肥与省内外高校合作建立与现有高等院校学分制教育体系并行的“实训学分教育体系”
- 厦门15家高校及48家软件企业共同发起，成立厦门市软件服务外包校企合作服务中心

丰富培训内容
- 北京加强与相关研究机构、高端国际咨询公司合作，开展服务外包高端培训
- 广州开展面向软件和动漫专业领域的人才培养培训工作
- 济南开展在服务外包人才培训和国际认证领域的探索

拓展宣传渠道
- 大连连续多年到东京、旧金山、首尔、悉尼等城市组织人才巡回招聘活动
- 西安建设多层级、分领域的人才动态信息库，实现了与中华英才网、园区网站等的链接交换
- 无锡在教育部、商务部支持下，成功主办了第二届中国大学生服务外包创新应用大赛

图 1-12 服务外包培养培训创新实践

资料来源：示范城市年度工作汇报。

作为人力密集型产业，人才培养是服务外包产业发展的关键。目前我国已经基本形成了学历教育加职业教育，理论教育加技能培训相结合的服务外包人才培养模式。在学历教育方面，除已经开设的服务外包相关专业的专科、本科教育外，本年度教育部还在北京航空航天大学、厦门大学等高校，增设了云计算专业，授予移动云计算工程硕士专业学位，培育产业发展急需的高级人才。各地也在积极探索多元化的人才培养培训的模式创新与体制完善，2011 年全国新增受训人数超过 16 万。

二、政策制度环境

完善法律法规

- 上海、广州、哈尔滨、南京、西安、济南、杭州、厦门等城市研究制定服务外包产业知识产权与信息安全保护指导意见和相关法规
- 对企业获得信息安全认证给予支持
- 奖励拥有自主知识产权产品、知识产权的服务外包企业

加强宣传培训

- 定期组织召开服务外包知识产权、信息安全保护知识讲座、和政策宣传活动
- 委派专职技术人员和法律顾问走访企业，开展调研，动态了解情况
- 培训专业服务外包知识产权和信息安全保护领域相关人才

创新服务模式

- 成都知识产权特派员制度、免费为企业开展“一站式”知识产权服务
- 成都、济南、合肥等城市设立电话、公众信箱、知识产权网等完善侵权投诉举报渠道
- 南京、大庆等地建立专利技术展示交易平台

开展合作交流

- 大连建设软件和信息技术服务信誉体系，启动个人信息保护评价工作，与国际专业机构实现了互相认可
- 广州与香港特区政府有关机构交流推进穗港两地信息安全合作建设工作
- 合肥强化与电信等三大运营商的对接，从基础网络架构等方面切实加强信息安全

图 1–13 知识产权与信息安全保护的创新实践

资料来源：示范城市年度工作汇报。

服务外包作为新兴的战略性产业，备受各界关注，国务院先后出台了一系列扶持政策措施，地方政府也配套出台特色产业政策，中国已初步建立起较为完善的服务外包产业政策支持体系。2011 年，国务院颁布了《进一步鼓励软件产业和集成电路产业发展的若干政策》（国发〔2011〕4 号），并决定开展深化增值税制度改革试点工作，这两项具有重大意义的国家政策将从推动在岸服务外包市场发展和降低企业境内转包和分包业务成本等方面，为服务外包企业带来利好。

对于以信息和数据作为产品的服务外包产业，安全、公平的商务环境至关重要。各地在加大政策支持的同时，不断加强知识产权和信息安全保护力度，为更好接轨国际市场，营造出高标准的行业法律制度环境。

三、创新发展环境

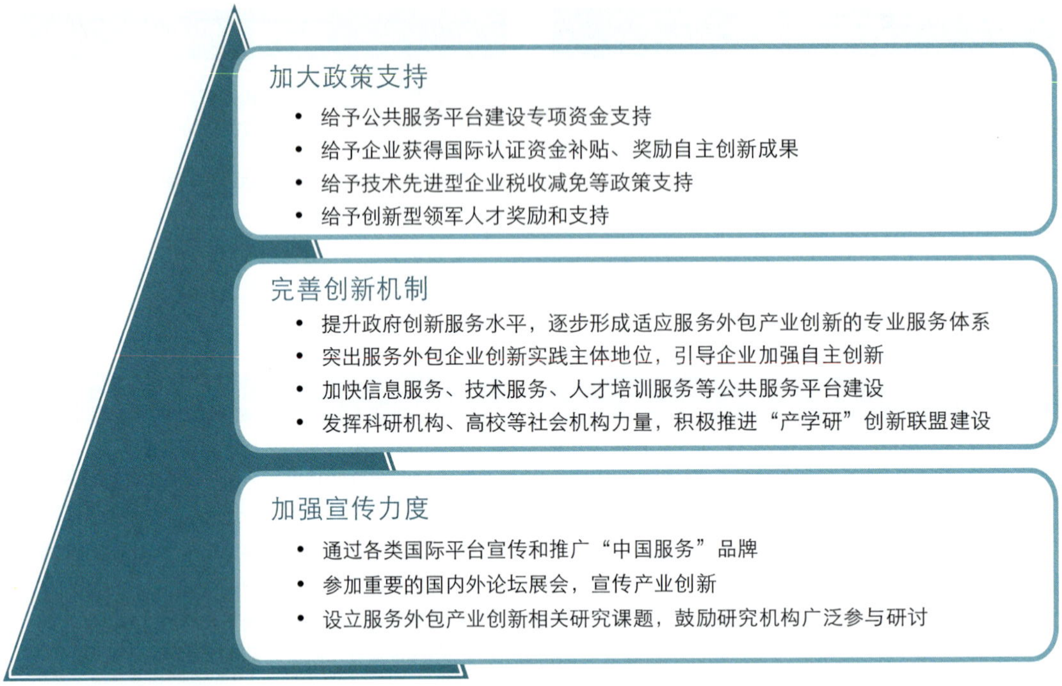

加大政策支持

- 给予公共服务平台建设专项资金支持
- 给予企业获得国际认证资金补贴、奖励自主创新成果
- 给予技术先进型企业税收减免等政策支持
- 给予创新型领军人才奖励和支持

完善创新机制

- 提升政府创新服务水平，逐步形成适应服务外包产业创新的专业服务体系
- 突出服务外包企业创新实践主体地位，引导企业加强自主创新
- 加快信息服务、技术服务、人才培训服务等公共服务平台建设
- 发挥科研机构、高校等社会机构力量，积极推进“产学研”创新联盟建设

加强宣传力度

- 通过各类国际平台宣传和推广“中国服务”品牌
- 参加重要的国内外论坛展会，宣传产业创新
- 设立服务外包产业创新相关研究课题，鼓励研究机构广泛参与研讨

图 1-14 中国服务外包产业创新环境不断完善

资料来源：中国服务外包研究中心。

全球服务外包市场竞争日益激烈，无论是传统的服务外包强国还是一些新兴国家和地区，都在加快服务外包发展。而作为服务业全球转移的重要形式，服务外包产业自身也在不断的完善，随着技术创新的不断发展，服务外包涌现出各种业态、模式和领域。中国政府和企业都认识到要在竞争中取胜，必须牢牢把握产业发展新趋势，在创新中找到产业发展的增长点，把创新作为服务外包产业提升核心竞争力的重要推力。为了赢得创新发展先机，各级政府正通过加大政策支持、完善创新机制、加强宣传力度等方式，营造适合服务外包产业创新的外部环境。

四、研究交流环境

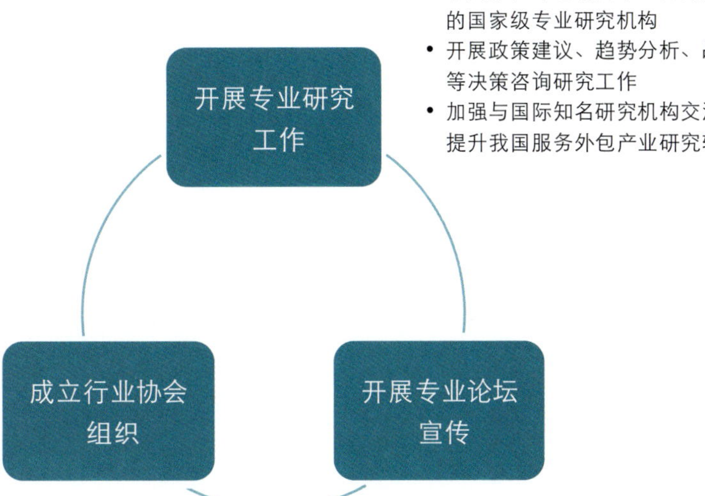

图 1–15 中国服务外包产业研究交流环境

资料来源：中国服务外包研究中心。

随着中国服务外包产业规模逐步扩大，产业生态链逐步完整。2010 年经中编办批复，中国服务外包研究中心为商务部直属的国家级专业研究机构，2011 年中心完成注册登记；全国性服务外包行业协会着手筹备，各地的地方性行业协会相继成立；中国国际服务外包交易博览会、中国国际服务外包合作大会等品牌推介活动为我国服务外包企业搭建了畅通的国内外交流平台。服务外包专业研究机构、行业协会的成立，将有效指导产业发展，为政府决策、规范行业自律行为、提升行业整体竞争力提供参考意见，从而加强政府、城市、园区与企业间的互动交流，达成提升行业资源整合能力的目标。

第二章

服务外包行业

主要观点

▶ ITO 业务持续占据主导

- 2011 年多数示范城市 ITO 业务占比超过 50%，北京、大连、南昌等城市 ITO 业务发展迅速
- 2011 年离岸 ITO 业务稳步提升，国内市场 ITO 业务发展需求旺盛，产业升级日趋加快，ITO 企业规模扩大

▶ BPO 业务保持迅速增长

- 2011 年深圳、厦门、广州、合肥等城市 BPO 业务发展各具特色，BPO 业务执行金额占服务外包总执行金额的 30% 以上
- 金融行业是我国 BPO 业务发展的重要动力，BPO 业务从低端业务向高端业务发展

▶ KPO 业务比重逐步上升

- 中国 KPO 业务尚处于初步发展阶段，在生物医药研发外包、动漫设计外包和工业设计外包等领域取得较为突出的成就
- 金融机构创新为我国 KPO 业务发展带来契机，传统的大型 BPO 公司向 KPO 升级发展趋势加速

第一节 ITO业务发展概述与展望

一、现状特征与发展趋势

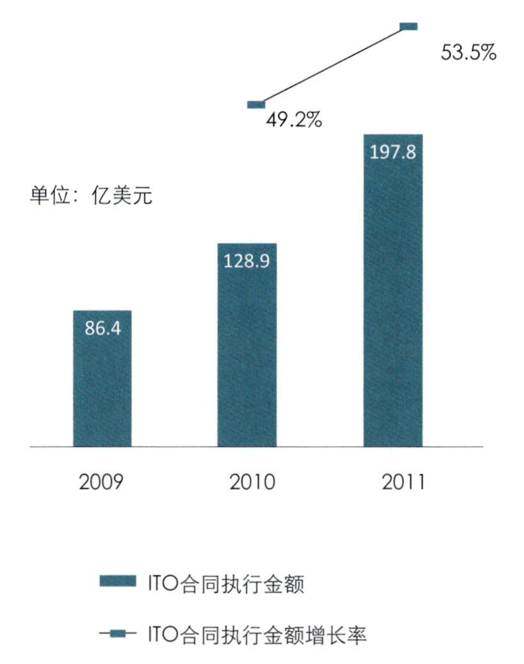

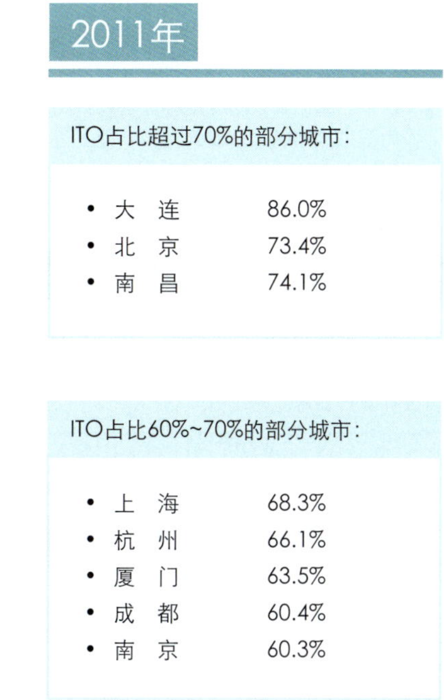

图 2-1 2009～2011 年 ITO 业务发展情况

资料来源：中华人民共和国商务部，示范城市年度工作汇报。

ITO业务是中国服务外包的主要业务领域。2011年全国ITO合同数69 730份，业务执行金额达197.8亿美元，同比增长53.5%。2011年多数示范城市离岸ITO业务占比超过50%，其中北京、大连、南昌等示范城市ITO业务发展迅速。北京市形成了以软件外包为主的ITO产业特色，大连市ITO业务以对日的软件研发外包为主，南昌市ITO业务主要集中在系统操作服务、系统应用服务及基础技术服务领域。

2011年ITO业务主要呈现以下发展特点与趋势：1. ITO业务稳步发展。《国务院关于印发进一步鼓励软件产业和集成电路产业发展若干政策的通知》（国发〔2011〕4号）的颁布，从人才、资金、平台、服务等多方面加强了对ITO业务的支持，推动ITO业务的稳步发展。2. 本土市场日益成为产业关注重点。随着我国信息化建设的全面开展和推进，政府项目发包的增加，国内市场ITO业务发包需求旺盛。3. 产业升级趋势加快。ITO企业已经从提供应用程序开发、测试业务等服务向提供解决方案等高价值服务转移。从通过人力派遣驻扎客户端完成指定工作量的商业模式，向引进IT系统管理体系提高管理水平的高效商业模式探索。4. ITO企业规模扩大。面对全球离岸服务外包市场的竞争压力，诸多ITO企业在控制成本、加强品牌宣传推广的同时，更加注重全球业务网络的建设，通过并购及合作等方式设立海外分支机构，扩大企业规模，提升海外接单能力，开拓海外市场。目前国内万人规模企业以ITO企业为主。

二、典型领域的发展现状及趋势

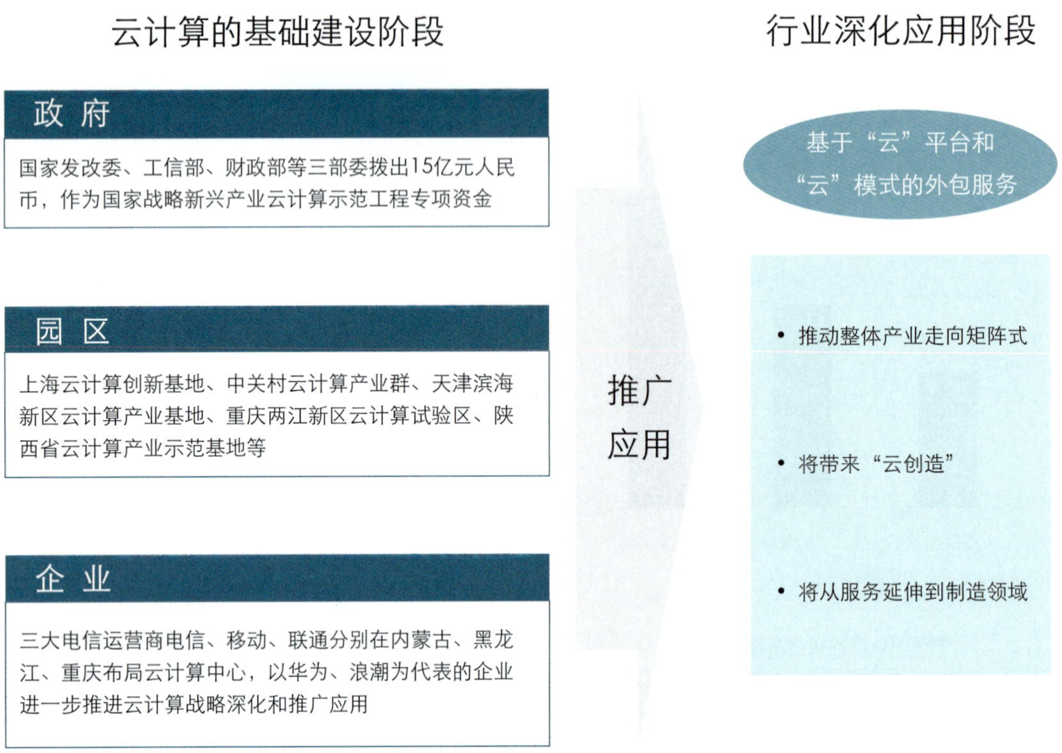

云计算的基础建设阶段

行业深化应用阶段

政 府

国家发改委、工信部、财政部等三部委拨出15亿元人民币，作为国家战略新兴产业云计算示范工程专项资金

园 区

上海云计算创新基地、中关村云计算产业群、天津滨海新区云计算产业基地、重庆两江新区云计算试验区、陕西省云计算产业示范基地等

企 业

三大电信运营商电信、移动、联通分别在内蒙古、黑龙江、重庆布局云计算中心，以华为、浪潮为代表的企业进一步推进云计算战略深化和推广应用

推广应用

基于“云”平台和“云”模式的外包服务

- 推动整体产业走向矩阵式
- 将带来“云创造”
- 将从服务延伸到制造领域

图 2-2 云计算服务外包

（一）云计算服务外包

2011年被IT业界认为是云计算的元年，政府、园区、企业都积极参与云计算的基础设施建设，并探索“云”的推广应用，云计算由大规模基础设施建设逐步迈向行业深化应用阶段。基于“云”平台和“云”模式的外包服务日趋成为外包行业发展的主流和趋势，主要呈现如下特征：

1．云外包推动整体产业走向矩阵式，分工变得越来越专业、越细分。云外包推动服务外包企业与用户和合作伙伴一起实现价值的协同创造，从而促使了共生关系的建立，诸多公司联合在一起创造出更为全面的解决方案以满足市场需要，提升了效率。

2．“云外包”将带来“云创造”。在众包概念的基础上，云创造就是企业与个人和其它公司等外部机构合作创造新的商业服务。企业将越来越多地利用云生态系统创造竞争优势，协调活动以获得价值。

3．云外包将从服务延伸到制造领域。随着制造服务商（EMS）与设计制造商（ODM）的疆域日渐模糊，在云服务构架下，预期未来设计制造整合服务（DMS）模式将取代EMS，制造业将从“成本”导向延伸至“设计”导向。

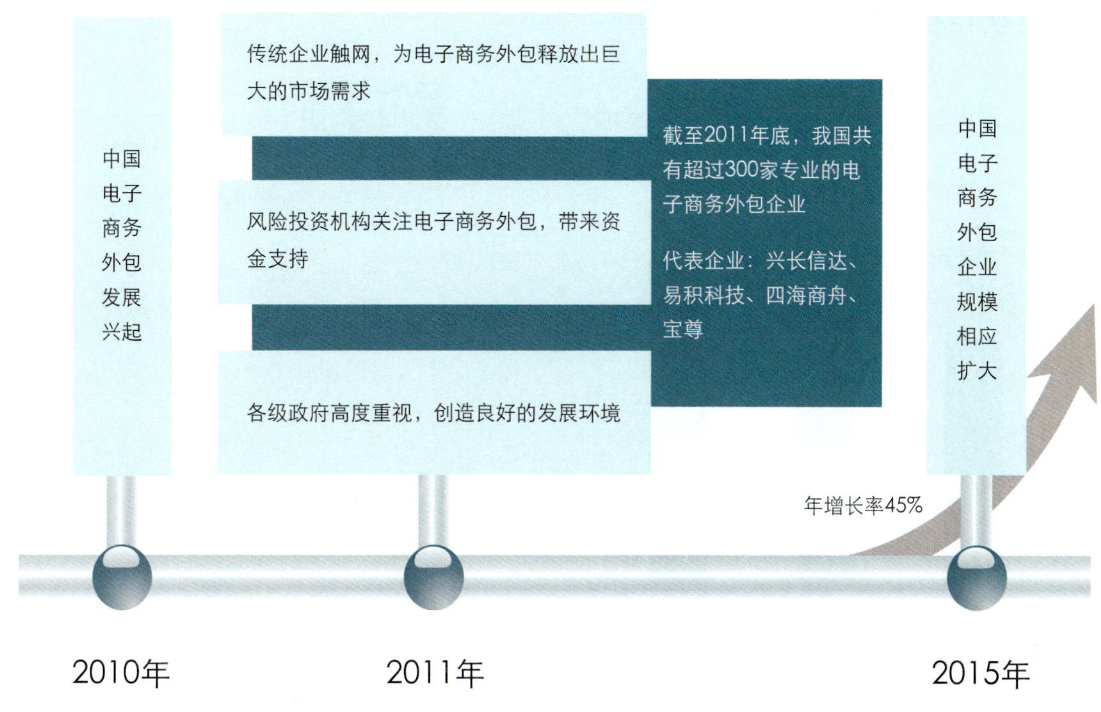

图 2–3 电子商务服务外包

资料来源：鼎韬外包服务有限公司。

（二）电子商务服务外包

2011 年我国电子商务外包产业快速发展，面临巨大的发展机遇：传统企业纷纷触网为电子商务外包释放出巨大的市场需求；风险投资机构纷纷关注电子商务外包带来了资金支持；从国家到地方各级政府的高度重视和政策支持创造了良好的发展环境。据鼎韬调研统计，截至 2011 年底，我国共有超过 300 家专业的电子商务外包企业。“十二五”期间，企业数量将以 45% 左右的速度增长，企业规模相应扩大。

随着电子商务的不断发展及外包需求的扩大，服务领域已经涉及咨询、策划技术、产品编辑、管理、运营、物流、支付、平台建设及维护等多个环节。电子商务外包呈现以下主要特征：

1. 产业范畴及服务拓展深化。随着电子商务产业的发展，将对电商外包企业的服务提出更多更高的要求，从而不断扩大电商外包的市场体量，拓宽电商外包产业的覆盖范围并深化和提升电商外包企业的服务内容和水平。

2. 企业专注业务链的整合和完善。电子商务外包企业开始专注于产业链的整合，提供电子商务外包整个业务链服务，即从规划、网站建设及运营、产品拍摄编辑、品牌推广、营销策划、售后服务、整体运营等一系列的外包服务内容，为企业提供电子商务整体解决方案，如北京兴长信达科技发展有限公司就是一个提供领先的电子商务和互动式营销解决方案的龙头企业。

第二节 BPO 业务发展概述与展望

一、现状特征及发展趋势

2011年

BPO占比超过30%的部分城市：

- 深 圳 43.3%
- 重 庆 37.0%
- 厦 门 35.9%
- 广 州 31.7%
- 合 肥 30.2%

BPO占比10%~30%的部分城市：

- 天 津 28.0%
- 西 安 19.3%
- 上 海 13.9%
- 大 连 13.0%
- 北 京 12.1%

图 2-4 2009 ～ 2011 年 BPO 业务发展情况

资料来源：中华人民共和国商务部，示范城市年度工作汇报。

2011 年我国 BPO 业务持续保持快速增长，全年签约合同数 21 327 份，执行金额达 48.7 亿美元，同比增长 22.1%。深圳、重庆、厦门、广州、合肥五个城市在 BPO 业务领域表现突出，占各城市服务外包离岸执行金额的 30% 以上。其中深圳市主要集中在金融服务外包、物流供应链管理服务外包与采购中心，重庆市主要集中在数据存储、数据处理、客户服务、金融和电信后台业务运营服务，厦门市主要集中在物流供应链管理服务，广州市主要集中在数据库服务及供应链管理服务，合肥市主要集中在医学检测外包、金融后台服务、数据挖掘处理等。

目前我国 BPO 业务主要集中在金融服务外包、人力资源外包、财务外包、呼叫中心外包、物流与供应链管理外包等领域。其中，呼叫中心是中国 BPO 细分服务行业中最成熟的外包服务领域。此外医疗外包服务是近年来涌现出来的新业态，发展潜力巨大。

2011 年，我国 BPO 业务发展特征及趋势：1. 金融行业依然是我国 BPO 业务发展的主要动力。由于金融后台服务中心的科技含量高、吸纳就业量大等特点，全国至少已经有 14 个城市提出建设金融后台服务基地的构想与规划。2. 从基础服务向专业服务发展，从低端向高端发展。随着 BPO 业务的深入发展，发包方对服务外包理解的加深、信息安全环境的完善，BPO 从服务于多个行业发展的人力资源外包、呼叫中心外包、财务管理外包等向专业化服务方向发展，如金融领域的信用卡处理、支付处理等。同时也呈现从低端业务向高端业务发展的趋势，以物流与供应链外包为例，从单纯的物流数据处理、订单管理等向供应链管理服务发展。

二、典型领域的发展现状及趋势

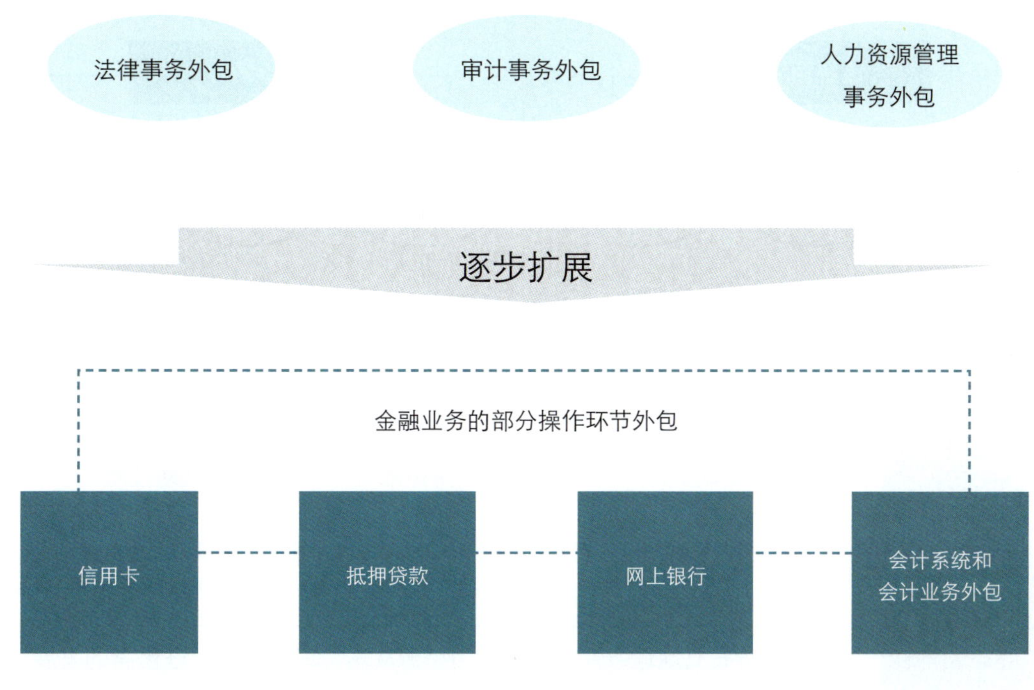

图 2-5　金融服务外包发展趋势

（一）金融服务外包

中国金融服务外包仍处于发展的起步阶段。从世界范围看，由于银行机构、保险、证券等金融领域需要大力发展理财、金融衍生品、资产管理等业务，为我国发展金融服务外包提供了广阔空间。

金融服务外包业务涉及面广，已经从法律事务外包、审计事务外包、人力资源管理事务外包，逐步扩展到信用卡、抵押贷款和网上银行等金融业务的部分操作环节外包，甚至是最为核心的会计系统和会计业务。

目前，中国金融服务外包行业仍处于发展初期，供应商与金融机构尚处于浅层次、被动式合作阶段，供应商所承接的业务多以低端为主，服务模式主要是严格按照发包方要求和标准，完成接包任务，基本上是被动接受任务、被动提供服务。但随着 BPO 外包商对业务流程理解的不断深入，一些外包商的业务服务内容沿着价值链向高端不断延伸，进而支持甲方进入到基于知识型的、侧重流程创新、市场研发和业务分析为主的领域。

呼叫中心外包服务领域发展趋势

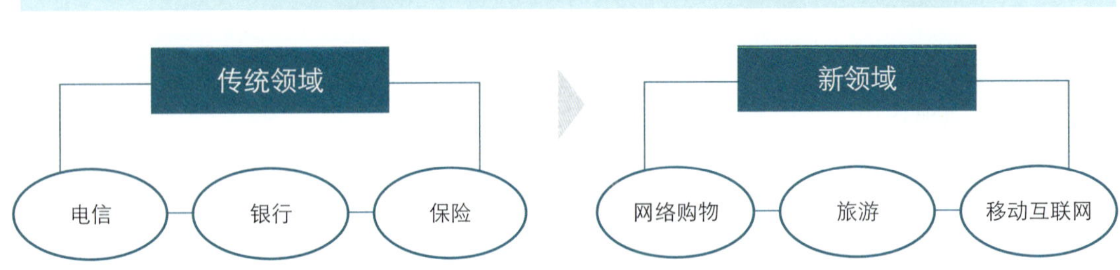

呼叫中心外包服务方式发展趋势

云计算呼叫中心

3G技术　物联网技术　移动互联网技术

从过去单一的语音逐渐向融合语音、Web、视频等多种联络方式演进

支持分布式地理条件，降低人力资源成本，或将催熟家庭坐席的发展

图 2-6　呼叫中心外包发展趋势

（二）呼叫中心外包

呼叫中心产业在近年发展势头强劲，已经成为服务外包产业发展最成熟的细分领域。目前中国的呼叫中心业务主要来自内需市场，发包商注重低价服务，市场竞争也相当激烈，企业利润低。随着外资企业的进入，把一些先进的技术和成熟的管理经验带进来，在整体上带动中国呼叫中心运营管理水平的提升。

2011 年云计算呼叫中心行业发展迅速，不仅应用成熟、覆盖广泛，业务模式已经日趋成熟。新兴通信技术的发展，如 3G 技术、移动互联网技术、物联网技术等逐渐成熟并应用广泛，使得呼叫中心的服务渠道也发生转变，从过去单一的语音逐渐向融合语音、Web、视频等多种联络方式演进。同时，云呼叫中心对于分布式地理条件的支持，不仅解决了人力资源成本等难题，并且随着 SIP 技术的发展，或将催熟家庭坐席的发展。部分外包呼叫中心已开始朝二、三线城市发展。

另外，新兴产业的出现，尤其是电子商务产业也为呼叫中心外包带来了巨大的发展机遇。无论是作为售前售后服务环节，还是核心销售环节，或者后续营销推广环节，呼叫中心在电子商务中不可或缺。

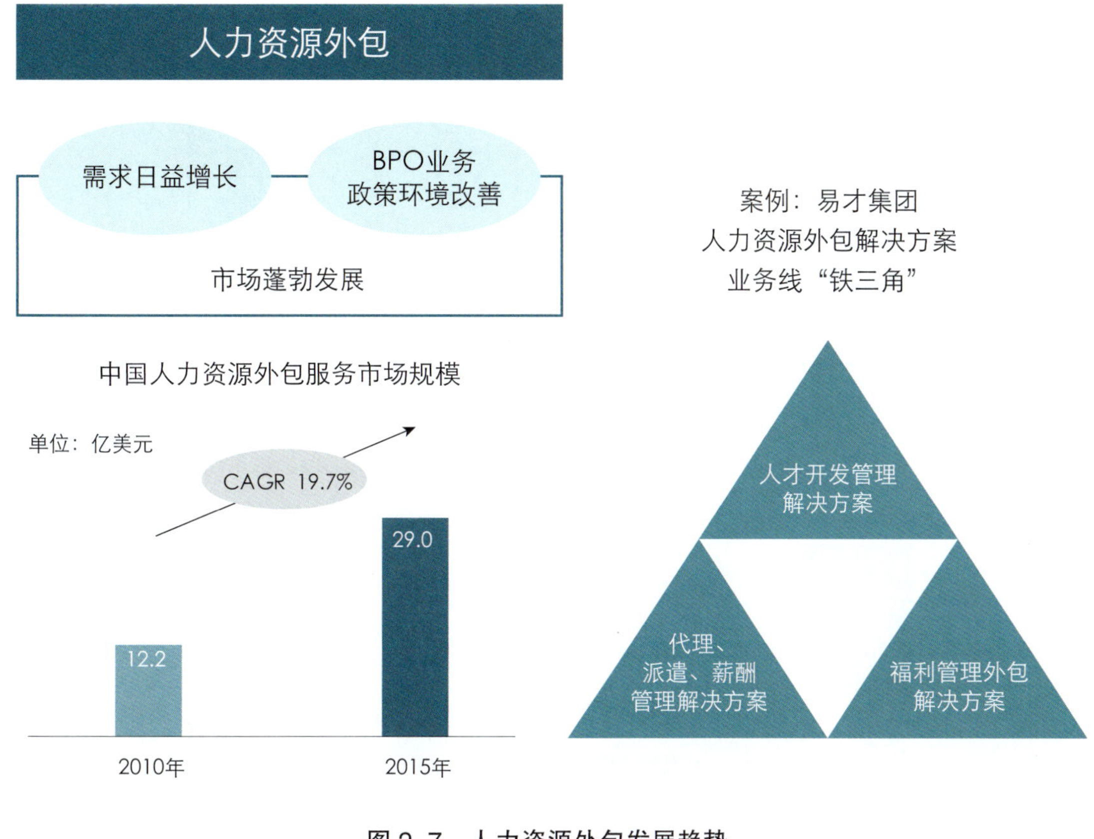

图 2-7 人力资源外包发展趋势

资料来源：IDC。

（三）人力资源外包

IDC 报告显示，2010 年中国人力资源外包服务市场总规模达到 12.2 亿美元，预计到 2015 年将达到 29.0 亿美元，2010 ～ 2015 年复合年增长率（CAGR）将达 19.7%。

近几年来，随着民营人力资源外包企业的崛起，其灵活的服务方式，覆盖全面的服务网络，以及强大的 IT 支持，使得人力资源外包服务行业得到快速发展。中国拥有全球性服务网络的人力资源服务提供商——易才集团，精准把握中国企业需求趋势，构筑清晰的人力资源外包解决方案业务线“铁三角”：以流程和数据处理为核心的代理、派遣、薪酬管理解决方案、以“人”和“人的成长与发展”为产品的人才开发管理解决方案，以及提供福利制度设计和福利管理的福利管理外包解决方案，成为国内人力资源外包行业发展成熟的服务供应商。

外资或合资公司服务商成为市场上的新生力量，大多通过收购本地公司或建立合资企业来扩大市场份额，试图将全球性经验与中国市场的特殊性相结合。

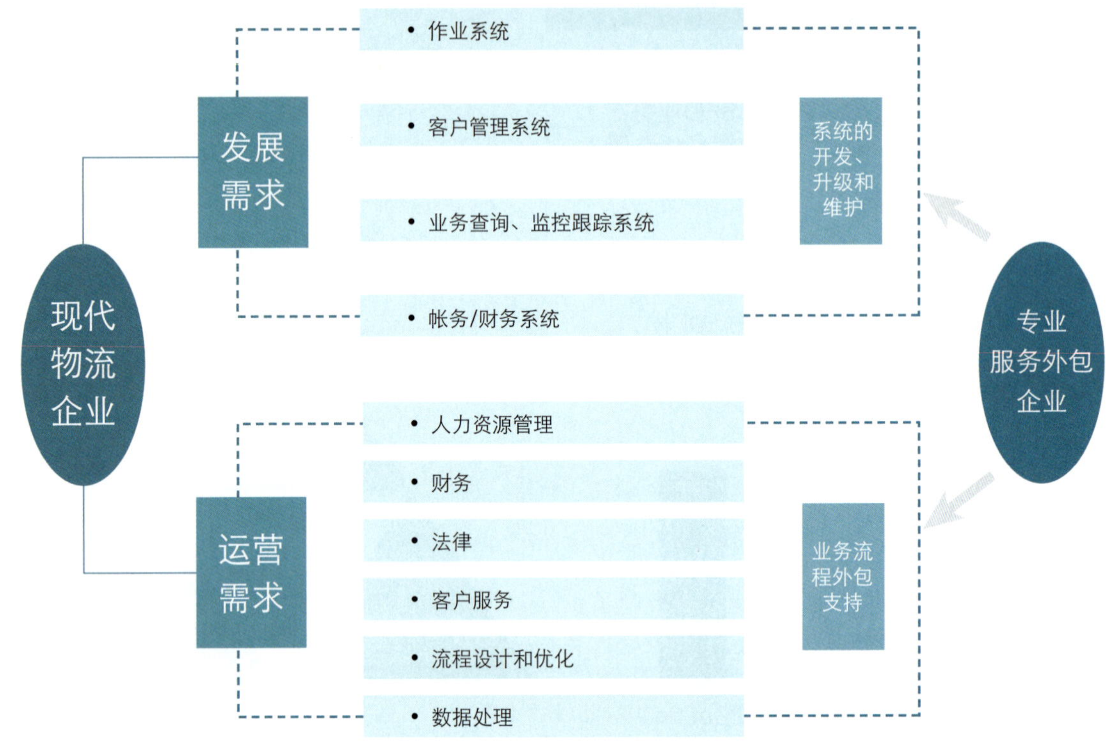

图 2-8 现代物流服务外包需求

（四）物流与供应链管理服务外包

物流企业运营过程中可能剥离出大量的人力资源管理、财务、法律、客户服务、流程设计和优化以及数据处理等业务流程外包需求，物流产业链的各个节点以及物流企业运营的各个环节都将释放出大量的服务外包需求。

物流服务是供应链管理的一部分功能，而供应链管理又是服务于物流的咨询和规划产业，属于业务流程外包。目前我国供应链管理业迅速发展，但是提供专业供应链管理服务外包的企业还比较少，规模也比较小，主要从物流服务公司、咨询公司发展而来，如扬子江、欧麟、睿文等等。

目前，我国供应链管理人才处于供不应求状态。一方面很多进入中国的跨国企业，需要大量的供应链管理专业人才，另一方面市场可供选择的供应链管理人才相对缺乏，供应链管理经理人已成为猎头市场争相追逐的对象。人才的短缺成为制约供应链管理外包业发展的瓶颈。

第三节 KPO 业务发展概述与展望

一、现状特征与发展趋势

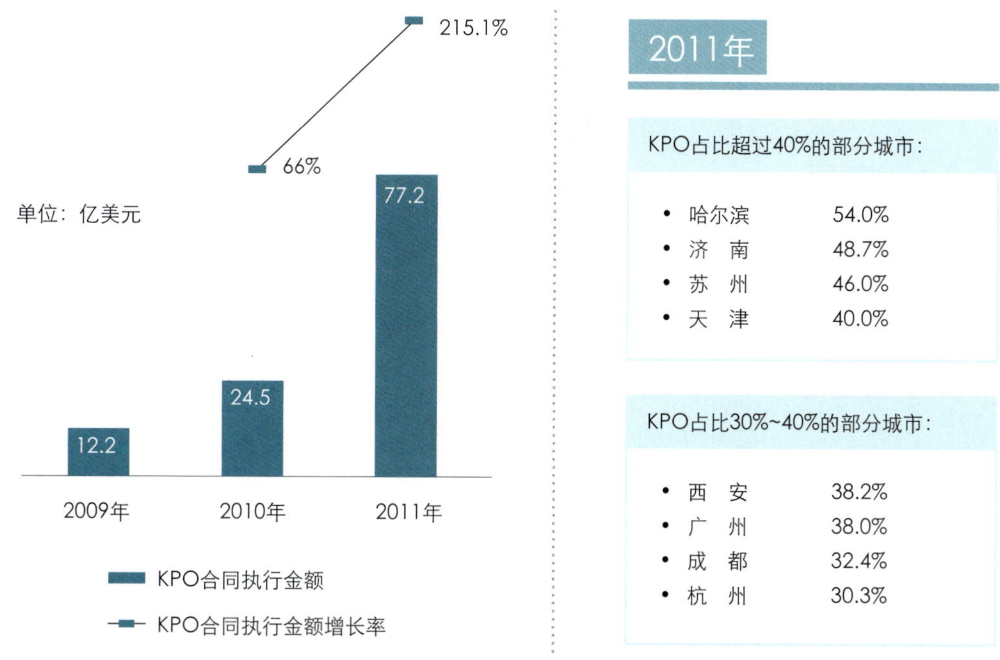

图 2-9 2009 ～ 2011 年 KPO 业务发展情况

资料来源：中华人民共和国商务部，示范城市年度工作汇报。

注：上图 2009 年的数据指 KPO 及其他业务。

2011 年 KPO 业务签约合同数 22 082 份，实现合同执行金额达 77.2 亿美元，同比增长 214.7%，整体产业发展呈现如下主要特征及趋势：

1．三足鼎立的产业格局稳定发展。中国 KPO 业务发展处于起步阶段，凭借其高素质的人力资源储备优势，在生物医药研发、动漫研发外包和工业设计外包方面取得了相对较为突出的成就。

2．金融机构的创新探索为我国 KPO 业务发展带来契机。目前我国部分银行或金融机构的专属研究部门自建的后台中心和研究部门，正在积极探索由 BPO 向 KPO 的升级发展路径。众多专业的金融外包企业积极创新业务模式及服务体系，向产业链的纵深方向延伸。

3．传统的大型 BPO 公司向 KPO 升级发展的趋势加速。众多的 BPO 企业察觉到了行业的发展趋势，开始纷纷组建 KPO 队伍，以此为突破口实现企业业务向高端发展。

4．产业发展呈现全球战略布局的趋势。我国 KPO 产业主要依赖于离岸外包市场的发展，整体产业的全球化程度较高。大部分的 KPO 企业均在欧美等发达市场设立总部和销售部门，在中国设立研究中心并实现交付。近几年，全球领先的专业 KPO 企业如 Evalueserve、Copal Partners、Grail Research 等陆续进入中国市场，发展十分迅速。

5．产业的整合及扩张趋势明显。全球 KPO 行业正在经历新一轮的整合与扩张，更多的 KPO 公司倾向于通过收购的方式实现快速增长，我国的优秀 KPO 企业，尤其是生物医药研发外包企业，也不可避免的卷入这场收购潮流之中，更加深入的参与到全球产业链之中。

二、典型领域的发展现状及趋势

医药研发外包产业发展迅速

凭借成本及人才优势成为全球重要的医药研发转移目的地

- 成本低廉的专业人士
- 某些领域雄厚的科研基础
- 研发费用低
- 日趋提高的技术

涌现出大批优秀的医药研发外包企业

- 药明康德
- 康龙化成
- 尚华医药
- 博腾股份
- 泰格医药
- 华大天源

医药研发外包行业迎来投资热潮

- 罗氏、礼来等医药巨头已在上海建立研发中心
- 2009年10月PPD收购依格斯医疗科技公司
- 2010年4月CRL收购无锡药明康德新药开发有限公司
- 2011年12月爱尔兰爱康临床研究公司（ICLR）收购中国凯维斯科技公司

图 2–10 医药研发外包发展

（一）医药研发外包

截至 2011 年底，我国共有 300 多家医药研发外包企业，约占全球市场份额的 5%，主要集中在京、沪两地。随着中国 CRO 行业相关人员素质的提升和基础条件的不断完善，中国将吸引越来越多的 CRO 订单，我国医药研发外包行业具有巨大发展潜力。

1. 凭借成本及人才优势成为全球重要的医药研发转移目的地。中国拥有成本低廉的专业人士、某些领域雄厚的科研基础、研发费用低和日趋提高的技术等竞争优势，吸引许多跨国制药企业加速了向中国转移研发的进程。 如 Quintiles Transnational、Covance、Kendle 等跨国 CRO 公司纷纷进入我国市场。

2. 涌现出大批优秀的医药研发外包企业。我国已涌现出众多承接大量新药研发离岸外包业务的企业，如药明康德、康龙化成、尚华医药、博腾股份、泰格医药、华大天源等。其中，药明康德、尚华医药等企业入选了 2011 年度 TOP50 榜单。

3. 医药研发外包行业迎来投资热潮。不少国际制药公司由于看到中国医药市场的巨大空间、本土 CRO 的良好资质以及极具竞争力的研发成本，外企正加速来华投资和对中国 CRO 企业的收购兼并。

动漫研发外包

主要承接日本动漫外包
- 动画绘制人才素质较高
- 动画绘制人力成本较低
- 地理位置毗邻
- 合作历史友好

尚处于产业链低端，以代工为主
- 产业还处于产业链低端的代工环节
- 缺乏创意内容

"互动效应"
- 政府有力推动
- 市场强力拉动

产业链低端 ▶ 产业链高端

加紧培养编创、制作及经营人才，实现由"动漫大国"向"动漫强国"的转变

示范城市动漫产业发展

大连
- 2005年建成动漫走廊，目前聚集了100多家企业，2011年收入将突破100亿元

深圳
- "动漫之都"，"文化强市"
- 深圳国家动漫画产业基地

广州
- 国家网络游戏动漫产业发展基地
- 8个软件（动漫）培训中心（学院）

哈尔滨
- 黑龙江动漫产业基地：拥有企业200余家，年生产动画能力超过3万分钟

南昌
- 笛卡传媒：缔造大动漫时代动漫王国
——以原创品牌集群加冕动漫新模式

图 2-11　动漫研发外包发展

资料来源：示范城市年度工作汇报。

(二)动漫研发外包

近年来，在中央及地方各级政府的大力扶持下，我国动漫服务外包产业迅速发展，企业数量急剧增长，动漫产业链不断延伸。动漫研发外包呈现以下主要特征：

1. 主要承接日本动漫外包业务。日本作为全球第一动漫强国，迫于其国内不断上升的人力资源成本等压力，动画绘制工作 90% 已依赖海外，而中国凭借素质较高、成本较为低廉的动画绘制人才，以及毗邻位置和友好合作历史成为日本首要的外包目的国。

2. 尚处于产业链低端，以代工为主。目前，我国动漫产业还处于产业链低端的代工环节，缺乏创意内容。中国动漫产业面临着政府有力推动，市场强力拉动，"互动效应"十分突出的形势，正在加紧培养编创、制作及经营人才，推动中国动漫服务外包从产业链低端向高端发展，实现由"动漫大国"向"动漫强国"的转变。

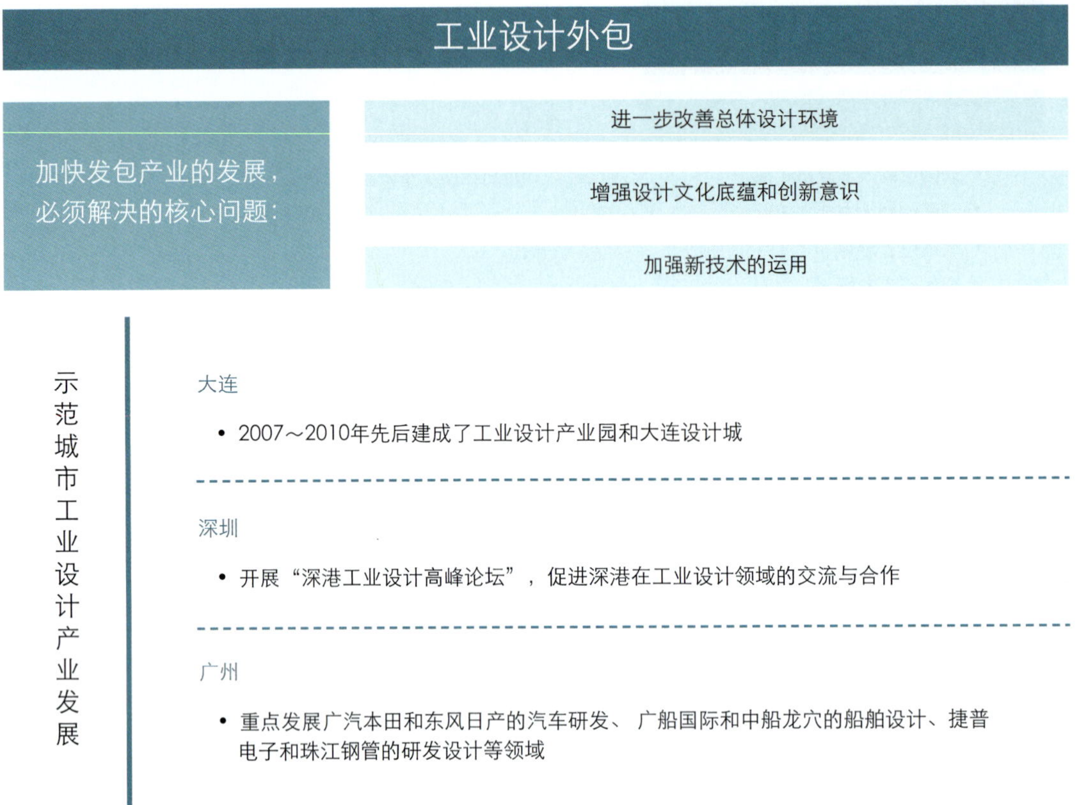

图 2-12 工业设计外包发展

资料来源：示范城市年度工作汇报。

（三）工业设计外包

工业设计是我国 KPO 产业中的第三大细分领域，依托我国改革开放 20 多年来快速发展的制造业、建筑业以及其他垂直行业，工业设计不仅得到社会各界的公认，而且自身已经成为不容忽视的独立的巨大产业。

目前，为加快我国工业设计发包产业的发展，必须要解决以下几个核心问题：

1. 进一步改善总体设计环境。在公共意识上，提高对工业设计的概念和认可程度；在工业设计普及和教育方面，加强相关师资力量和社会投入；在市场方面，重视对工业产品设计市场的开发。

2. 增强设计文化底蕴和创新意识。在工业设计外包的实践中，在引入借鉴西方设计特点和文化的同时，充分发挥中国的文化底蕴，提高工业设计水平；在学习国外工业设计的同时，不断地结合我国的民族文化和现实情况进行理性的思考，增强创新意识。

3. 加强新技术的运用。我国工业设计外包的发展要求设计师时刻关注新技术的发展态势，运用新技术提高我国工业设计的发展水平。

第三章

服务外包企业

主要观点

▶ 中国服务外包企业数量保持稳定增长

- 截至 2011 年底，全国共有服务外包企业 16 939 家。其中，21 个示范城市共有服务外包企业 12 417 家，占企业总数的 73.3%
- 2011 年，全国新增服务外包企业 4 233 家，其中有 2 702 家分布在 21 个示范城市，非示范城市企业存量和增量所占比重都有所增加

▶ 企业细分化和专业化程度提高

- 企业专业化程度提高，客户倾向于一揽子服务、整体解决方案的趋势逐步显现
- 服务于传统外包行业的中国服务外包企业积极探索向规模化、专业化转型发展的新路径
- 日本、美国、港澳台地区仍然是业务来源最多的海外市场，承接欧洲外包业务的企业比重下降
- 绝大部分中国服务外包企业对在岸外包业务市场进行了开发，跨地区的市场开发和经营成为显著特点，华东板块是企业最主要的市场区域

▶ 通过专业资质认证和扩大融资，中国服务外包企业能力持续提升

- ISO 系列认证仍然最为普遍，企业申请资质认证的领域呈现出专业化倾向
- 2011 年有 12 家中国服务外包企业在国内外实现 IPO，共募得资金 65.7 亿元人民币

▶ 创新成为 2011 年中国服务外包企业发展的主旋律

- 企业在战略模式、商业模式和管理流程等方面进行创新，尤其是技术方面的创新突破，成为推动企业成长的动力
- 企业对自有知识产权的重视进一步提高，超过 80% 的受访服务外包企业都享有一定的知识产权
- 企业对信息安全保护的意识增强，大部分企业都采取了保护措施

第一节 企业发展概况

一、企业数量分布

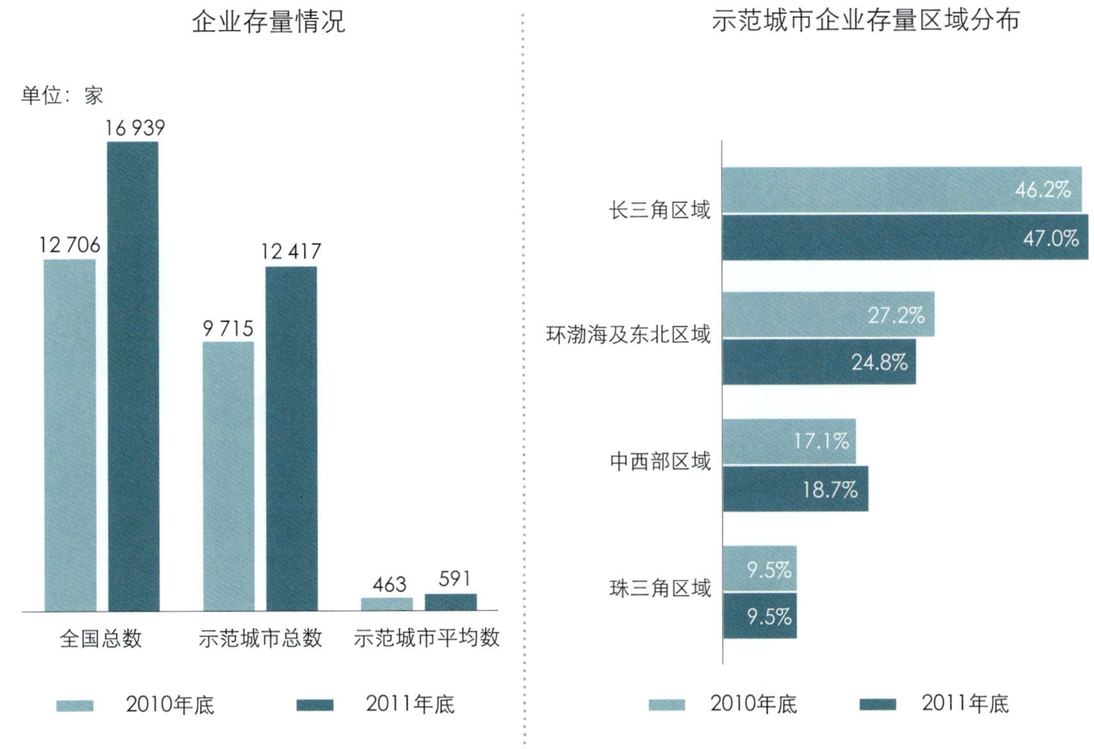

图 3-1 服务外包企业存量情况及示范城市企业存量分布

资料来源：中华人民共和国商务部。

（一）服务外包企业存量情况

2011 年服务外包企业存量保持稳定增长。截至 2011 年底，全国共有服务外包企业 16 939 家，比 2010 年底增长 33.3%。其中，21 个服务外包示范城市共有服务外包企业 12 417 家，占企业总数的 73.3%。

2011 年底，21 个示范城市平均服务外包企业数量达 591 家。绝大多数示范城市的企业数量都在 200 家以上，拥有 1 000 家以上服务外包企业的城市有 4 个，示范城市企业量级获得明显提升。

从地域分布上看，长三角区域仍然是服务外包企业最多的地区，占 21 个示范城市企业总数量的 47.0%。中西部区域由于潜力进一步挖掘、释放，企业数量比重有所增加。

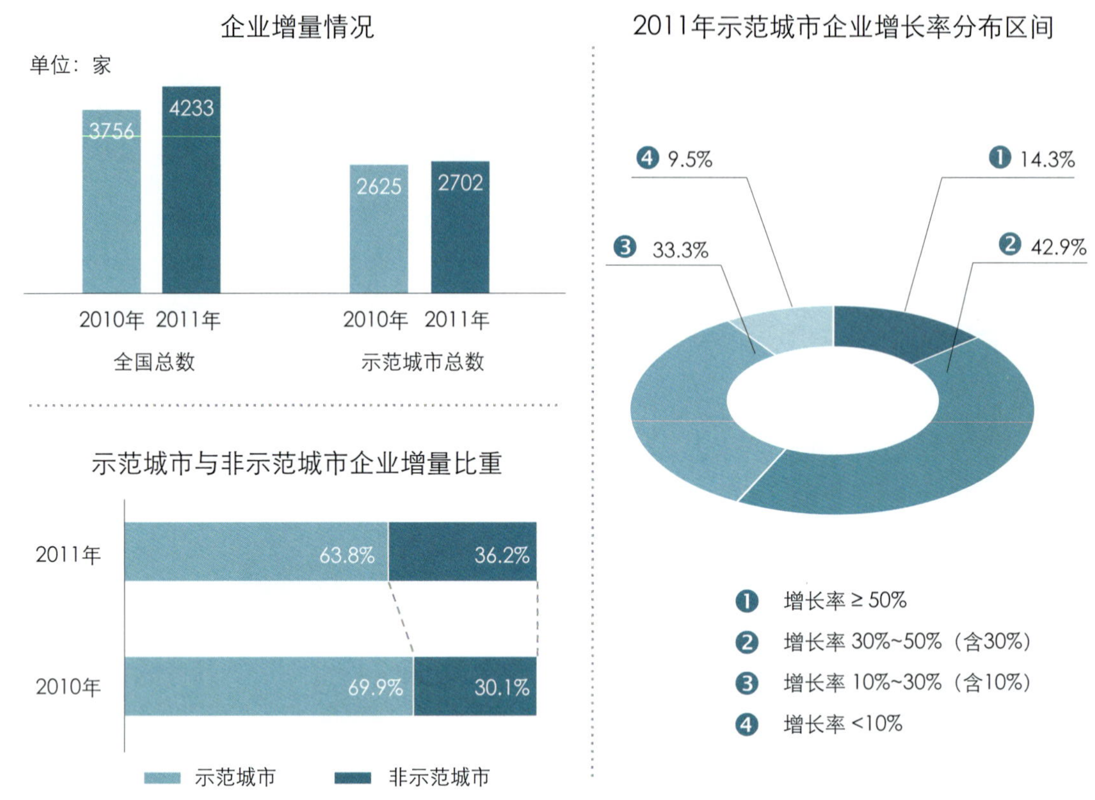

图 3-2 新增服务外包企业情况及示范城市、非示范城市比重

资料来源：中华人民共和国商务部。

（二）服务外包企业增量情况

2011 年，全国共新增服务外包企业 4 233 家，其中 21 个示范城市新增服务外包企业 2 702 家，示范城市企业数量同比增长率为 27.8%。

14.3% 的示范城市的服务外包企业数量增长率达到 50% 以上。新增服务外包企业超过 100 家的示范城市有 6 个，约占 21 个示范城市新增企业总数的 59.3%。

2011 年，非示范城市企业增量所占比重有所增加，由 2010 年的 30.1% 增加到 2011 年的 36.2%。

二、企业经营情况

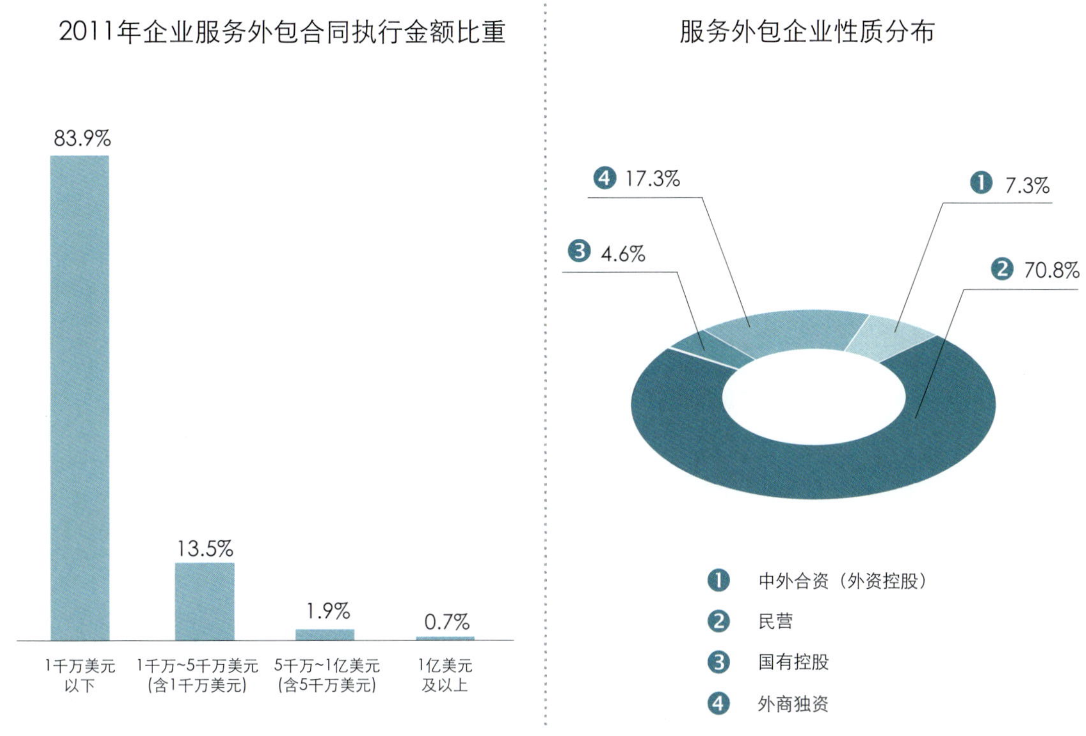

图 3–3 服务外包企业性质类型与规模分布

资料来源：中国服务外包研究中心 21 个示范城市服务外包企业问卷调查，2012 年 3 月。

注：本次问卷调查采用网络调查的形式，共收集有效问卷 309 份。

（一）企业性质类型与规模分布

2011 年服务外包合同执行金额在 1 千万美元以下的企业构成了产业的主要部分，占受访企业总数的 83.9%；合同执行金额在 5 千万以上的企业很少，仅占 2.6%。

民营企业越来越成为中国服务外包产业的生力军。在此次受访企业中，民营企业占 70.8%。而国有服务外包企业的比重仅占到 4.6%，服务领域主要集中在电信、金融和制造业等传统优势行业，以支柱行业和基础设施服务为主，企业规模相对较大。

在全球经济复苏面临诸多不确定因素的形势下，中国经济稳定的发展态势和优惠的服务外包产业政策，继续成为吸引海外投资者的重要因素。在技术创新引导、内需市场激励、政府服务提升等条件下，海外投资者对中国服务外包产业未来发展的乐观态度没有改变。在此次受访企业中，外商投资企业比例基本保持稳定，外商独资和中外合资（外资控股）企业分别占到总数的 17.3% 和 7.3%，两者之和约占服务外包企业总数的 1/4。外国跨国公司延续在华建立离岸研发中心、运营中心、IT 销售及技术支持中心的做法，但其目的正在悄然转变——由降低成本、提高竞争力转向实现全球布局战略、开拓新兴市场，同时本土企业和外资企业正在积极探索更为灵活的创新发展模式，多方战略合作、互利发展的氛围越来越浓。

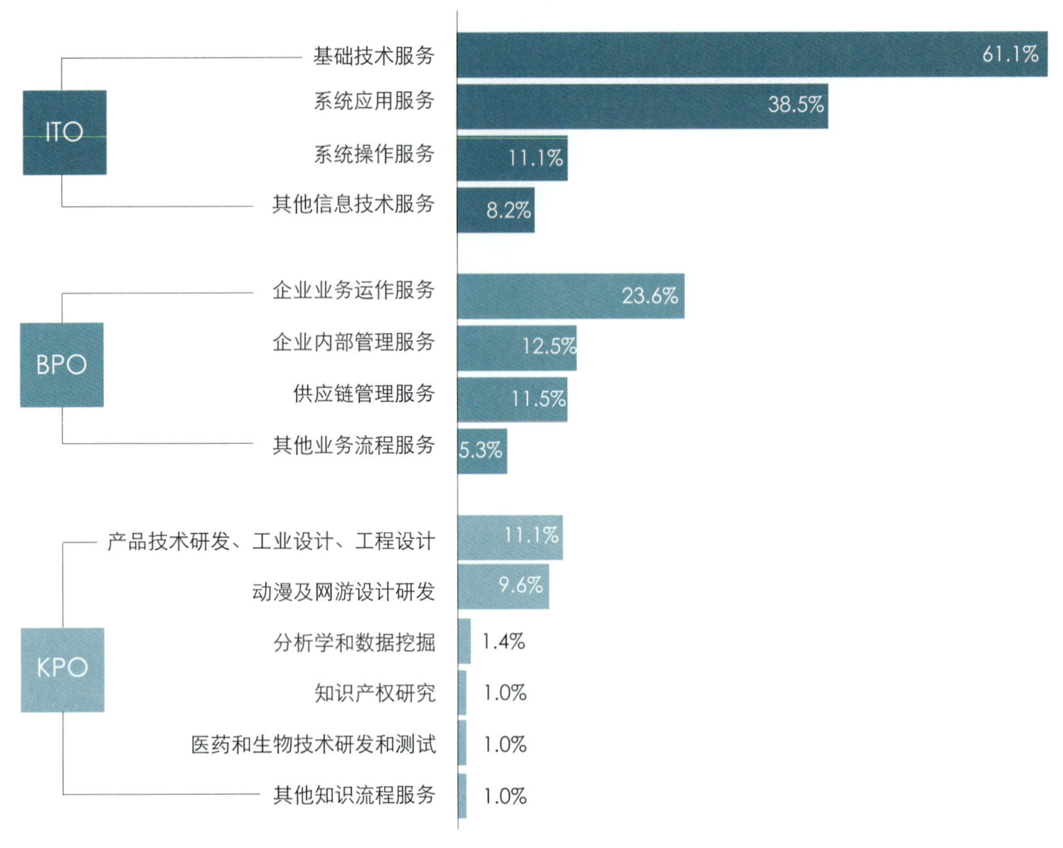

图 3–4 服务外包企业业务领域分布

资料来源：中国服务外包研究中心 21 个示范城市服务外包企业问卷调查，2012 年 3 月。

（二）企业业务类型和领域

中国服务外包企业的业务细分化和专业化程度正在提高，企业跨领域大类经营的情况正在减少。受访企业中，从事 ITO、BPO、KPO 类业务的企业数量比重分别为 71.6%、36.1% 和 23.1%，都比 2010 年有所下降。其中，兼跨二个以上大类领域的服务外包企业明显减少，仅占受访企业总数的 34.6%。

从事 ITO 业务的企业在中国服务外包企业中仍然占据主导，偏重技术服务仍然是此类企业的特点。61.1% 的企业从事基础技术服务，承接技术研发、软件开发设计、基础技术或基础管理平台整合或管理整合等方面的业务，这与中国基础设施建设的加快和云计算等新技术的初步兴起不可分割。同时，在这一领域，客户倾向于一揽子服务、整体解决方案的趋势正在逐步显现。

在从事 BPO 业务的企业中，最多的仍然是为企业外部市场维护和开拓提供服务的业务运作服务，占总数的 23.6%。此外，在电子商务、第三方 / 第四方物流服务的快速发展下，为客户企业提供采购、运输、仓库 / 库存整体方案服务等供应链管理服务的外包企业明显增加，占到总数 11.5% 的比重。

从事 KPO 业务的企业数量仍然相对较少。从事产品技术研发、工业工程设计的企业所占比重最多，约为 11.1%。

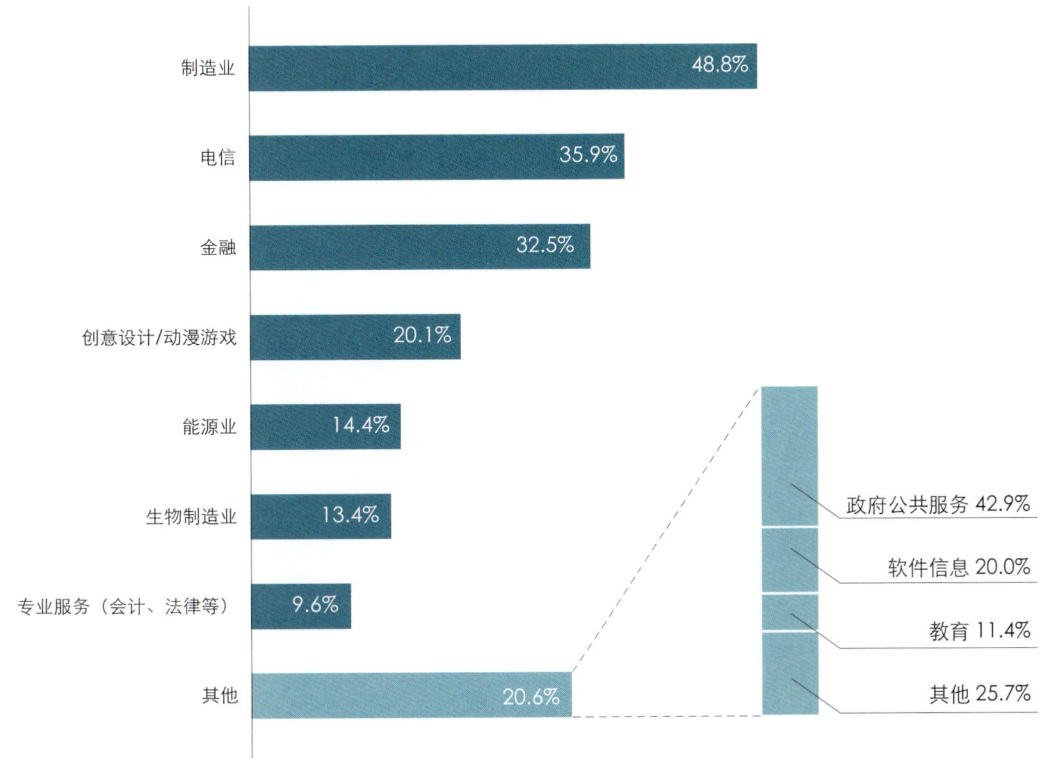

图 3-5 服务外包企业的客户行业分布

资料来源：中国服务外包研究中心 21 个示范城市服务外包企业问卷调查，2012 年 3 月。

注：以上指拥有该行业客户的企业数量占被访企业总数的比重。

（三）客户所属行业分布

根据特定行业客户以提供更有针对性的外包服务，是中国服务外包企业发展的一个新趋势。在此次调查中，服务于多个行业客户的企业有所下降，占受访企业总数的 53.6%。

制造业、电信业和金融业等仍然是服务外包业务的主要发包方。

电信业和金融业作为最早集中开展服务外包业务的行业，形成了较为成熟的发包模式和稳定的业务需求，初步构建了以大型龙头企业为带动、大量中小企业提供配套外包服务的模式，从业企业比重保持稳定。

拥有制造业客户的服务外包企业比重则有明显增加，由 2010 年的 39.5% 扩大至 48.8%，居各行业之首，制造业的服务外包需求正在开始进入加速释放的过程。

在经过了几年高速发展之后，服务于软件信息、生物医药等传统行业领域的服务外包企业比重有所减小。以丰富的行业服务经验和稳定的客户关系为积淀，企业正在积极探索向规模化、专业化转型发展的新路径，企业发展开始由数量急速扩大的阶段步入质量提升的阶段。

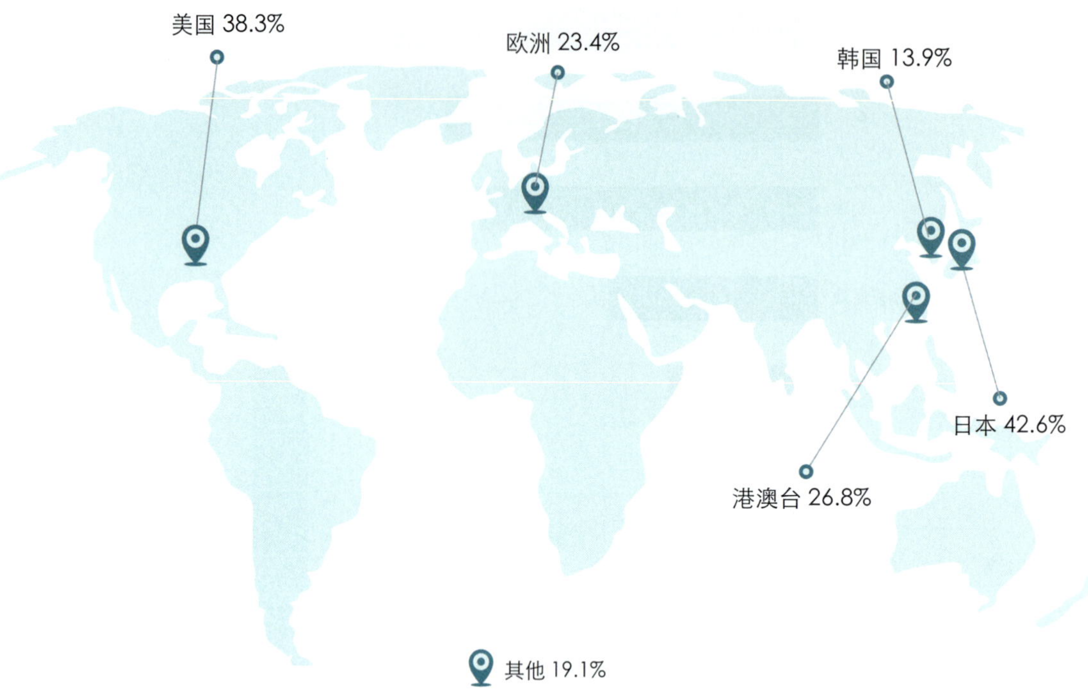

图 3–6　服务外包企业的国际市场分布

资料来源：中国服务外包研究中心 21 个示范城市服务外包企业问卷调查，2012 年 3 月。

注：以上指拥有该地域客户的企业数量占被访企业总数的比重。

（四）国际业务来源市场分布

尽管客户地域分布的多元化仍然是中国服务外包企业的重要特点，但拥有来自二个以上地域板块业务的企业数量有所下降，约占受访企业的 49.3%。随着中国服务外包企业的业务接包能力日益得到认可，双方信任关系逐渐建立，企业与海外客户的合作关系将更加持久稳固。

2011 年，日本、美国、港澳台地区仍然是中国服务外包企业的业务来源最多的海外市场。拥有来自日本的服务外包业务的企业占受访企业总数的 42.6%。除了地缘优势使日本成为中国外包企业最主要业务来源外，地震后日本部分 ITO、BPO 业务的加速外移和广泛布局，也成为推动业务发包增长的重要动力。有 38.3% 的受访企业承接了来自美国的外包业务。受主权债务危机的影响，2011 年承接来自欧洲的服务外包业务的企业占受访企业总数的 23.4%。欧洲企业自身在资金、本土市场等方面的压力，构成其发包业务萎缩的主要原因。

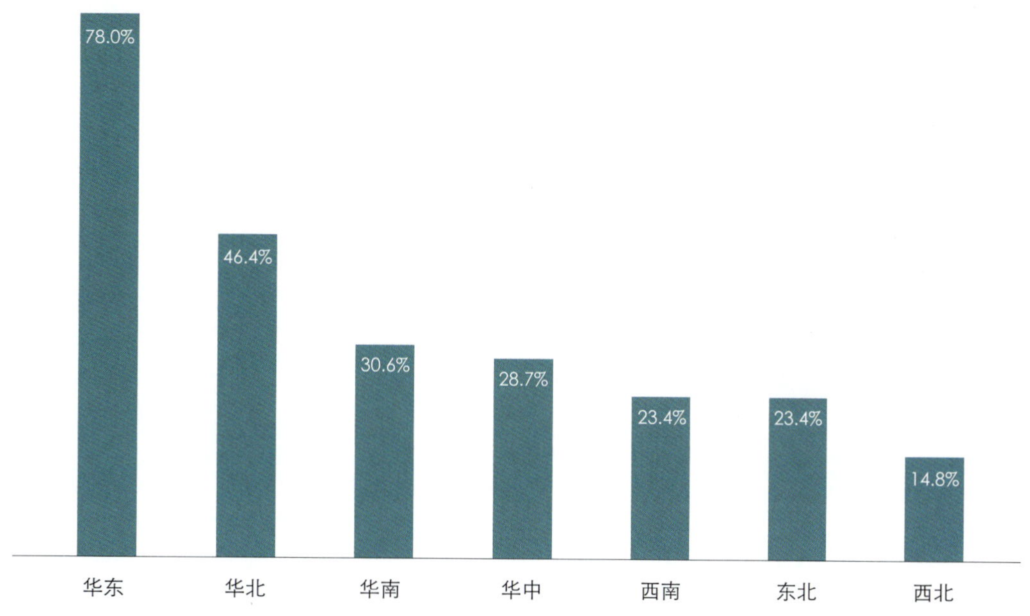

图 3–7　服务外包企业的国内市场分布

资料来源：中国服务外包研究中心 21 个示范城市服务外包企业问卷调查，2012 年 3 月。

注：以上指拥有该地域客户的企业数量占被访企业总数的比重。

（五）国内业务来源市场分布

积极承接来自国内在岸市场的外包业务，成为 2011 年中国服务外包企业成长发展的重要特点。

从调查的情况来看，目前开展在岸业务的企业占到受访企业的 93.8%，相较 2010 年大幅增长了 18.2%。绝大部分中国服务外包企业都对在岸外包业务市场进行了开发，并已经形成了一定的市场规模，对在岸市场的关注和开发将继续扩大。

跨地区的市场开发和经营是中国服务外包企业的显著特点，超过半数的企业都在不同的地域板块承接服务外包业务。在受访的服务外包企业中，约有 59.3% 的受访企业拥有来自上述二个以上地域板块的客户。

服务外包业务的市场地域分布与地区整体经济发展程度直接相关。整体经济较为发达的华东地区仍然是服务外包企业首选的市场来源，约有 78% 的受访企业都在这一地区开展服务外包业务，其次是华北地区，约有 46.4% 的受访企业在这一地区开展业务。

三、企业发展升级

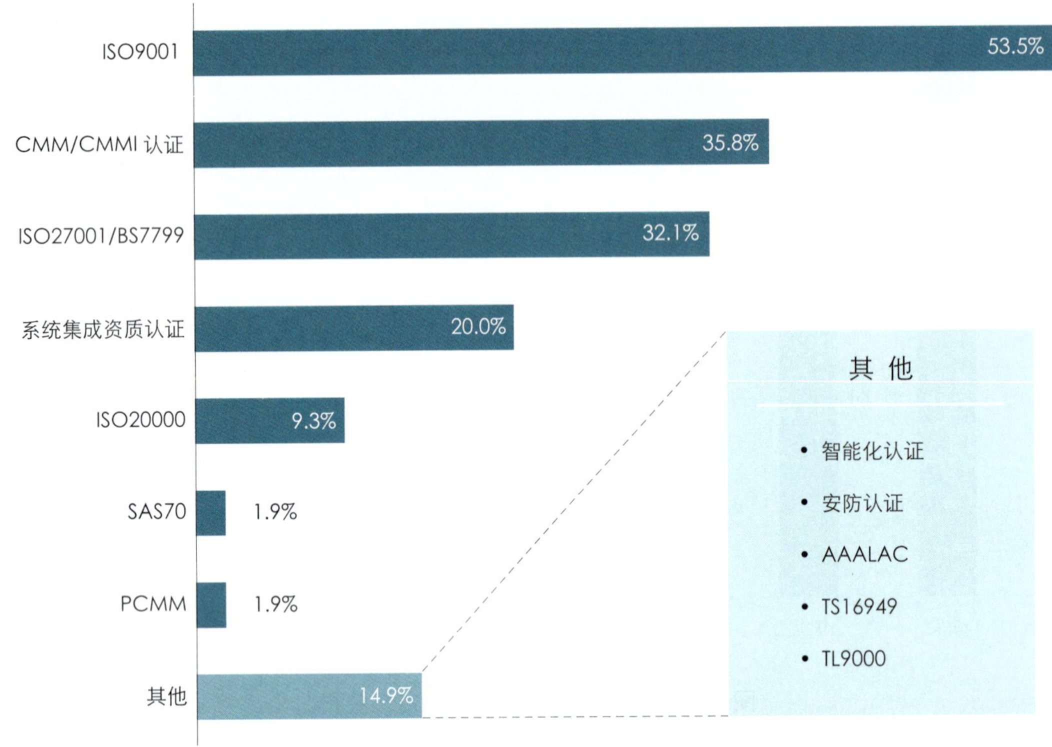

图 3-8 服务外包企业的资质认证情况

资料来源：中国服务外包研究中心 21 个示范城市服务外包企业问卷调查，2012 年 3 月。

（一）获得资质认证的数量和等级

在国家政策的大力支持下，截至 2011 年底，全国服务外包企业获得各类认证共计 8 321 个，其中国际资质认证 3 688 个（包括 CMMI、CMM、PCMM、ISO2001、SAS70、ISO27001 六类），比去年增长 31.2%。

其中，ISO 系列认证仍然最为普遍，通过 ISO9001 认证的企业，占受访企业的 53.5%。其次是能力成熟度模型（CMM/CMMI）的认证，共有 35.8% 的企业通过不同等级的 CMM/CMMI 资质认证。通过中国信息产业部的系统集成资质认证的企业数量比重也有较大增长，由 2010 年的 15% 上升到 20%。

除此之外，随着业务领域的细分和专业化趋势增加，服务外包企业申请和获取资质认证的领域也呈现出专业化倾向，部分企业开始进行汽车、电信、安防、生物等领域的专项认证。

表 3–1　服务外包企业的 IPO 情况

	上市企业	交易所	所属行业	募资金额	上市时间
1	汉得信息	深圳创业板	IT 咨询	RMB 7.6 亿	2011/2/1
2	中海达	深圳创业板	位置服务	RMB 5.9 亿	2011/2/15
3	捷成股份	深圳创业板	其他	RMB 7.7 亿	2011/2/22
4	美亚柏科	深圳创业板	计算机与网络安全服务	RMB 5.4 亿	2011/3/16
5	世纪互联	纳斯达克证券交易所	IT 服务	USD 2 亿	2011/4/21
6	银信科技	深圳创业板	其他	RMB 2 亿	2011/6/15
7	拓尔思	深圳创业板	其他	RMB 4.5 亿	2011/6/15
8	天玑科技	深圳创业板	IT 服务	RMB 3.4 亿	2011/7/19
9	迪安诊断	深圳创业板	医疗服务	RMB 3 亿	2011/7/19
10	新开普	深圳创业板	其他	RMB 3.4 亿	2011/7/29
11	海联讯	深圳创业板	IT 服务	RMB 3.9 亿	2011/11/23
12	荣之联	深圳中小企业板	其他	RMB 6.3 亿	2011/12/20

资料来源：清科 Zdatabase 数据库。

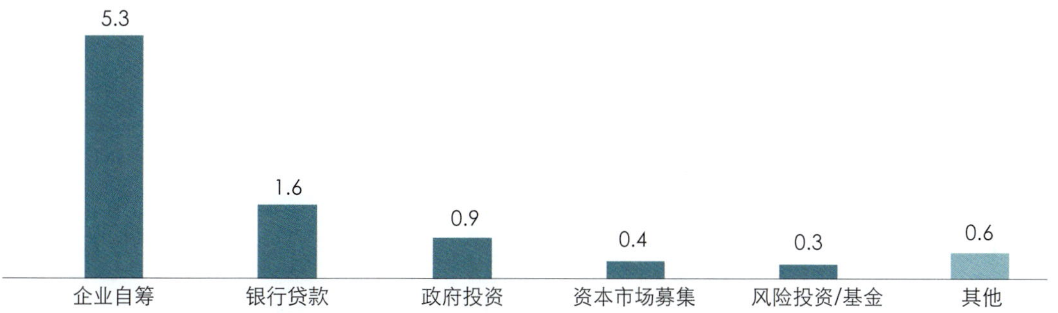

图 3–9　服务外包企业资金来源的排序情况

资料来源：中国服务外包研究中心 21 个示范城市服务外包企业问卷调查，2012 年 3 月。

注：以上为企业按照资金额度对融资渠道进行的排序分值，分值越高表示综合排序越靠前。计算方法为：选项平均综合得分＝（Σ 频数 × 权值）/ 本题填写人次。权值由选项被排列的位置决定。排在第一个位置的权值为 6，第二个位置权值为 5，依此类推。

（二）主要融资渠道

企业家、合伙人自筹资金仍然是中国服务外包企业最主要的融资渠道。其次，分别是银行贷款、政府投资、资本市场募集和风险投资。有 25.1% 和 37.9% 的受访企业分别认为，通过银行贷款、资本市场募集的渠道获得资金存在困难。

2011 年，有 12 家中国服务外包企业在国内外进行 IPO 上市融资，募得资金 65.7 亿元人民币。其中世纪互联在美国纳斯达克证券交易所上市，其余 11 家企业均在深圳创业板和中小企业板上市。

第二节　企业创新成长

一、企业自主创新

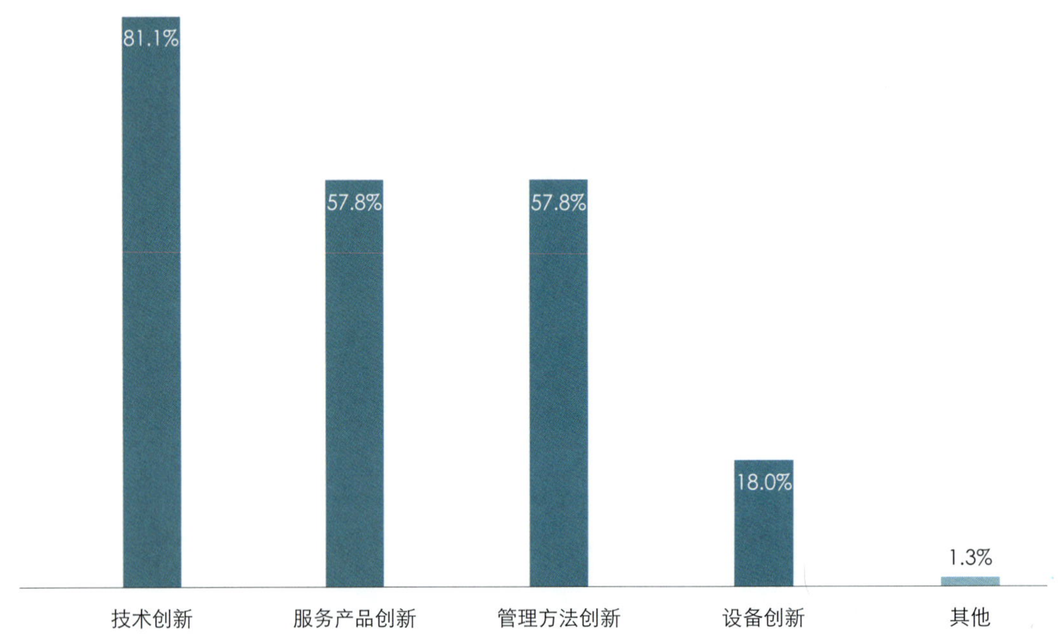

图 3–10　服务外包企业的主要创新类别

资料来源：中国服务外包研究中心 21 个示范城市服务外包企业问卷调查，2012 年 3 月。

（一）主要创新类别

关注和倡导创新，成为 2011 年中国服务外包企业发展的主旋律。

在技术方面的创新突破，仍然是中国服务外包企业最主要的关注点。约 81.1% 的受访企业表示在 2011 年中实现了技术创新。随着云计算、社交网络、无线移动等技术的不断开发和推广，技术创新将继续成为推动中国服务外包企业成长的动力。

优越的产品体验和高效的内部管理，也逐渐成为中国服务外包企业关注的创新重点。2011 年有超过半数的受访企业分别进行了服务产品和管理方法上的创新开拓。在同样的技术条件下，如何使客户获得更满意的感官服务体验、如何更好的管理和利用各种资源、如何打造更灵活的商业模式和服务环境，成为企业施展智慧、塑造竞争优势的新领域。

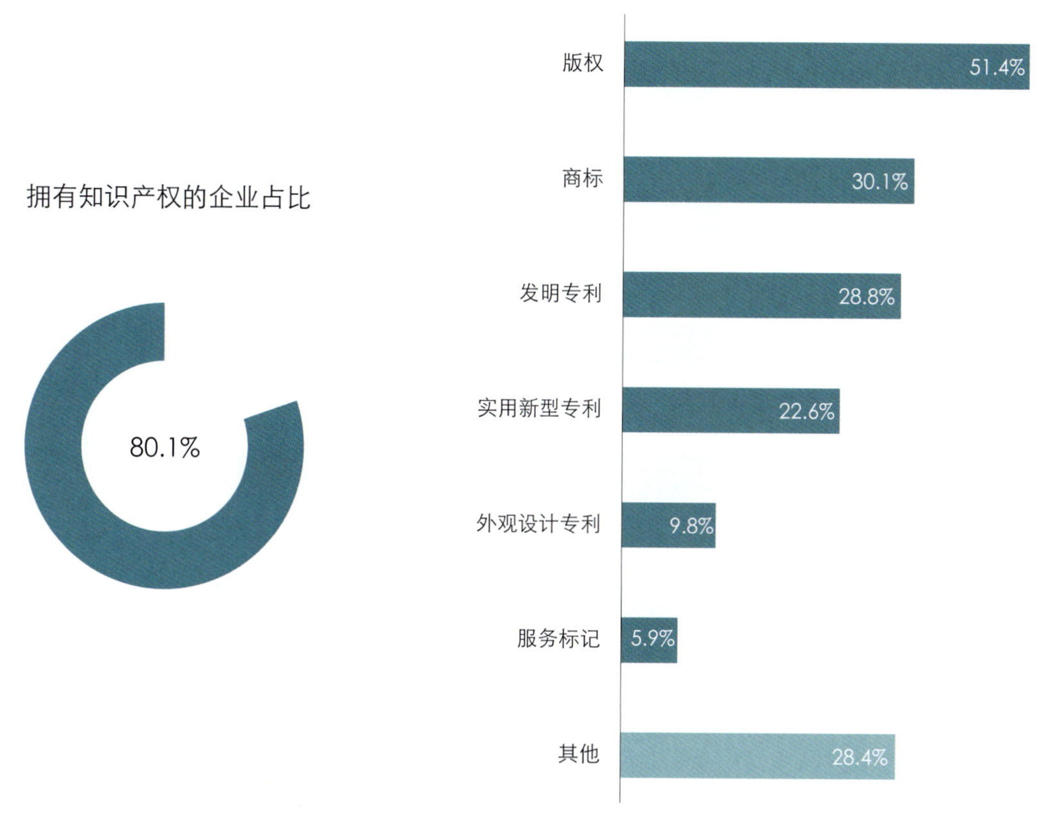

图 3–11　服务外包企业的知识产权类型

资料来源：中国服务外包研究中心 21 个示范城市服务外包企业问卷调查，2012 年 3 月。

（二）拥有知识产权类型

随着接发包双方合作关系的深入发展以及利益的密切关联，服务购买方和供应方对相关知识产权的开发和享有呈现出新的发展特点。为了更好的发挥外部资源优势、分担风险，越来越多的发包企业不再要求独占知识产权，而是愿意甚至要求和接包企业共同进行技术开发、共享知识产权。超过 80% 的受访服务外包企业都不同程度的享有一定的知识产权，中国服务外包企业拥有自有知识产权的比重正在逐渐提高。

有 51.4% 的受访企业享有各类版权，居各类知识产权类型之首。其中，以软件著作权最多，此外还包括动漫设计、文化创意类服务的著作权。

享有发明专利和实用新型专利知识产权的服务外包企业分别占受访企业总数的 28.8%、22.6%。这些企业主要集中在产品技术研发、工业设计和工程设计等领域。

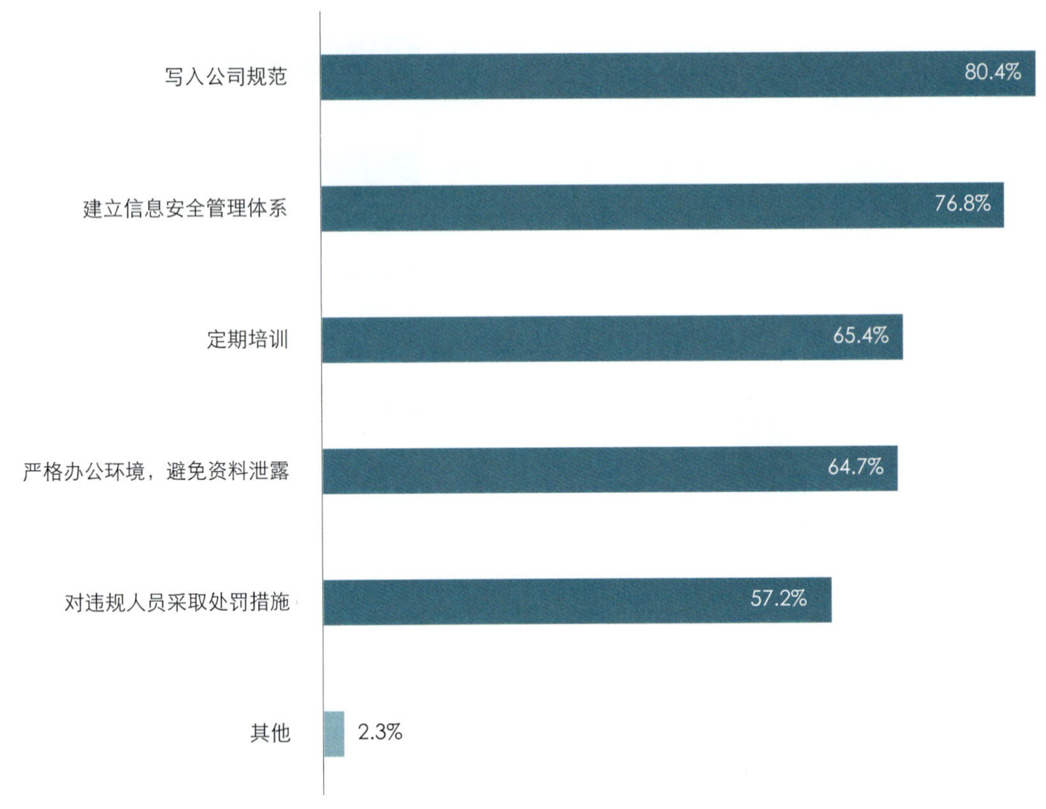

图 3–12 服务外包企业的信息安全保护举措

资料来源：中国服务外包研究中心 21 个示范城市服务外包企业问卷调查，2012 年 3 月。

（三）保护信息安全的主要举措

2011 年，全球范围内黑客攻击、数据泄密事件频繁发生，整个社会对信息安全保护的重视不断加强，企业关注信息安全保护的意识越来越强，中国服务外包企业基本都采取了信息安全保护措施。

其中 80.4% 的受访企业采用了将信息安全保护要求明确写入公司规范条款的做法，以企业内部制度的形式要求所有员工予以遵照执行。

“建立信息安全管理体系”则成为服务外包企业其次广泛使用的方法，受访企业中有 76.8% 的企业采取了这一举措。作为系统性的信息安全保障方式，信息安全管理体系有比较完备的整套管理方法和步骤，有经过检验的国际标准和规范，因此能够有效降低服务外包企业的信息安全风险。

此外，分别有 65.4%、64.1% 和 57.2% 的受访企业，采用了定期培训、严格办公环境和对违规人员采取处罚的方式。对从业人员的定期培训，能够及时宣传最新的信息安全保护技术和方法、提高安全意识，是正面的引导和激励；而惩处措施则起到反面激励和警戒的效果。改善办公环境，则能够从硬件方面进行全方位安全保障改善。

二、企业创新成长案例

创新案例	创新离岸商业中心理念与模式（OBC）	360度战略合作模式	地区集群化战略
企业名称	颠峰软件集团（Sofmit）	浙大网新科技股份有限公司	NEC软件（济南）有限公司
企业简介	• 从事软件及信息服务、业务流程外包，总部位于成都，在纽约、东京等设有分中心	• 从事IT应用和软件外包服务，总部位于杭州，在北美、日本等设有分支机构	• 从事应用软件及基础软件的开发及BPO业务
创新特点	• 通过服务外包的手段帮助全球企业在中国建离岸运营中心，快速实现在中国的IT运营战略	• 与大客户间建立全面战略合作关系，互为客户、合作伙伴和供应商	• 请长期跟日本NEC软件合作的公司的主干力量指导作业，并将接到的订单二次分包给这些企业
目标作用	• 充分利用成本、交付质量、市场渠道、政府资源等本地化优势 • 以高效率专业化服务提供全程外包服务解决方案,帮助客户实现价值链能力提升	• 发挥自身IT业务综合优势，实现应用开发、产品本地化、中国推广的三位一体 • 以点带面，提高拓展国际大客户的效率	• 在具体项目中培养自身团队，积累开发经验 • 有效地利用自身发包中心的优势，进行资源优化配置，发挥了资源的合理性
认证荣誉	• 通过CMMI认证，ISO27001、ISO9001国际质量体系认证 • 软件及服务外包重点企业，欧美出口试点重点企业	• IAOP全球服务外包100强，中国软件业务收入百强企业	• 通过ISO9001、ISO27001信息安全、CMMI3级等认证 • 国家规划布局内重点软件企业

图 3–13 服务外包企业战略模式创新典型案例

资料来源：示范城市年度工作汇报。

（一）战略模式创新

1．离岸商业中心（OBC）理念与模式创新——颠峰软件集团

颠峰软件集团（Sofmit）对传统外包方式进行创新升级，率先提出离岸商业中心（Offshore Business Center，简称 OBC）理念与模式，即通过服务外包的手段帮助全球企业在中国建离岸商业中心，包括为客户在中国建立离岸研发中心、离岸运营中心、离岸 BPO 服务中心、中国 IT 销售及技术支持中心。

2．360 度战略合作模式——浙大网新科技股份有限公司

所谓 360 度战略合作，就是与大客户互为客户、合作伙伴和供应商。以此为指导，浙大网新积极推进与微软、IBM、思科等的全面战略合作，并取得了良好的成果，形成每年新增 1 ～ 2 个国际大客户向战略大客户的转变。

3．地区集群化战略——NEC 软件（济南）有限公司

NEC 软件积极探索实施“济南集群化战略”，即总部把济南公司作为发包中心，把中国北京，大连、上海，沈阳等合作伙伴聚集到济南。首先，以跟日本 NEC 长期密切合作的公司为“集群化”的战略合作伙伴，请其主干力量到济南 NEC 公司指导作业；其次，将济南 NEC 公司从日本接到的订单二次分包给这些公司进行开发，以有效利用自身为发包中心的优势进行资源优化配置。

创新案例	共同开发中心模式	“成都-冲绳-东京”商务模式	跨界行业应用和融合
企业名称	上海海隆软件股份有限公司	成都维纳软件有限公司	江西笛卡传媒有限公司
企业简介	• 从事信息技术的研发和推广应用，以对日软件外包为主总部员工近1450人	• 从事IT事业运营、平台综合服务和教育人力资源服务，总部位于成都，在东京、冲绳等有分支机构，员工500余名	• 从事动漫技术行业应用、面向三网融合数字内容平台、互联网应用及手机动漫等业务，拥有1200人的制作团队
创新特点	• 和客户建立共同开发中心，双方协商制定开发中心近期和远期的业务发展计划和人员培养体系	• 联合本土企业，与日本IT基地冲绳合作，共同在东京接包，再分包 • 将日本成熟的解决方案进行本地化开发和推广	• 将动漫技术应用到展馆数字化展示升级 • 将动漫技术应用到俱乐部、幼儿园建设，并提供内容、运营、推广等服务
目标作用	• 提高开发效率，获得稳定的开发及维护升级业务 • 培养在相应业务领域的专业人才队伍，向上游工程提升开发业务	• 通过合作方式扩大接包业务 • 通过分包和本地化方式带动国内外包业务发展	• 实现展馆数字化展示升级 • 实现动漫与学前教育的结合，缓解学龄前儿童入园难问题
认证荣誉	• 上海著名软件企业、国家规划布局内重点软件企业	• 通过CMMI3、ISO9001、ISO27001、ISO20000资质认证	• 国家级动漫企业 • 年产原创动画8000分钟、衍生品设计能力500种的运营服务能力

图 3–14 服务外包企业商业模式创新典型案例

资料来源：示范城市年度工作汇报。

（二）商业模式创新

1．共同开发中心模式——上海海隆软件股份有限公司

上海海隆软件基于公司和客户之间合作信赖关系以及双方对外包业务发展的共同认识，开创建立共同开发中心的模式，由双方协商制定开发中心近期和远期的业务发展计划和人员培养体系。目前以此模式已成功建立了两个中心，培养出一支专业人才队伍，开发业务逐步向上游工程延伸，在嵌入式领域已经具备独立担当需求分析、架构设计、基本设计等高端业务能力。

2．“成都－冲绳－东京”商务模式——成都维纳软件有限公司

维纳软件构建了对日服务外包的“成都－冲绳－东京”商务模式，即一方面联合成都本土的 ITO、BPO 及数字媒体企业，与日本的 IT 基地冲绳合作，共同在东京接包，通过分包带动成都对日外包产业的发展；另一方面将日本成熟的解决方案引进中国，在成都完成本地化开发，将产品推向中国市场。

3．跨界行业应用和融合——江西笛卡传媒有限公司

笛卡传媒不断拓展动漫产业的行业应用，实施跨界应用和融合的动漫外包企业发展模式。包括将立体展示技术、触控互动技术、视频融合技术、手机新媒体技术、3D 影像等新技术实际应用到科学技术馆科普展示中，最终实现科学技术馆的数字化展示升级。

创新案例	企业名称	企业简介	创新特点	实施作用	认证荣誉
统一服务实施管理系统	博彦科技股份有限公司	• 从事咨询及解决方案、IT服务、应用程序开发和维护、ERP和BPO等服务。总部位于北京，在美国、日本、新加坡和印度设有分支机构，现有员工6000余人	• 建立流程化、标准化的管理体系和服务交付管理系统，可实现项目管理、人员管理、产品研发过程管理、资源管理以及培训管理等	• 提高资源的利用率、增强管理透明度、提高效率、降低成本 • 满足高速增长的业务规模，有效解决多家服务外包中心的统一管理问题	• 通过CMMI5 / CMM5 / ISO 27001 / ISO 20000认证 • IAOP全球服务外包100强，国家规划布局内重点软件企业
云翻译服务平台	武汉传神信息技术有限公司	• 基于互联网和IT技术建立的新型语言现代服务企业，总部位于武汉，在全国六大区域设有分支机构，译员4万多名	• 基于互联网的规模化海星服务模式，整合密切相关的产业，形成完整的网络多语产业生态链系统，实现“立等取可”的“语联网”服务	• 聚合和调用分散而巨大的多语资源，为多语产业规模化提供资源保障 • 为双方提供零距离对接，支撑客户增强国际竞争力 • 降低成本，提高速度	• 亚洲十大语言服务企业，世界语言服务50强

图 3–15　服务外包企业管理流程创新典型案例

资料来源：示范城市年度工作汇报。

（三）管理流程创新

1．统一服务实施管理系统——博彦科技股份有限公司

随着企业规模的扩大和管理复杂度的提高，博彦在服务外包实践过程中累积经验，在对具体项目的开发测试流程进行管理和控制的生产管理系统 Collaborate 基础上进行持续升级，摸索和建立流程化、标准化的管理体系和一套完善的服务交付管理系统。该系统基本覆盖了管理交付流程的多个方面，能够满足未来高速增长的业务规模，有效解决多家服务外包中心的统一管理问题，提升规模化管理能力和效益。

2．云翻译服务平台的创建——武汉传神信息技术有限公司

作为基于互联网和 IT 技术建立的新型语言现代服务企业，武汉传神创新研发了国际领先的“云翻译服务平台”和“语联网”多语服务模式，探索多语信息处理的创新管理流程。即凭借云翻译服务的引擎作用，通过互联网、多语产业园集群企业集聚多语资源，将全国多语产业链引入武汉，最大限度地将分散人才、语料和辅助翻译等资源整合起来；把量大面广的多语需求化整为零，成为“碎片化”任务，通过平台整合、调用和对接，形成超大规模并行处理的云翻译服务模式。从而，形成了集“现代翻译服务、行业解决方案”为一体的综合服务实力。

图 3-16 服务外包企业人力资源管理创新典型案例

资料来源：示范城市年度工作汇报。

（四）人力资源管理创新

1. 软酷工程实践平台——深圳市易思博信息技术有限公司

易思博引进印度成熟的 IT 人才培养模式，针对中国高校的产业合作需求进行本地化移植，与软件园、高校及企业合作推出软酷工程实践平台及人才培养计划。运用先进的 IT 项目协作工具，标准化的项目管理流程，企业化的管理模式，以涵盖金融、通信、管理、物流、制造等多行业的 IT 项目和最新的 IT 技术，加上软酷网的项目资源信息库，搭建跨区域的网络化实训平台，培养大学生的职业素质，并将软酷网内人才资源与企业合作伙伴分享，搭建精细化 IT 人才供应链。一方面为客户提供最佳的 IT 人才及外包解决方案，另一方面也为分布在各个高校的卓越实验室提供全程工程实践和项目开发指导。

2. 国际分工协作体系——雅马哈发动机（厦门）信息系统有限公司

公司自成立起就与日本总部一起严格按照雅马哈发动机集团的标准构建各项管理体系，改善开发流程和质量保证过程。以 ISO9001 为轴心构建了软件设计、开发、质量保证、企业运营等日本与厦门共同的综合质量管理体系。提升在日员工客户提案、需求调研、项目管理等前沿工作能力，提高厦门离岸部门进行系统的基本设计、详细设计、开发测试的水平，初步形成了良好的国际分工协作体系。同时，优化软硬件环境，建立高速国际线路、导入多套电视 / 语音会议系统和数百部 IP 电话系统，构建了无障碍、自由沟通的网络环境。

第四章

服务外包园区

主要观点

▶ 服务外包园区成为中国服务外包产业发展的主要功能载体

- 2011年各示范城市认定园区累计约150家
- 园区配套建设日趋完善，公共服务平台有效整合拓展，政策环境不断优化
- 园区产业集聚效应明显，已占全国服务外包收入的80%

▶ 园区建设已进入“以服务促创新，以创新促发展”的发展轨道

- 园区配套建设创新，由硬件建设转向服务创新和功能建设
- 园区产业发展创新，跨入高端化发展阶段
- 园区投资促进创新，由招商引资转向招商引智与本土培育相结合
- 扶持企业成长创新，成立服务外包行业协会，加强专业化服务
- 园区品牌建设创新，通过多种途径开展园区品牌战略工程

第一节 园区发展概况

一、园区总量与分类

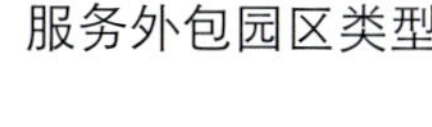

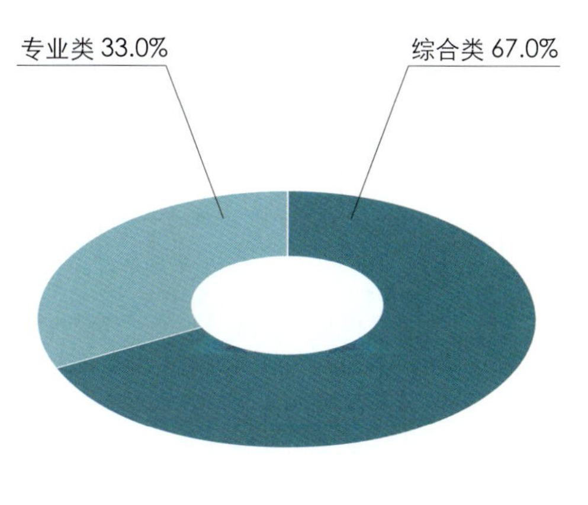

部分综合类服务外包园区

- 大连软件园
- 深圳软件园
- 成都天府软件园
- 南京高新技术产业开发区

部分专业类服务外包园区

- 武汉光谷软件园
- 西安软件园
- 大庆服务外包软件园
- 无锡软件园

图 4-1 服务外包园区类型

资料来源：示范城市年度工作汇报。

服务外包园区作为中国服务外包产业发展的主要功能载体，以服务外包示范城市及各地示范园区为核心，形成了“示范城市 + 示范园区”的以“点”带“面”的产业集聚发展格局。2011 年各示范城市认定的服务外包示范园区约 150 家，各类服务外包园区贡献了全国服务外包产业产值的 80%。其中，长三角区域是中国服务外包园区比较集中的区域。

服务外包园区按照产业功能分类，包括综合类园区和专业类园区。根据示范城市统计，2011 年包括服务外包在内多个产业共同发展的综合类服务外包园区占多数，占比约为 67%，而仅运营服务外包单一产业的专业类园区占少数，占比约为 33%。综合类服务外包园区多数在经济开发区、高新技术园区基础上建设发展而来，这类园区在产业配套、政策保障、平台建设及园区招商引资等方面经验丰富，优势突出。而专业类园区则更多地强调在专业领域的做精做深，特别是在平台建设等方面专业化程度较高。在服务外包专业园区中还有针对某一细分领域的专业园区，如呼叫中心园区、云计算园区等。

二、园区产业发展环境

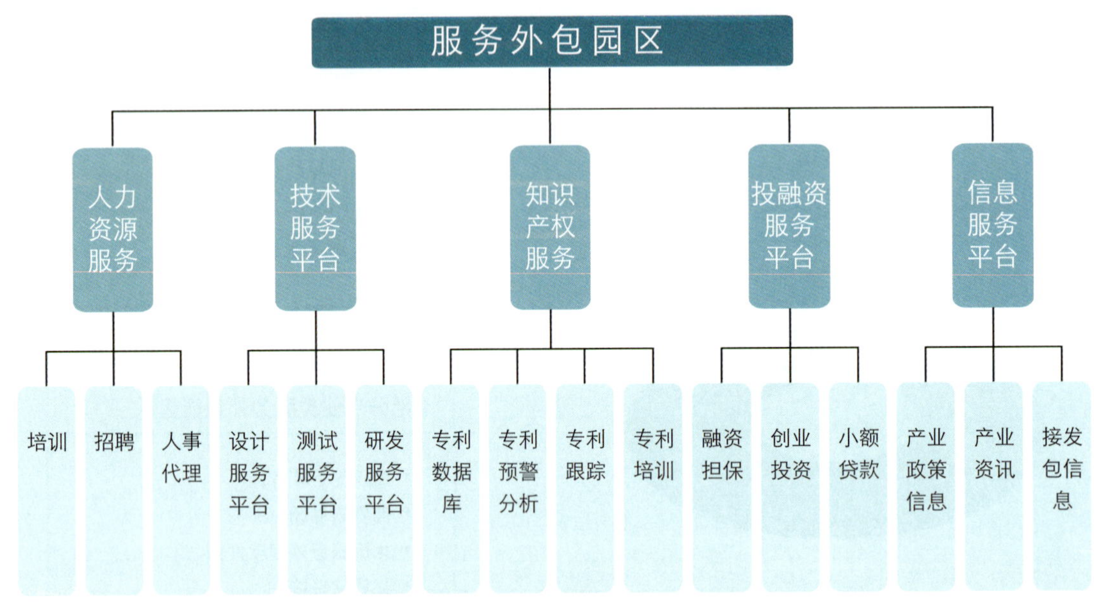

图 4-2 服务包园区公共平台体系

（一）载体功能配套建设

服务外包园区载体配套建设逐步完善，功能结构不断优化。各地园区载体建设发展速度迅猛，围绕服务外包内容有针对性地建设了一批专业化程度较高的 BPO 产业园、软件园、金融园、IT 实训基地，也建设了一批按照外包企业需求量身定做的园区。与服务外包配套的办公、研发、测试、产业化服务功能逐步得到强化，金融、会计、风险投资、实训、工商、税务等进驻园区，形成服务外包的重要专业技术服务支撑体系。园区商业、文化教育、休闲娱乐、酒店居住等综合功能日臻完善，创业和居住的环境品质显著提高。

（二）公共服务平台建设

公共服务平台得到有效整合和拓展，形成以人力资源服务、技术服务、知识产权服务、投融资服务、信息服务为基础的公共服务平台体系。公共平台对于服务外包产业的支撑和促进作用效果显著，公共资源利用率进一步提高，信息共享程度不断提高，园区公共服务成本逐步下降，公共服务水平明显提高，服务功能不断完善，很好地满足了企业的共性需求。

表 4–1 部分园区政策汇总

服务外包园区	园区政策
天津经济技术开发区	《天津经济技术开发区促进服务外包发展的规定》
济南高新区	《关于加快软件和信息服务外包产业发展的若干规定》
南昌高新区	《南昌高新区促进软件及服务外包产业发展扶持办法》
无锡生物医药研发外包园区	《关于扶持规模骨干企业做大做强的意见》 《关于重点培育二十家超亿元新兴产业企业的意见》
重庆北部新区	《重庆北部新区管委会关于鼓励和扶持软件与服务外包产业发展实施意见》

资料来源：示范城市年度工作汇报。

（三）政策环境不断优化

园区政策环境不断优化，政策落实的力度进一步加大。各地在国家法律法规的框架内结合本地实际制定了一系列倾斜性政策，目前已经形成了国家、地方和园区“三位一体”的政策扶持体系。政策优惠覆盖面不断扩大，内容包括服务外包产业发展引导资金、外包企业房租、用地、财政补贴、税收、技术创新、服务出口、人才引进等诸多方面。如天津出台了《天津经济技术开发区促进服务外包发展的规定》，在财政预算中设立“泰达服务外包发展金”，将符合条件的服务外包企业纳入高新技术企业适用范畴，给予服务外包企业相关优惠政策。又如南昌高新区、大庆高新区先后出台了相关政策措施，从租金、人才等方面对入园外包企业进行扶持。各地对政策的贯彻和兑现高度重视，积极组织企业申报中央、省级服务外包扶持资金，为企业兑现各种奖励资金，受益的外包企业数量不断增多。政府与外包企业的互动合作渠道顺畅，政府整合了各部门的资源和力量，搭建了服务外包的政府工作平台，基本形成一套合理的政府与企业之前的沟通机制，帮助企业解决实际问题，有力地促进服务外包产业的发展。

三、园区产业集群发展

表 4-2 2011 年部分服务外包园区集群企业数

城市	园区名称	集聚服务外包企业数（家）	城市	园区名称	集聚服务外包企业数（家）
北京	中关村软件园	219	西安	西安软件园	1 020
天津	天津经济技术开发区	200	济南	齐鲁软件园	200
上海	浦东软件园	396	杭州	新加坡杭州科技园	45
重庆	北部新区	200	合肥	合肥高新技术产业开发区	120
大连	大连软件园	624	南昌	南昌高新技术产业开发区	300
深圳	深圳软件园管理中心	300	大庆	大庆服务外包产业园	430
武汉	武汉光谷软件园	150	苏州	苏州工业园	1 315
哈尔滨	黑龙江动漫产业基地	280	无锡	无锡（国家）软件园	450
成都	成都天府软件园	330	厦门	厦门市软件园	512
南京	南京高新技术产业开发区	86			

资料来源：示范城市年度工作汇报。

园区产业集聚效应明显，特色鲜明。随着服务外包园区规模的不断扩大，载体等硬件设施日趋完善，政策扶持力度进一步加大，园区的软硬件优势开始逐渐释放，吸引力和辐射力不断增强，吸引了越来越多的服务外包企业进驻园区，园区的企业数量和规模迅速扩张，园区已经成为服务外包产业发展的主要载体，2011 年北京市服务外包示范园区的服务外包产业总额占全市外包总额的 81.8%；天津全市 90% 以上的服务外包企业和服务外包业务集中在园区；武汉东湖国家级服务外包示范区对全市服务外包 ITO 合同执行额的贡献度达到 86%；大庆市园区汇聚企业占 90% 以上。多数城市园区服务外包聚集发展呈现以下特点：1. 以引进优质龙头企业尤其是世界 500 强为主，重点发展跨国公司总部、研发中心和外资金融机构，发挥龙头企业的示范和带动作用，形成高端服务外包的集聚区；2. 依托本地产业基础，发挥本地技术、信息和人才优势，培育了一批本土高成长型的服务外包企业，形成以本土服务外包为主的集聚区；3. 依托现有高新技术产业开发区、产业基地等园区，形成如生物医药、软件开发等专业特色鲜明的服务外包集聚区。

第二节　园区运营创新

一、园区配套建设创新

园区建设的重点由硬件
转向服务创新和功能建设

服务创新

着力构建科学的园区管理体系和工作机制，整合园区内外资源，明确管理部门的工作职责，加强沟通协作，开展对服务外包企业的有效管理，为园区企业提供政策辅导、牵线搭桥等各种个性化和“一站式”的服务，从政策、工作机制、配套服务上促进园区服务外包企业的健康快速发展

功能建设

继续搭建和完善各种公共服务平台
建设公共技术平台，并逐渐转移到综合服务平台

图 4-3　园区服务创新和功能建设

随着服务外包园区建设规模的不断扩张，入园企业与日俱增，服务外包产业聚集效应显著，形成各具特色的外包园区。在载体基础设施不断完善的同时，园区建设的重点由硬件转向服务创新和功能建设上，继续搭建和完善各种公共服务平台，着力构建科学的园区管理体系和工作机制，整合园区内外资源，明确管理部门的工作职责，加强沟通协作，开展对服务外包企业的有效管理，为园区企业提供政策辅导、牵线搭桥等各种个性化和“一站式”的服务，从政策、工作机制、配套服务上促进园区服务外包企业的健康快速发展。如天津开发区搭建了促进服务外包发展的信息、研究、商务、政策、咨询平台。

在园区建设的初期阶段，如何解决外包企业的产业共性技术问题很迫切，各级政府花费很大力气，投入大量资金建设公共技术平台，如为服务外包企业提供专业化软件和技术开发服务、为医药研发外包服务企业提供技术服务或专业设备设施、生物医药公共实验室等公共技术平台。但是，随着服务外包产业链的延伸，园区企业对信息、人才等需求越来越突出，于是，平台的建设重点逐渐转移到综合服务平台。如厦门软件园如今建有数字媒体技术服务平台、IT 开发与测试平台、IC 设计研发平台，以及与厦门大学、华侨大学等高校共建的开放性实验室、产学研基地等多元化公共平台，可为园区提供高标准的研发环境、强大的技术保障以及人才支持。

二、园区产业发展创新

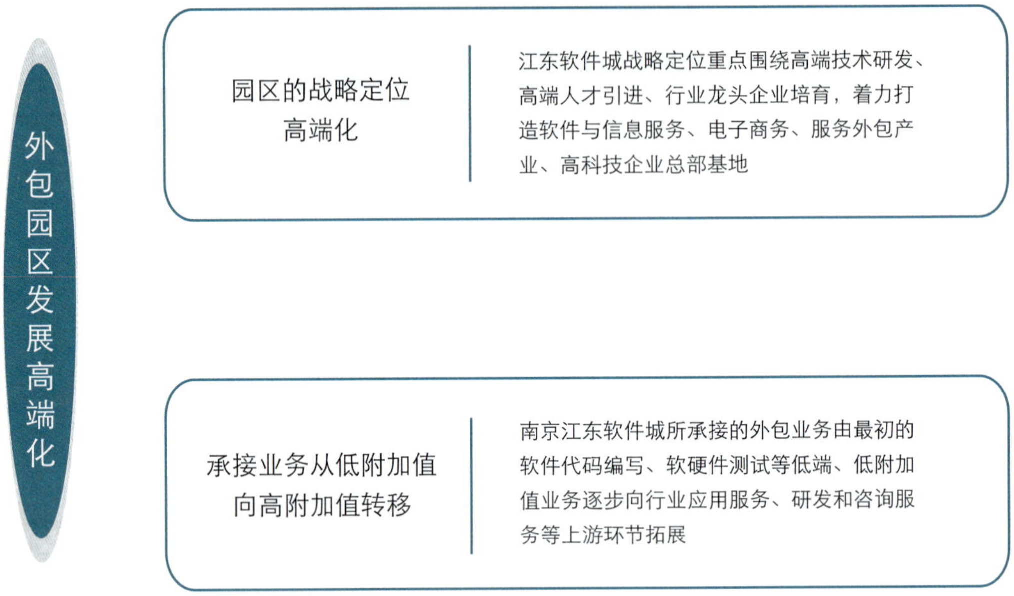

外包园区发展高端化

园区的战略定位高端化	江东软件城战略定位重点围绕高端技术研发、高端人才引进、行业龙头企业培育，着力打造软件与信息服务、电子商务、服务外包产业、高科技企业总部基地
承接业务从低附加值向高附加值转移	南京江东软件城所承接的外包业务由最初的软件代码编写、软硬件测试等低端、低附加值业务逐步向行业应用服务、研发和咨询服务等上游环节拓展

图 4-4　外包园区发展高端化

外包园区在经历精细化、专业化发展阶段之后，逐步步入向高端化方向发展的轨道。南京江东软件城的战略定位重点围绕高端技术研发、高端人才引进、行业龙头企业培育，着力打造软件与信息服务、电子商务、ITO、BPO、CRO、高科技企业总部基地。其所承接的外包业务由最初的软件代码编写、软硬件测试等低附加值业务逐步向行业应用服务、研发和咨询服务等上游环节拓展。知识流程外包（KPO）等业务比例显著提高，企业的国际竞争力得到不断增强，合作伙伴关系也在提升。企业依托南京大学雄厚的科技学术实力和海内外优秀人才的智慧，与麻省理工学院（MIT）、IBM、日本伊藤忠等国际一流院校和企业合作。

三、园区投资促进创新

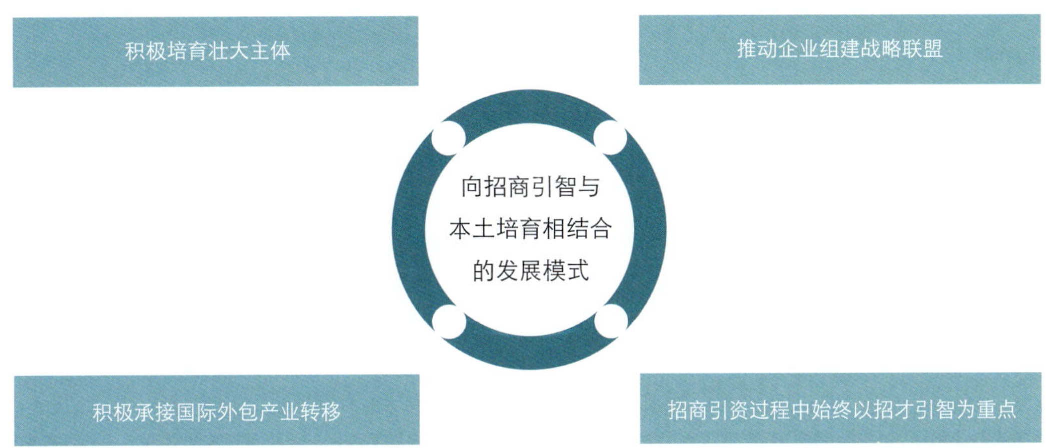

图 4-5 园区投资促进创新

在服务外包市场竞争日趋激烈的条件下，各园区招商引资面临升级的要求，由原来单一的招商引资向招商引智与本土培育相结合的发展模式转变。一是积极培育壮大主体。筛选一批重点服务外包企业，进行重点指导、重点服务、重点支持，鼓励服务外包企业上市融资、做大做强。二是推动企业组建战略联盟。鼓励支持企业强强联合，共同开拓国际市场。三是积极承接国际外包产业转移。重点引进世界 500 强和在服务外包方面具有示范效应的国际大企业、大集团，迅速壮大服务外包实力，不断提高服务外包层次。四是招商引资过程中始终以招才引智为重点。坚持在招商中引智、在招才中引资，促进人才、项目、资金共同落户，使引进的人才更加适应产业发展需要，使产业发展有更加可靠的人才支撑。如无锡生物医药研发服务外包园在近三年时间里，引进生物医药研发服务外包项目、总部经济及其他项目百余家，其中 80% 以上是国外高层次海归人才创办的高技术生物医药企业。

四、园区扶持企业创新

成立服务外包行业协会	成立服务外包企业联盟
• 加强行业内的信息交流，形成建议通道	• 有效促进整合资源，共享资源和成果
• 协助政府建立服务外包服务体系，及时了解企业的政策需求	• 加强合作，共同抵御风险，发挥整体优势，实现联盟内各产业链环节的共赢

例如：在中关村软件园成立了北京服务外包企业协会、中关村软件园人力资源联盟、中关村云计算联盟、中国云计算基地（中心）等产业联盟组织；在天府软件园组建了成都软件人才培训联盟；在齐鲁软件园成立了国际合作联盟、电力软件企业联盟、动漫企业联盟

图 4-6 园区扶持企业成长创新

资料来源：示范城市年度工作汇报。

各园区积极探索扶持外包企业发展的新模式，通过理顺政府管理部门之间的关系，营造良好的外部政策环境，加强为服务外包企业的专业化服务，推动服务外包企业的成长。主要做法是：成立服务外包协会，加强行业内的信息交流，形成建议通道，协助政府建立服务外包服务体系，及时了解企业的政策需求；成立服务外包联盟，有效促进整合资源，共享资源和成果，加强合作，共同抵御风险，发挥整体优势，实现联盟内各产业链环节的共赢。如在中关村软件园，成立了北京服务外包企业协会、中关村软件园人力资源联盟、中关村云计算联盟、中国云计算基地（中心）等产业联盟组织；在天府软件园组建了成都软件人才培训联盟；在齐鲁软件园成立了国际合作联盟、电力软件企业联盟、动漫企业联盟。

五、园区品牌建设创新

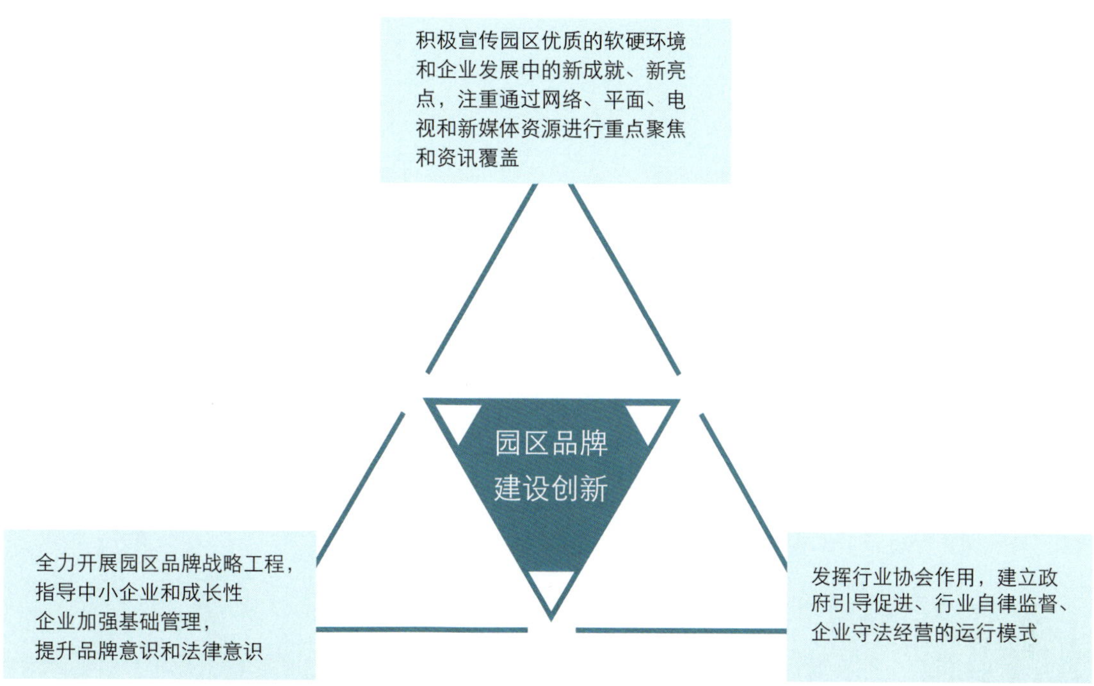

图 4-7 园区品牌建设创新

园区在品牌建设方面取得了很大成就，不少园区成为当地的新“名片”。一是园区以宣传推介为抓手，以申报服务为基础，以管理和保护为保障，全力开展园区品牌战略工程，指导中小企业和成长性企业加强基础管理，提升品牌意识和法律意识。如无锡（国家）工业设计园多次举办中国（无锡）国际工业设计博览会，扩大了园区的影响力。二是发挥行业协会作用，建立政府引导促进、行业自律监督、企业守法经营的运行模式。建立健全行业标准，规范市场秩序，建立企业信誉档案，评定企业信用等级，提高服务质量。三是积极宣传园区优质的软硬环境和企业发展中的新成就、新亮点，注重通过网络、平面、电视和新媒体资源进行重点聚焦和资讯覆盖。如新华网、人民网、北京电视台、《中国软件园》杂志、中关村管委会官网、海淀区政府网、海淀报等中央及市区各级各类媒体报道中关村软件园及企业发展成果近百余篇。

第五章

服务外包城市

主要观点

▶ 示范城市服务外包产业快速增长，积极创新突破，呈现集群化、高端化、差异化发展趋势

- 产业保持快速增长，集聚带动效应显著，产业结构不断优化，品牌意识持续增强，领军企业跨越发展
- 发挥比较优势，从政策环境、人才培养等方面突破与创新
- 区域联动集群化发展趋势显现，高端化发展态势明显，示范城市呈现差异化发展

▶ 非示范城市将发展服务外包产业作为推动产业升级、实现经济发展转型的重要途径和抓手

- 政府高度重视，优化发展环境；发挥后发优势，创新跨越发展
- 非示范城市服务外包发展势头将进一步加快，通过承接产业转移，实现合作共赢

第一节 示范城市发展情况

一、发展概况

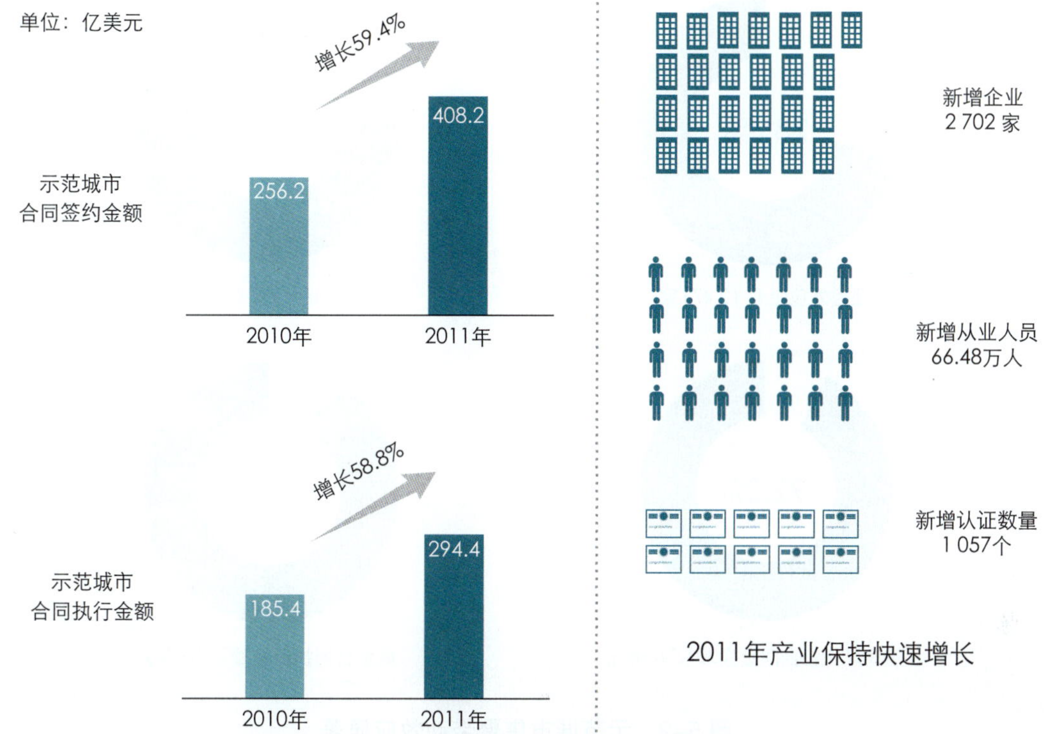

图 5-1 2011 年示范城市发展概况

资料来源：中华人民共和国商务部。

（一）产业保持快速增长

2011 年作为“十二五”的开局之年，各示范城市服务外包产业在国家和地方政府的大力推动和支持下，延续了“十一五”期间发展的良好势头，产业保持快速增长，引领作用不断加强，对我国服务外包产业的整体发展构成了强有力的支撑。2011 年示范城市合同签约金额达 408.2 亿美元，比上年增长 59.4%；合同执行金额达 294.4 亿美元，比上年增长 58.8%，占全国总额的 90.9%。此外，2011 年示范城市新增企业 2 702 家，新增从业人员 66.48 万人，新增认证数量达 1 057 个，创造了较好的经济效益和社会效益。

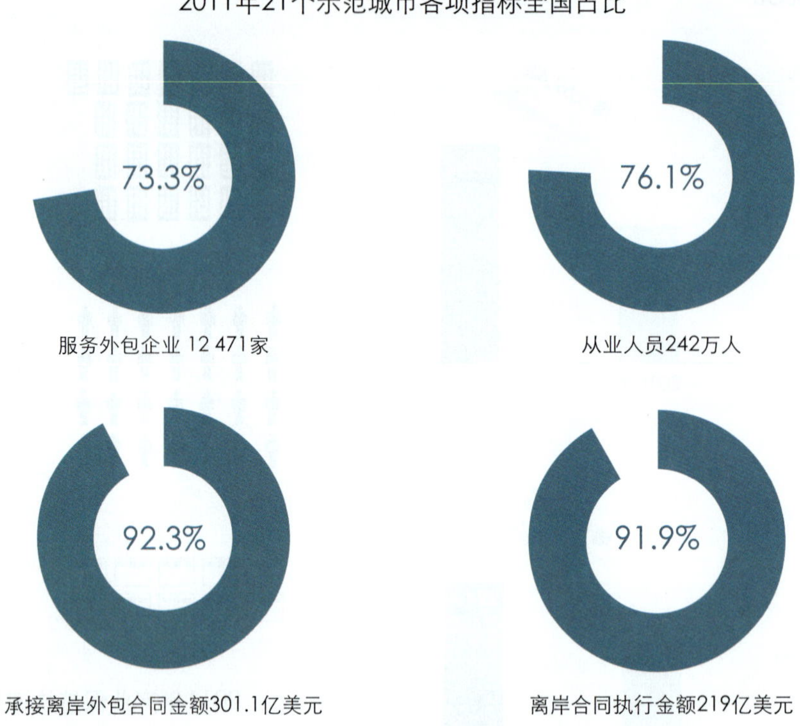

图 5-2 示范城市集聚带动效应显著

资料来源：中华人民共和国商务部。

（二）集聚带动效应显著

截至 2011 年底，21 个服务外包示范城市共有服务外包企业 12 417 家，从业人员 242 万人，分别占全国的 73.3% 和 76.1%；承接离岸外包合同金额 301.1 亿美元，合同执行额 219 亿美元，分别占全国总量的 92.3% 和 91.9%。示范城市已经成为我国服务外包产业发展的核心力量。

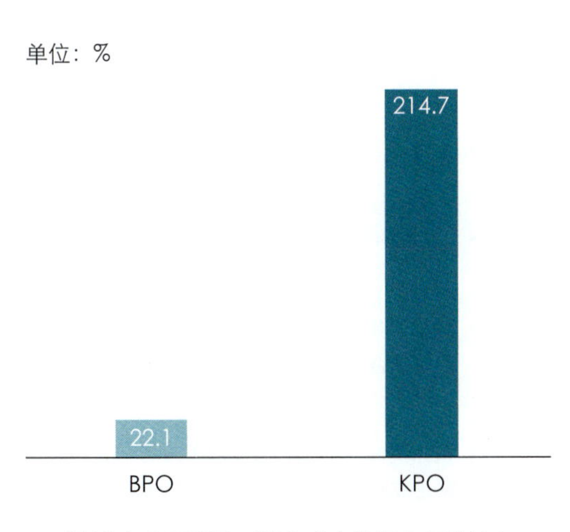

2011 年全国BPO、KPO 业务执行金额增长率

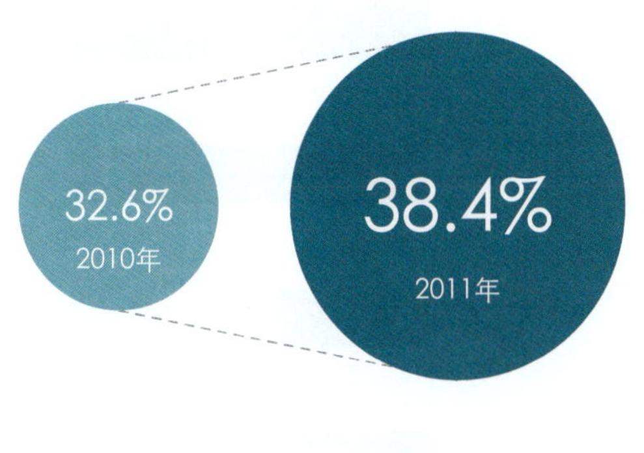

2010~2011年全国BPO及KPO业务占比情况变化

图 5–3 产业结构不断优化

（三）产业结构不断优化

为适应服务外包产业由单纯的成本驱动向提供解决方案的转变趋势，各示范城市抓住产业升级和经济发展方式转变的机遇，充分发挥科研教育和人力资源的优势，在保持传统的 ITO 业务快速增长的同时，积极向 BPO、KPO 业务拓展升级，取得了长足的进步和显著的成果。离岸服务外包业务逐步由低端向高端价值链延伸，工程设计、医药研发、产业咨询、解决方案设计、软件与信息系统架构设计、金融后台服务等高附加值、高技术含量的业务比重不断上升，2011 年全国 BPO、KPO 业务执行金额分别比上一年增长 22.1% 和 214.7%，在全部业务中占比由 2010 的 32.6% 上升为 38.4%，增长 5.8%。多个示范城市如天津、广州、哈尔滨、南京、杭州、苏州、无锡等 KPO 业务占比超过了 20%。武汉市产业咨询、解决方案设计、软件与信息系统框架设计、工程设计、金融后台服务等高附加值的业务比重不断上升，其中工程设计合同执行额约 1.4 亿美元，占合同执行总额的 63%。

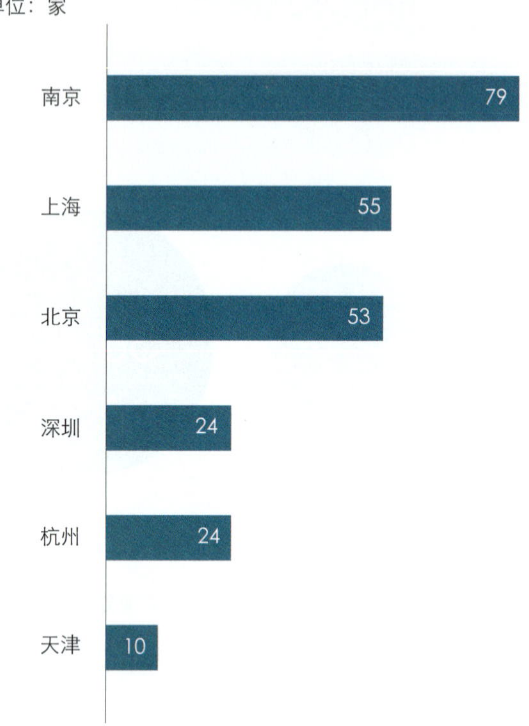

- 南京服务外包执行额在千万美元以上的79家企业实现执行额34亿美元，占全市80%以上
- 上海有2家企业离岸业务额超过1亿美元
- 北京有4家企业离岸业务额超过1亿美元
- 深圳离岸合同执行金额超千万美元的24家企业合同执行金额占全市总额的79.1％
- 杭州离岸合同执行金额超千万美元的24家企业合同执行金额占全市总额的77.2%
- 天津外包业务额超过1000万美元企业达10家，合计占全市业务总额的72%

图 5-4 2011 年部分示范城市领军企业发展情况

资料来源：示范城市年度工作汇报。

（四）领军企业跨越发展

2011 年示范城市的服务外包领军企业凭借其研发、技术、营销、品牌、资金等优势，实现了跨越发展。北京离岸业务额超过千万美元的企业达 53 家，比 2010 年增加 18 家，其中有 4 家企业离岸业务额超过 1 亿美元，有 5 家企业入选全国服务外包领军企业，人员规模都在万人以上；天津外包业务额超过 1 000 万美元企业达 10 家，合计占全市业务总额的 72%，离岸服务外包业务超过 1 000 万美元的企业达 7 家，合计占全市离岸业务总额的 69%，其中 2 家业务超过 5 000 万美元；上海离岸服务外包业务额超过千万美元以上的企业达 55 家，其中有 2 家企业的业务额超过 1 亿美元，有 2 家企业入选“中国服务外包领军企业”；深圳服务外包离岸合同执行金额超千万美元的有 24 家，执行合同总金额占全市服务外包离岸合同执行金额的 79.1%；南京服务外包执行额在千万美元以上的企业 79 家，较上年增加 29 家，79 家企业实现的执行额 34 亿美元，占全市 80% 以上；杭州离岸执行额 1 000 万美元以上的服务外包企业有 24 家，离岸执行额共 157 103.2 万美元，占全市总额的 77.2%。领军企业在推动中国服务外包产业发展中发挥了举足轻重的作用。

二、创新突破

发挥比较优势

各示范城市紧密结合当地产业基础的实际情况，建立和完善符合自身特色的服务外包产业

出台扶持政策

各地政府出台了一系列有针对性的支持政策，从财政税收、金融、人才培养等各方面给予政策扶持

加快人才培养

大力开展服务外包高端培训，推动服务外包培训中心建设，整合教育资源，加快建立服务外包人才库，构筑人才集聚优势

图 5-5 示范城市创新突破

（一）发挥比较优势发展特色产业

各示范城市紧密结合当地产业基础的实际情况，发挥地方比较优势，积极推动服务外包产业的发展，建立和完善符合自身特色的服务外包产业，为当地服务外包产业的长远发展奠定了良好的基础。比如天津围绕优势支柱产业，与制造业联动发展，重点发展科技研发、共享服务中心、信息服务等与生产密切相关的服务外包业务；上海围绕建设“四个中心”的重要战略部署，除发展软件和信息技术服务外包外，重点发展金融服务外包、供应链管理服务外包、人力资源服务外包，医药研发服务外包和创意设计服务外包，并探索发展数据处理服务外包；大连抓住“两化融合”、“三网融合”、文化产业发展的契机，着力推进网络、动漫游、设计、云计算等新兴产业发展；深圳利用毗邻香港的独特地理位置，加强深港澳合作，大力推动在物流、金融行业的服务外包产业发展；广州发挥制造业和服务业发达优势，重点扶持金融服务外包、工业设计研发外包、旅游会展服务外包、商务服务外包；哈尔滨发挥装备制造业发达的优势，重点发展装备制造业整体解决方案服务外包业务；成都依托良好的产业基础和发展环境，重点发展软件外包、工程设计研发外包、生物医药研发外包、移动互联网信息服务等；南京发挥电子通讯和生物医药产业发展优势，重点发展通讯电子、电力电气和生物医药研发等行业的外包业务；杭州则依托其现有产业基础重点推进通讯研发和金融服务外包的发展；大庆依托大庆油田开发的技术优势和产业基础，发展石油工程技术服务外包特色业务；苏州根据其现有产业基础积极

发展以软件研发外包、集成电路设计外包、生物医药研发外包、影视动漫创意外包、物联网信息服务等为重点的高端服务外包业务；厦门从自身经济结构出发，充分利用和台湾地区的经济联系，重点培育电子、机械、航运物流、旅游会展、金融与商务等服务外包业务。

（二）出台支持政策推动产业发展

为推动服务外包产业持续健康发展，各地政府和主管部门积极出台了一系列有针对性的支持政策，从财政、税收、金融、人才培养等各方面给予了政策扶持，有力地促进了服务外包产业的发展。天津、广州、南京、杭州、厦门等众多示范城市制定出台了各地的《服务外包公共服务平台资金使用管理办法》、《服务外包发展专项资金管理办法》等一系列扶持措施；重庆制定了示范区建设、出口奖励、人才培训等方面的新的促进政策；合肥制订出台了《合肥市承接产业转移促进服务业发展若干政策（试行）》，多方面进行政策集成和创新等；武汉市出台了《武汉市商务局、武汉市财政局关于进一步支持服务外包产业发展有关事项的通知》，并经市政府批准将专项资金规模由 1 000 万元增加到 3 000 万元，支持服务外包产业发展。

（三）多种形式途径加快人才培养

各示范城市深刻认识到人才培养在服务外包产业发展中的重要性，通过各种方式，不遗余力地推进人才培养方面的工作。北京大力开展服务外包高端培训，推动服务外包培训中心建设，增加高端人才供给；济南整合培训资源，组织微软公司与有关单位共同签署了微软服务外包人才培养及认证合作备忘录，成为微软在服务外包人才培训和国际认证合作的全球首家示点城市；杭州发挥服务外包人才培训联盟作用，壮大服务外包人才培训机构力量；南昌通过紧抓培训基地建设、校企合作、打通人才培养绿色通道、人才定制特色通道和专业培训双证通道，提出打造“学在南昌”的品牌；苏州依托苏州市服务外包人才培养实训中心，加快建立服务外包人才库，形成服务外包人才集聚的“蓄水池”效应，构筑人才集聚优势；无锡紧抓大学生毕业与到服务外包企业就业“最后一公里”的问题，坚持“高端人才引进、中端人才专培、基础人才职训”的思路，突出抓好服务外包人才实训环节，并于 2010 年发起倡议并与教育部、商务部联合主办“中国大学生服务外包创新应用大赛”，吸引了上百所高校学生参与，有力地推进了无锡服务外包“人才太湖”建设。

三、发展趋势

区域联动 集群化发展	外包业务从低端 向高端攀升	示范城市之间 差异化发展
• 以北京、上海、广州为重点的服务外包产业发展核心区域，将进一步带动周边区域服务外包产业的协同发展 • 以南昌、成都、重庆、西安等示范城市为核心的中西部区域，将会成为中国服务外包产业发展极具潜力的区域	• 各示范城市开始注重品牌建设，外包业务呈现向高端攀升趋势，高附加值业务占比持续增加 • 2011年天津KPO占比40%；广州KPO业务占比38.0%，杭州KPO业务占比30.3%	• 各示范城市结合自身产业基础和比较优势，明显呈现出差异化发展的趋势 • 各示范城市采取差异化发展战略后，优势不断提升，实力不断增强品牌不断彰显，推动外包产业持续健康发展

图 5–6　示范城市服务外包产业发展趋势

（一）区域联动集群化发展趋势

示范城市带动非示范城市、核心区域带动周边区域协同发展的趋势日益显现。示范城市的服务外包产业经过多年的快速发展，已经建立起相对完善的服务外包管理体系，在产业规划、扶持政策、园区建设、招商引资、企业培育、人才培养等方面已经积累了丰富的经验，为非示范城市开展服务外包提供了有益的示范效应，非示范城市通过学习借鉴示范城市的经验，积极推进自身服务外包产业的发展。

以北京、上海、广州为重点的服务外包产业发展的核心区域，将进一步带动周边区域服务外包产业的协同发展。核心区域由于其在产业基础、政策、资金、人才等方面的优势，在服务外包产业发展中承担着产业集聚和业务集散的作用。随着这些核心区域商务成本的不断上升，服务外包中低端业务利润空间下降，以及区域经济一体化的不断推进，城市之间经济交流不断扩大，核心区域的服务外包业务开始逐渐向周边区域扩散和转移，带动周边区域服务外包产业发展。京津冀、长三角和珠三角等区域服务外包产业的发展，将以北京、上海、广州等地为核心，逐渐向周边区域扩散，形成互利合作的局面。其中，长三角区域已成为引领中国服务外包产业发展的高地。

以南昌、成都、重庆、西安等示范城市为核心的中西部区域，由于其丰富的人力资源、低廉的商务成本、不断改善的产业发展环境，将会成为中国服务外包产业发展极具潜力的区域。这些示范城市的服务外包产业在进一步加快发展的同时，将会带动周边城市服务外包产业的快速发展。

（二）外包业务从低端向高端攀升趋势

伴随着我国经济结构的转型升级，各示范城市基础设施的日益完善，政策扶持效应的逐渐显现，人才培养体系的不断健全，服务外包企业特别是龙头企业实力的显著增强，各示范城市开始注重品牌建设，服务外包业务将呈现由价值链低端向高端不断攀升的趋势，高附加值业务占比将持续增加。这一发展趋势在东部沿海地区更为明显。如天津以医药研发、工程设计为主要内容的 KPO 发展迅速，占 2011 年全市离岸业务额比重的 40%，金融后台服务、跨国公司共享服务中心等 BPO 业务也迅速增长，占全市离岸业务的比重 28%，同时推动 ITO 业务向软件研发设计、整体解决方案设计、咨询等高附加值环节发展；广州 2011 年离岸执行额中，BPO 业务占 31.1%，以工业设计和技术服务为重点的 KPO 业务占 38.0%；杭州 2011 年 KPO 业务离岸执行金额达到 6.2 亿美元，占总执行金额的 30.3%；大连服务外包产业已完成了从简单代码编写向金融后台、行业解决方案等高端复杂业务的跨越，特别是在物流、自动控制等领域技术和管理均已达到国际水准。

（三）示范城市之间呈差异化发展趋势

各示范城市结合自身产业结构基础和比较优势，走差异化发展道路的趋势越来越明显。如长三角的服务外包产业布局中，苏州已初步形成软件设计、动漫创意、研发设计、生物医药、金融数据处理和物流供应链管理等六大服务外包产业集群，苏州昆山花桥借助上海建设国际金融中心的契机，利用毗邻上海的地理位置优势，大力发展金融服务外包，打造金融后台服务基地；无锡服务外包已形成以软件研发外包、集成电路设计外包、生物医药研发外包、影视动漫创意外包、物联网信息服务等高端业务为主的发展格局；南京大力发展通讯电子、电力电气、工业设计和生物医药研发等领域的服务外包。各示范城市采取差异化发展的策略，优势不断提升，实力不断增强，品牌不断彰显，推动服务外包产业持续健康发展。

第二节　部分非示范城市发展情况

一、发展概况

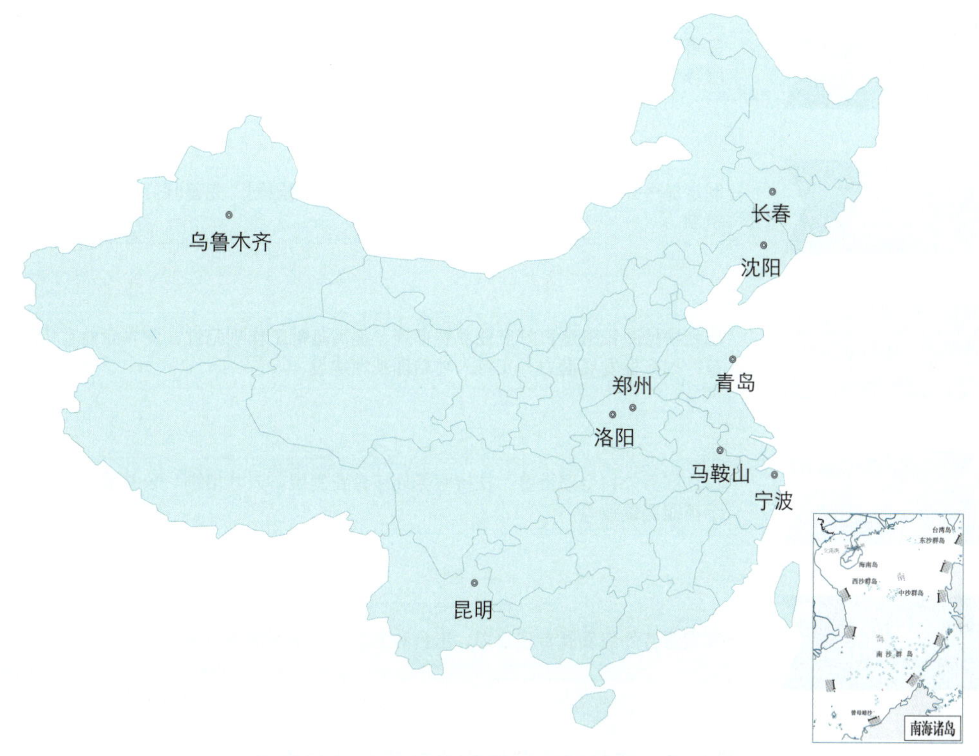

图 5-7　部分非示范城市积极推进服务外包产业发展

“十二五”时期，是我国全面建设小康社会的关键时期，是深化改革开放、加快转变经济发展方式的攻坚时期，各地以科学发展观为指导，根据本地特点与比较优势，积极发展战略性新兴产业，加快发展服务业，促进经济增长向依靠第一、第二、第三产业协同带动转变。在示范城市的启发与带动下，许多非示范城市将发展服务外包产业作为推动本地产业升级，转变经济发展方式的重要途径和抓手。据不完全统计，目前已经有宁波、青岛、沈阳、长春、郑州、洛阳、马鞍山、昆明、乌鲁木齐等众多城市积极推进服务外包产业发展。尽管目前有些非示范城市的服务外包产业基础还较薄弱，尚不能享受国家有关部门在税收、资金、人才培训、公共服务平台建设等方面的政策支持，但各地政府对发展服务外包产业热情仍然高涨，通过制定服务外包产业发展专项规划及其鼓励政策，积极推动服务外包产业发展。如宁波市将服务外包列入“十二五”重点发展的现代服务产业之一，重点发展信息技术、港口物流、工业设计研发、动漫创意等行业的服务外包业务，市政府安排专项资金扶持服务外包企业开展业务开拓、国际认证和人才培训等工作，加强对服务外包产业园的建设，将发展服务外包作为转变宁波经济发展方式的重要抓手。

二、发展特点

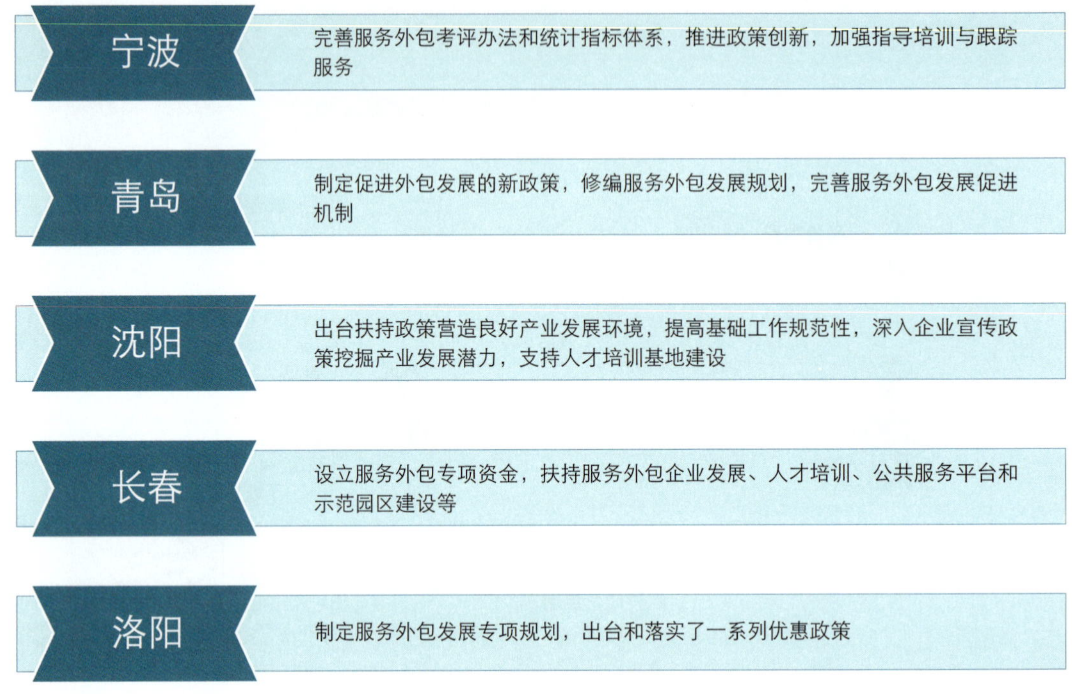

图 5-8 部分非示范城市推动服务外包发展

（一）政府高度重视，优化发展环境

越来越多的非示范城市认识到服务外包具有信息技术承载度高、附加值大、资源消耗低、环境污染少、吸纳就业广、国际化水平高等特点，以及在促进经济转型升级中的重要作用，对服务外包产业的发展给予高度重视，出台针对性的政策，优化发展环境，推动服务外包产业的发展。如宁波市通过完善服务外包考评办法和统计指标体系、进行政策创新、加强指导培训与跟踪服务、营造产业氛围等措施推动服务外包产业健康持续快速发展；青岛市政府通过研究制定促进外包发展新政策、修编服务外包发展规划、完善服务外包发展促进机制、加强宣传营造发展氛围、促进服务外包人才培养和实训、促进服务外包定向招商、抓好政策扶持资金落实和服务外包的统计工作等措施，推动服务外包产业发展；沈阳市通过出台扶持政策营造产业发展环境、寻求上级支持提高基础工作规范性、深入企业宣传政策挖掘产业发展潜力、支持人才培训基地建设等措施，促进服务外包发展；长春市专门设立了服务外包专项资金，用于扶持发展服务外包企业和人才培训、服务外包示范园区及相关公共服务平台建设、公益性基础设施的维修与改造等；洛阳市政府通过制订服务外包发展专项规划，出台一系列优惠政策如鼓励符合条件的服务外包企业申报技术先进型服务企业、按 15% 税率征收企业所得税、免收各种行政事业性费用、建立产业扶持基金、建立多渠道融资体系、加大人才引进政策扶持力度等，推动服务外包产业发展。

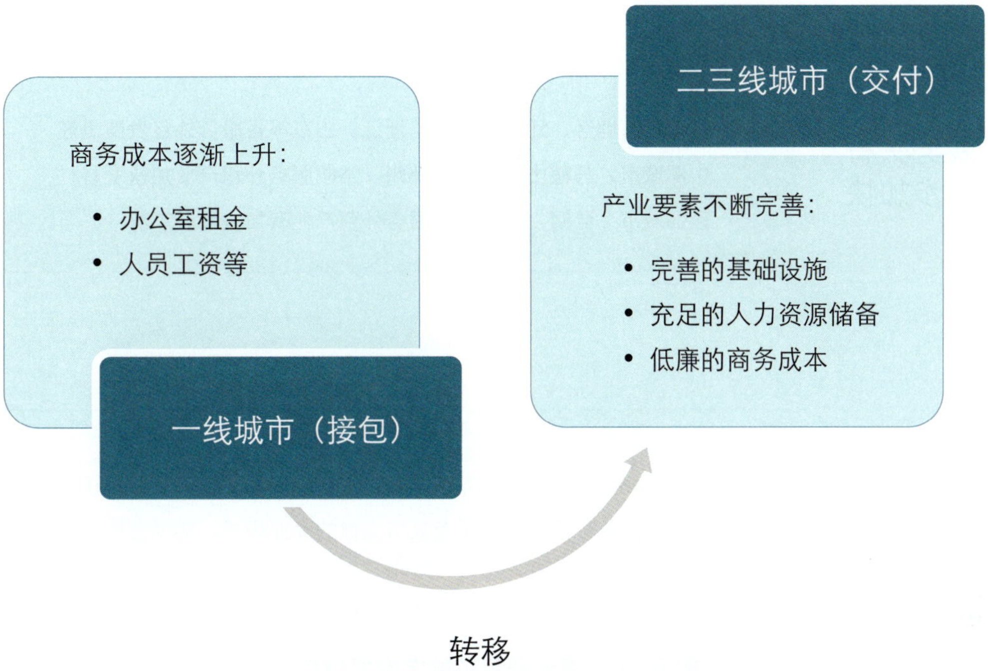

图 5-9 非示范城市发挥后发优势，实现跨越发展

（二）发挥后发优势，创新跨越发展

随着一线城市的办公室租金、人员工资等商务成本上升，一些服务外包业务从一线城市向二三线城市、从东部沿海城市向中西部内陆城市转移，呈现出一线城市接包、二三线城市交付的梯度转移的趋势，一些基础设施完善、人力资源储备充足、商务成本相对低廉的非示范城市获得了广阔的成长空间。他们利用后发优势，在产业规划布局、基础设施建设、政策扶持方面进行集成创新，取得了长足的进步，实现了跨越式发展。如宁波市 2011 年服务外包合同额达到 85.6 亿元，同比增长 31.0%，其中离岸服务外包合同额 3.8 亿美元，同比增长 40.1%；完成服务外包执行总额 60.9 亿元，其中离岸服务外包执行额 2.8 亿美元；全市服务外包企业 608 家，从业人员 2.6 万人。青岛市经过多年的发展，已初步形成了软件开发、动漫创意、数据录入、人才培训、工业设计等五大产业集群；2011 年服务外包离岸合同额 4.4 亿美元，同比增长 131.4%；执行额 3.2 亿美元，同比增长 107.8%；新增服务外包企业 72 家，全市服务外包企业达 222 家，吸收大学生就业超过 4 万人。

三、发展趋势

发展势头将进一步加快

东部沿海地区：江苏、广东、浙江、山东等省服务外包发展迅速
中部城市：马鞍山、芜湖、郑州、洛阳服务外包产业加快发展
西部城市：昆明、乌鲁木齐服务外包产业有加快发展态势

承接产业转移实现合作共赢

非示范城市与沿海示范城市紧密合作，承接示范城市业务转移，
通过示范城市接包、非示范城市交付的商业模式，实现合作共赢

图 5-10 部分非示范城市发展趋势

（一）发展势头将进一步加快

“十二五”期间，随着中国转变经济发展方式步伐的加快，将会有更多的城市将发展服务外包产业作为推进产业升级的重要途径与抓手。目前，不仅东部沿海地区江苏、广东、浙江、山东等省服务外包发展迅速，中西部地区江西、安徽、四川等省服务外包也有加速发展的态势。

东部沿海地区江苏省除南京、无锡、苏州三个示范城市外，常州、南通、镇江、扬州等城市服务外包产业有加速发展态势。2011 年江苏省离岸服务外包业务执行额为 69.6 亿美元，其中非示范城市占比约 6.5%，到 2015 年，预计非示范城市占比将达到约 20%。2011 年浙江省离岸服务外包业务执行额为 24.0 亿美元，其中杭州执行额为 18.2 亿美元，非示范城市执行额为 5.8 亿美元，宁波、金华、衢州、嘉兴等城市服务外包有加速发展态势。

中西部城市马鞍山、芜湖、郑州、洛阳、昆明、乌鲁木齐等，服务外包产业均有加快发展态势。

（二）承接产业转移，实现合作共赢

大部分非示范城市受地理位置、产业基础和对外开放程度限制，服务外包发展将以间接离岸外包（离岸外包转包业务）和在岸外包成为主要业务来源。非示范城市将继续与沿海示范城市紧密合作，以其低廉的服务成本承接示范城市的转移业务，通过示范城市接包、非示范城市交付的商业模式，实现合作共赢。同时，随着国内产业细分释放出更多的在岸外包业务，非示范城市特别是中西部城市将成为承接在岸服务外包业务发展的重要基地。

第六章

服务外包发展环境

主要观点

▶ 中国服务外包产业发展环境进一步优化，政策创新力度加大

- 国家层面政策进一步优化，地方配套政策进一步细化
- 中央财政支持继续加大，地方配套扶持政策落实力度加强

▶ 行业协会建设健康发展，投资促进活动加强，公共平台建设完善

- 地方服务外包行业协会相继成立，综合服务与协调能力提高
- 国内服务外包投资促进活动水平提升，境外投资促进活动加强
- 公共平台建设政府支持力度加大，公共平台功能日趋完善

▶ 信息安全及知识产权保护进一步加强

- 信息安全政策进一步完善，电子认证保持快速增长，信息安全管理坚持国际化标准
- 企业知识产权保护意识增强，示范城市通过地方立法等举措加强对知识产权保护

第一节　政策创新

一、概述

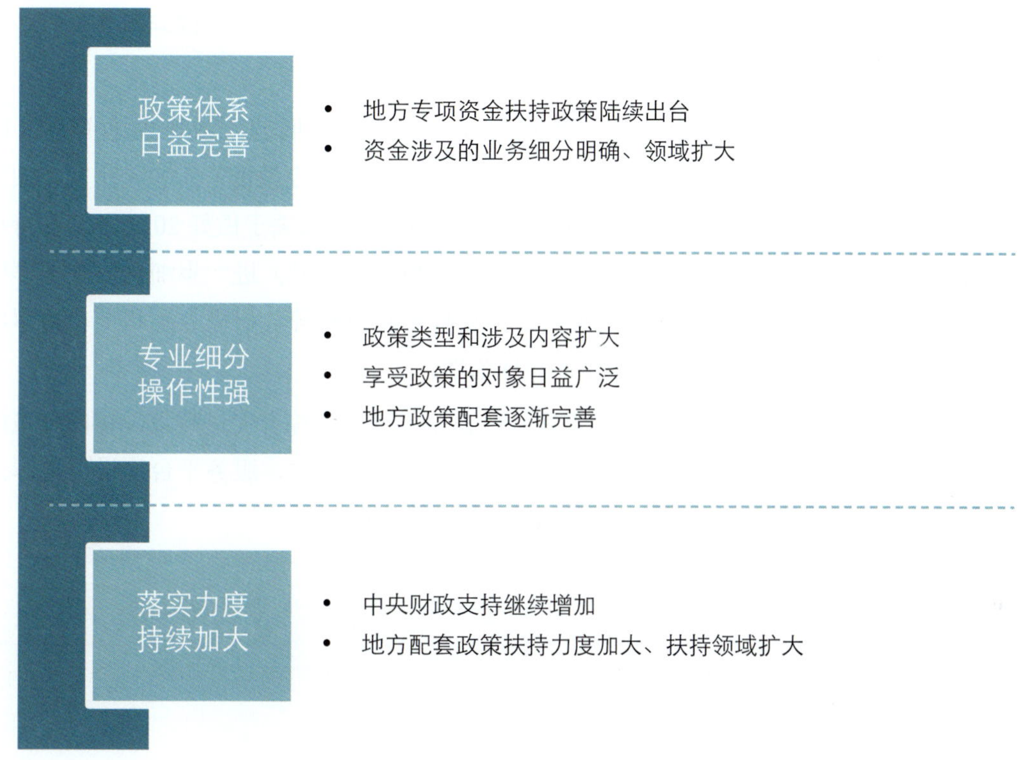

图 6-1　2011 年中国服务外包产业发展政策创新特点

2011 年，各级政府紧紧围绕贯彻国务院办公厅发布《关于鼓励服务外包产业加快发展的复函》（国办函〔2010〕69 号）精神，进一步完善服务外包产业发展的政策环境，全力支持服务外包产业的发展。

政策环境的完善，主要表现为国家层面政策的进一步完善、地方配套政策的进一步细化和贯彻落实力度的加大。各级政府主要从综合促进、信息安全与知识产权保护、人才培育与引进、投融资促进和财政税收等方面进一步细化和完善对服务外包的支持政策。专业细分化新政策的出台，显示了中国服务外包产业发展的扶持政策在不断专业化与具体化，政策体系在不断集成创新，政策环境在不断优化提升，对进一步推动中国服务外包产业的发展产生了积极的效果。

二、政策创新

(一)政策支持体系不断完善

2011 年国家层面出台的新政策仍然以促进服务外包产业健康快速发展为核心，进一步完善政策体系，继续优化产业发展环境，支持服务外包企业做大做强，积极承接国际服务外包业务，促进贸易增长方式转变。

《国务院关于印发进一步鼓励软件产业和集成电路产业发展若干政策的通知》（国发〔2011〕4 号）的出台给予国内软件产业和集成电路产业在财税、投融资、人才、研发、知识产权等方面的扶持，一定程度上推动了我国在岸服务外包的发展。《关于做好 2011 年度支持承接国际服务外包业务发展资金管理工作的通知》（财企〔2011〕69 号）进一步细化明确了享受政策支持的国际服务外包业务的种类和适用范围，申报程序和材料等，积极鼓励和推动离岸服务外包的发展，同时加大了政策落实的可操作性和规范性。

2011 年，各级地方政府新出台的扶持政策从过去简单单一的综合促进政策，转向政策的进一步专业细分化，主要在人才培育与引进、企业投融资、企业税收、服务平台建设、离岸外包业务开展等方面深入探索创新，政策的类别增多、涉及领域扩大。

表 6-1　2011 年国家及示范城市服务外包相关政策梳理

类别	政策名称	文号	省 / 市
国家层面			
综合政策	国务院办公厅《国务院关于印发进一步鼓励软件产业和集成电路产业发展若干政策的通知》	国发〔2011〕4 号	-
财政税收政策	财政部、商务部《关于做好 2011 年度支持承接国际服务外包业务发展资金管理工作的通知》	财企〔2011〕69 号	-
地方层面			
综合政策	《武汉市商务局、武汉市财政局关于进一步支持服务外包产业发展有关事项的通知》	武商务〔2011〕436 号	武汉
	《哈尔滨市促进云计算产业发展的若干政策》		哈尔滨
	《成都市金融服务外包产业发展行动计划》	成商〔2011〕181 号	成都
	《关于加速推进南京国际服务外包产业发展的实施意见》	宁政发〔2011〕88 号	南京
	《合肥市关于加强服务外包统计管理工作的实施意见（试行）》	合商业〔2011〕80 号	合肥
	《合肥市承接产业转移促进服务业发展若干政策（试行）》	合政〔2011〕53 号	合肥
	《关于促进服务外包跨越发展的若干政策》	苏府〔2011〕69 号	苏州
	《厦门市关于进一步加快现代服务业发展的若干意见》		厦门
人才培养政策	《关于天津市“用三年时间引进千名以上高层次人才”工作的实施意见》	津人社办发〔2011〕64 号	天津
	《关于加快我市服务外包人才培养的若干意见》	津教委〔2011〕54 号	天津
	《广州市国际服务外包人才培训机构认定及管理办法》	穗外经贸法〔2011〕1 号	广州
	《哈尔滨市服务外包人才培训机构认定及管理办法》	哈商务〔2011〕87 号	哈尔滨
	《关于哈尔滨市服务外包和软件开发企业实行特殊工时制有关事宜的通知》	哈人社〔2011〕205 号	哈尔滨
	《南京服务外包人才培养基地认定及管理暂行办法》	宁商务〔2011〕4 号	南京
投融资政策	《关于加强哈尔滨市服务外包园区管理的通知》		哈尔滨
	《关于进一步促进利用外资工作的实施意见》		广州
	《南京市国际服务外包专项资金管理办法》	宁财备〔2011〕5 号	南京
	《厦门市服务外包公共服务平台专项建设资金使用管理暂行办法》		厦门
财政税收政策	《关于离岸服务外包业务免征营业税具体实施办法的公告》	财税〔2011〕13 号	天津
	《关于离岸服务外包业务收入申请免征营业税有关事项的公告》	地税法〔2011〕第 1 号	重庆
	《关于广州市离岸服务外包业务收入免征营业税管理的通知》	穗地税法〔2011〕47 号	广州
	《市地税局、商务局关于纳税人申请离岸服务外包业务收入免征营业税有关事项的公告》		哈尔滨
	《离岸服务外包业务免征营业税操作流程》		杭州
	《无锡市离岸服务外包业务收入免征营业税实施细则》	锡商外〔2011〕101 号	无锡
	《关于离岸服务外包业务免征营业税有关事项的公告》	地方税务局公告〔2011〕13 号	厦门
	《关于离岸服务外包业务收入申请免征营业税有关事项的公告》	地税法〔2011〕第 1 号	重庆
平台建设政策	《天津市服务外包公共服务平台资金使用管理办法》	津财企二〔2011〕8 号	天津
	《哈尔滨市服务外包公共服务平台管理办法》		哈尔滨
	《无锡市服务外包公共服务平台资金管理办法》	锡商外〔2011〕101 号	无锡
知识产权政策	《哈尔滨市软件及信息服务业信息保护规范》		哈尔滨
	《南京市知识产权促进和保护条例》		南京

资料来源：公开资料整理。

图 6-2 中央财政资金扶持服务外包产业发展

资料来源：示范城市年度工作汇报。

（二）政策落实力度进一步加大

2011 年服务外包扶持政策落实情况主要表现在两个方面：

一是中央财政支持持续加大。中央财政安排的扶持国际服务外包业务发展资金从 2007 年以来逐年增加，扶持领域从过去仅对服务外包人才培训一项支持，扩大至 2011 年的企业认证、平台建设等方面。

二是地方配套扶持政策落实力度加大。2011 年，21 个示范城市对技术先进型企业所得税减免和离岸服务外包免征营业税两项财税政策均大力落实外，地方政府对服务外包产业发展的扶持政策还包括税收优惠、推行特殊工时制、金融信贷支持、简化外汇结算通道、通信和网络支持等多方面领域，大大推动了中国服务外包产业的发展。

表 6-2　2011 年部分示范城市服务外包相关政策落实情况

示范城市	财政政策落实
北京	• 市、区两级财政重点用于人才补贴、出口奖励、房租补贴和服务外包公共服务平台建设
上海	• 市、区县两级财政继续加大服务外包发展专项资金政策 • 100 多家服务外包企业实行特殊工时制 • 设立海关和外汇管理绿色通道、电信支持等各项政策
大连	• 省、市财政资金给予服务外包资金扶持超千万元 • 为服务外包企业提供各类贷款等金融支持 • 核准 3 家服务外包企业执行特殊工时制度 • 4 家服务外包企业享受海关保税监管
广州	• 省、市（含区、县）财政资金给予服务外包企业认证、服务外包培训机构、平台建设等补助 • 批准 15 家服务外包企业实行特殊工时制 • 市级专项资金支持 18 家在岸接包业务超千万元人民币的企业
武汉	• 共有企业和培训机构 71 家，项目 152 个获得财政资金支持
哈尔滨	• 市级财政建立了“助企保贷通”贷款担保平台，专门解决服务外包企业的融资难问题
成都	• 持续改善企业发展环境，包括人才服务、市场拓展、平台建设、融资便利等方面 • 推出了金融服务外包、中高端人才引进等相关政策
南京	• 落实市级服务外包财政扶持资金 • 批准 47 家服务外包企业实施特殊工时制
杭州	• 78 家企业、15 家培训机构获得千万元省级财政资助 • 111 家企业获得市级财政“杭州市服务外包出口奖励”
合肥	• 省、市财政资金对示范园区实行减免房租、项目补助等，以及地方留成税收返还企业等 • 推动金融机构创新信贷产品，积极采用股权、动产、商标专用权、股权、专利权等抵质押形式，加大对服务外包等新兴企业的信贷投放，40 家服务外包企业获得贷款支持 • 批准 74 家企业实施特殊工时制度
南昌	• 县（区）财政对企业认证、培训机构、公共平台建设给予资助 • 拓宽服务外包企业的融资渠道、创新保险品种等
大庆	• 先后为企业免除房租、补贴通讯专线租赁费、补贴人才培训费 • 批准 13 家服务外包企业实行特殊工时制
无锡	• 建立了软件外包出口通关和技术先进性服务企业海关保税监管“绿色通道” • 为服务外包企业提供金融支持，16 家银行和金融服务机构为 67 家服务外包企业 350 多个项目提供金融支持
厦门	• 加大对包括服务外包企业在内的中小企业信贷支持力度 • 7 家服务外包企业获得国际通讯补助 • 批准 15 家服务外包企业实行不定时或者综合计算工时工作制 • 对 10 家列入市级知识产权示范企业的服务外包企业给予财政资金支持

资料来源：示范城市年度工作汇报。

第二节 投资促进

一、行业协会建设

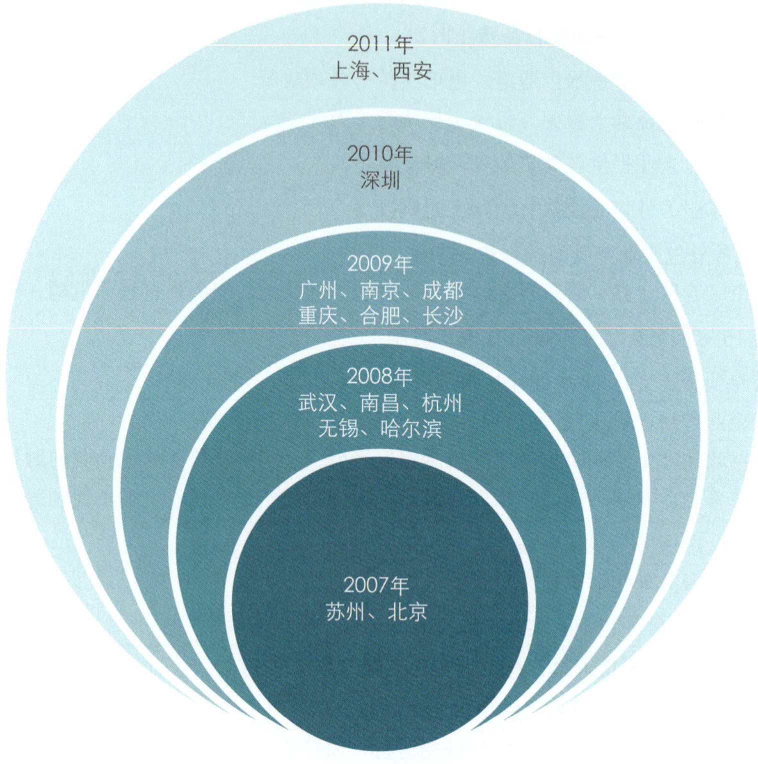

图 6-3 2007～2011 年示范城市服务外包行业协会成立情况

资料来源：公开资料整理。

(一) 服务外包行业协会总量持续增长

随着服务外包行业协会在指导产业发展、规范行业自律、加强各主体间交流、整合社会资源等方面作用的凸显，各级政府重视服务外包行业协会的建设。据不完全统计，截至 2011 年底，各示范城市服务外包行业协会达到 16 家，一些服务外包产业基础较好的非示范城市如宁波、青岛也已建立或正在积极筹建服务外包行业协会。

图 6–4 服务外包行业协会主要业务范围

（二）服务外包行业协会服务能力提升

服务外包行业协会服务能力快速提升。随着服务外包行业规模的扩张和市场格局的初步形成，服务外包行业协会服务企业的各项功能正逐步建立健全，并对服务外包企业的经营管理和市场拓展活动发挥着越来越积极的作用。2011 年，从全国各地服务外包行业协会的服务功能设计来看，已经覆盖了会员服务、资质认定、国际交流、行业分析、技术咨询、人才培训、产权保护等多项功能，并且随着服务外包产业的国际化步伐的加快，服务外包行业协会的服务功能也逐步与国际水平接轨。

二、投资促进活动

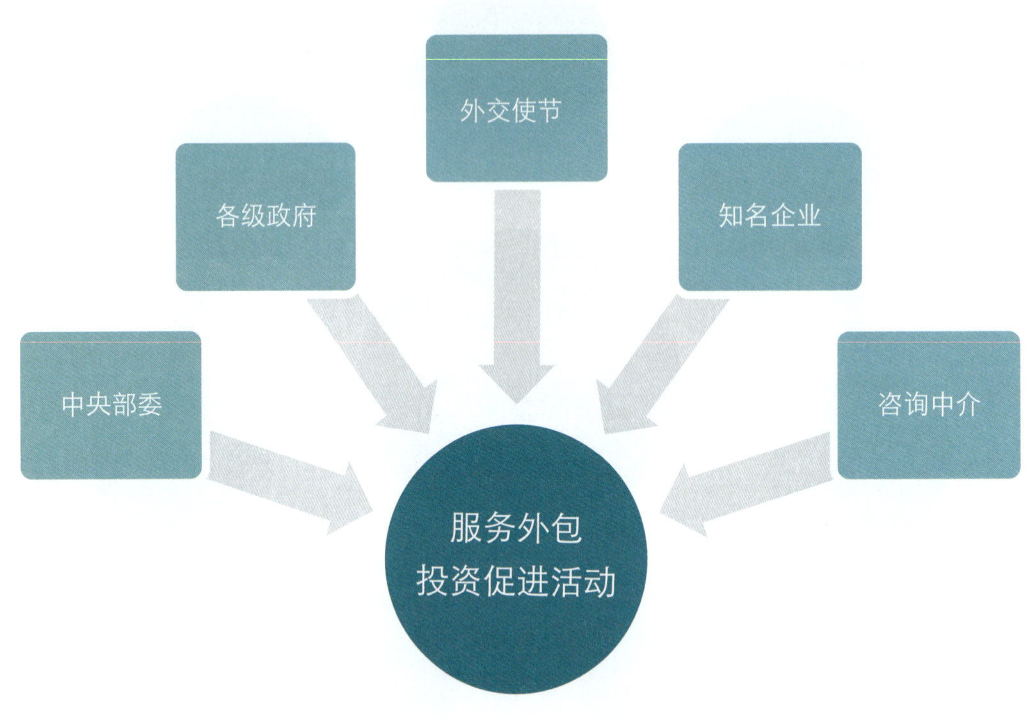

图 6-5 服务外包投资促进活动参与单位

(一)服务外包投资促进活动受到高度重视

2011 年服务外包投资促进活动受到国家、地方、企业和媒体各方的高度重视。商务部、省级政府和服务外包示范城市将服务外包投资促进活动作为工作重点纳入服务外包产业发展"十二五规划"或"专项规划"体系中。由商务部牵头举办的国内外高端服务外包投资促进活动中，包括中央部委、各级地方政府商务部门、驻外使领馆外交使节、国内外知名大型企业、服务外包企业和国际知名咨询中介机构在内的各方以多种形式积极参与服务外包投资促进活动。

表 6–3　2011 年国内举办的主要投资促进活动

时间	地点	活动
2011 年 4 月	杭州	第三届中国国际服务外包交易博览会
2011 年 4 月	苏州	首届中国（苏州）服务外包创新发展投资促进年会
2011 年 4 月	济南	2011 微软中国外包事业高峰论坛
2011 年 5 月	西安	中国首届 CCF 青年精英大会暨云计算与智慧城市建设论坛
2011 年 5 月	长沙	第二届长沙国际服务外包项目对接会
2011 年 6 月	南京	第四届中国国际服务外包合作大会
2011 年 6 月	大连	第九届中国国际软件和信息服务交易会
2011 年 8 月	无锡	第四届亚太服务外包国际合作会议
2011 年 10 月	上海	2011 上海软件外包国际峰会
2011 年 10 月	成都	中印服务外包合作论坛
2011 年 11 月	深圳	深港工业设计高峰论坛
2011 年 12 月	广州	2011 沃特金融峰会

资料来源：根据示范城市年度工作汇报、公开资料整理。

（二）国内服务外包投资促进活动水平提升

2011 年国内服务外包投资促进活动在中国投资促进会的推动下，以各示范城市为依托，在企业、行业协会、产业联盟、中介机构的积极参与下，组织举办了 10 多场次规模更大、规格更高的投资促进活动，在形式内容、专业化水平等方面上了一个新台阶，吸引了大量海内外的发包商与接包商、行业专家、权威咨询机构等，促进服务外包产业的招商引资、项目接洽等。

国家和地方政府积极实施“走出去”战略

商务部牵头组团参加高水平专业性国际会议，如：
- 旧金山“2011美国硅谷高科技创新创业高峰论坛”
- “中德IT服务交流会”
- “中英IT服务研讨会”

商务部投资促进局、中国国际投资促进会和中国服务贸易协会
- 组织境外服务外包路演促进团，于2011年4～12月分赴印度、新加坡、美国、加拿大、澳大利亚、新西兰、日本、韩国、匈牙利、意大利、英国、德国、香港和台湾等国家与地区开展服务外包路演活动

北京
- 组织相关单位参加2011年美国Gartner外包峰会、印度NASSCOM年会

天津
- 组团赴英国、爱尔兰、美国、加拿大等国家举行服务外包推介会，并成功引进新企业

深圳
- 组织参加“第五届香港服务贸易大会”，成功推进服务外包招商推介工作

南京
- 赴日本东京举办了南京服务外包产业（日本）推介会
- 组织参加了法国昂西动漫节、美国Gartner年会、法国外包展等会展活动

西安
- 在爱尔兰成果举办了“西安－爱尔兰软件产业合作研讨会”
- 组织参加了第三届德国汉堡国际动漫大赛
- 赴日本、韩国开展服务外包考察活动

苏州
- 在美国“2011年高德纳全球外包和供应商峰会”上成功举办“中国服务•苏州创新”服务外包推介会

图 6–6 部分服务外包专题的研讨活动及推介活动

资料来源：中国服务外包研究中心，示范城市年度工作汇报。

（三）服务外包投资促进活动实现全球对接

2011 年国家和地方政府积极实施“走出去”战略，鼓励和组织国内服务外包企业在境外举办或参加各类展会，帮助企业大力开拓国际市场。例如商务部牵头组团参加了旧金山“2011 美国硅谷高科技创新创业高峰论坛”、“中德 IT 服务交流会”和“中英 IT 服务研讨会”等高水平专业性国际会议；商务部委托商务部投资促进局、中国国际投资促进会和中国服务贸易协会组织境外服务外包路演促进团，于 2011 年 4 ～ 12 月分赴印度、新加坡、美国、加拿大、澳大利亚、新西兰、日本、韩国、匈牙利、意大利、英国、德国、香港和台湾等国家与地区开展服务外包路演活动；北京组织相关单位参加 2011 年美国 Gartner 外包峰会、印度 NASSCOM 年会；天津组团赴英国、爱尔兰、美国、加拿大等国家举行服务外包推介会，并成功引进新企业；深圳组织参加“第五届香港服务贸易大会”，成功推进服务外包招商推介工作；西安在爱尔兰成果举办了“西安－爱尔兰软件产业合作研讨会”，组织参加了第三届德国汉堡国际动漫大赛以及赴日本、韩国开展服务外包考察活动；苏州抓住“2011 年高德纳全球外包和供应商峰会”的契机，在美国奥兰多市成功举办了“中国服务•苏州创新”服务外包推介会等。这些服务外包专题的研讨活动及推介活动，增强了中国服务外包企业在全球拓展和对接的市场影响力，引导中国服务外包向高端发展，打造“中国服务”品牌。

三、公共平台建设

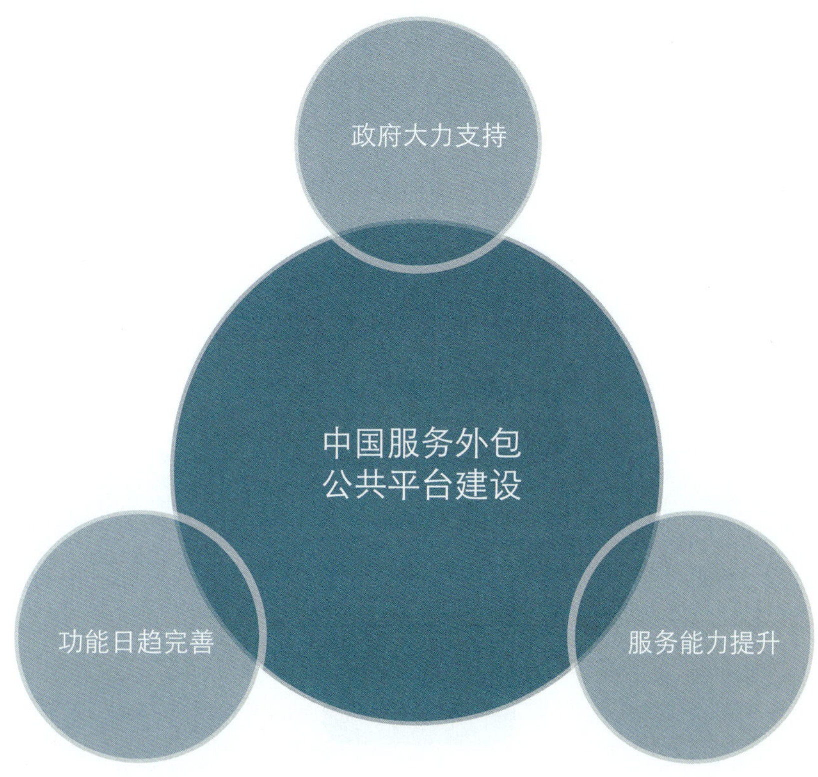

图 6-7　中国服务外包公共平台建设的特点

（一）政府大力支持公共平台建设

2011 年，中央政府和 21 个示范城市地方政府继续重视与加大对服务外包公共平台建设的扶持，使之成为我国服务外包产业发展的重要保障。

中央政府和各地方政府对服务外包公共平台建设给予了政策、资金的极大支持。财政部、商务部发布的《关于做好 2011 年度支持承接国际服务外包业务发展资金管理工作的通知》将“支持示范城市相关公共服务平台设备购置、运营及维护”列为 2011 年资金支持的领域和重点；西安、苏州将公共平台建设列为重点支持领域；厦门、无锡、天津、广州等市制定了专门政策以规范公共平台建设资金的投入与使用。2011 年，北京、重庆、广州、哈尔滨、南昌、大庆、厦门等示范城市各获得国家公共平台扶持资金 500 万元；各地方政府也设立了配套资金加大投入与扶持力度，如 2011 年南昌地方财政配套支持资金 650 万元，广州获得省市财政配套支持资金 750 万元。

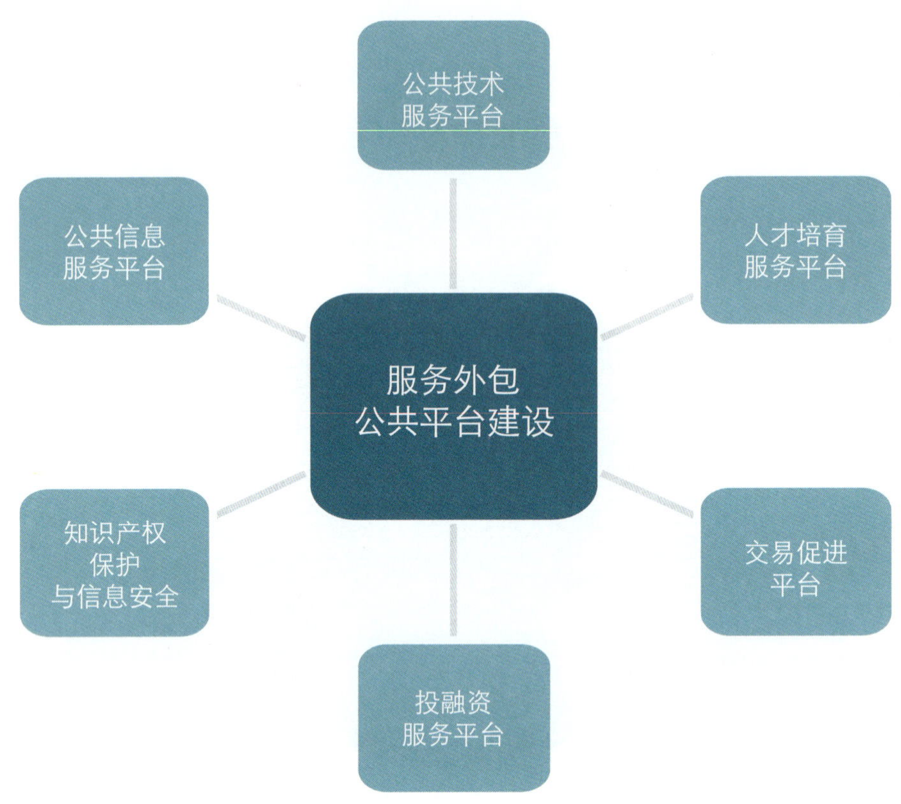

图 6-8　中国服务外包公共平台建设体系图

（二）公共平台功能日趋完善

服务外包公共平台建设，形成了以服务外包示范城市为主要节点覆盖全国面向企业服务的公共支撑体系，涵盖了公共信息服务平台、公共技术服务平台、人才培育服务平台、交易促进平台、投融资服务平台、知识产权保护与信息安全平台等各个方面，功能日趋完善。如 2011 年北京市新确定蛋白药物研究开发技术服务平台、服务外包交易促进平台、中关村软件园云服务平台和开放式服务外包培训平台 4 个公共服务平台项目，重点支持开放式服务外包培训平台和服务外包交易促进平台建设；上海支持建设 12 个服务外包公共服务平台，其中公共技术平台 4 个、公共信息服务平台 8 个；南京则将完善知识产权信息公共服务平台建设和开展专利技术展示交易中心建设作为重点。公共平台的建设为服务外包产业的发展提供了便捷的信息服务、培养了大量的服务外包人才，提供了共性技术的支撑，为服务外包企业优质服务提供了重要保障。

（三）公共平台服务能力提升

公共平台为企业服务的能力进一步提升，为服务外包产业的发展创造良好的环境，推动服务外包产业发展取得了显著的成效。一是公共资源的利用率高，如天津公共服务平台的资源利用率达到 90% 以上，为发包 / 接包单位提供了高效、透明的交流平台，降低了企业的信息搜集成本；二是为企业技术业务合作提供了技术支撑，有利于提高效率，降低成本，极大地促进了产业的发展。

第三节 信息安全与知识产权保护

一、信息安全

表 6-4 2011 年信息安全相关的全国性主要活动

时 间	地 点	活 动
2011 年 9 月	上 海	COG-2011 信息安全论坛会议
2011 年 9 月	北 京	中国信息安全技术大会 CISTC2011
2011 年 10 月	广 州	粤港电子签名证书互认标准规范讨论会
2011 年 11 月	北 京	2011RSA 大会信息安全国际论坛
2011 年 11 月	深 圳	2011 年地方政府信息系统安全检查专业技术培训
2011 年 11 月	南 京	工业和信息化部召开地方信息安全工作会议
2011 年 12 月	北 京	中国电子认证服务产业联盟成立大会
2011 年 12 月	北 京	电子签名与认证服务专家组成立大会

资料来源：示范城市年度工作汇报。

（一）信息安全政策进一步完善

近年来，信息安全的保护和管理在服务外包产业倍受关注，经过国家及各地方政府的共同努力，信息安全管理水平已得到显著提高，服务外包环境也随之明显改善。国家层面中华人民共和国工业和信息化部于 2011 年先后颁布了《信息安全技术个人信息保护指南》（草案）、《政府部门信息技术外包服务机构申请信息安全管理体系认证安全审查程序（暂行）》和《关于加强工业控制系统信息安全管理的通知》。地方层面出台的相关政策有宁波市《关于进一步加强全市信息安全等级保护工作的意见》等。同时，中央和地方政府举办了多场与信息安全相关的活动。

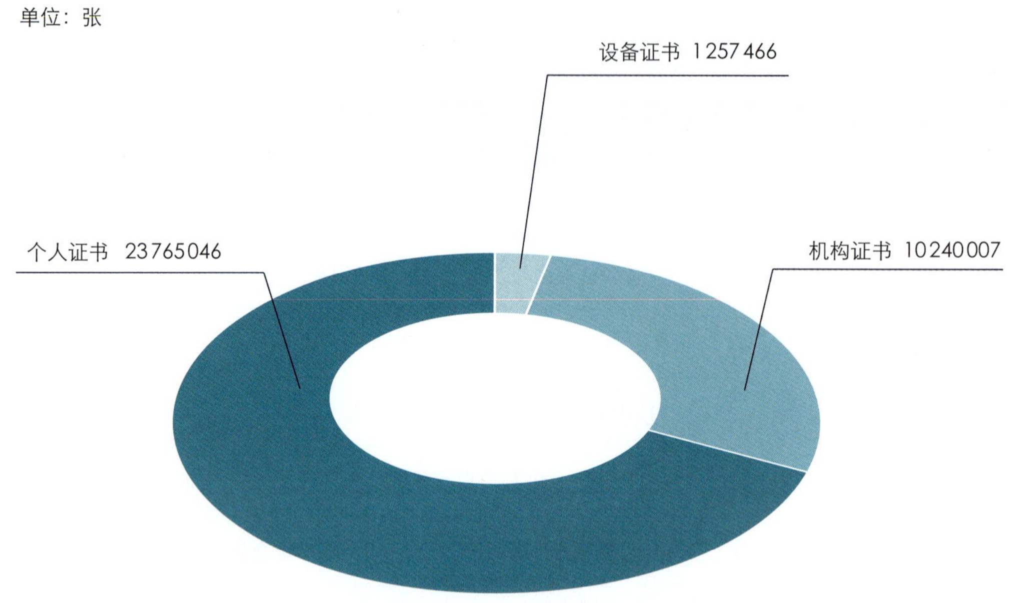

图 6-9 截至 2011 年底中国电子认证证书数量统计

资料来源：中华人民共和国工业和信息化部。

（二）电子认证保持快速增长态势

《电子签名法》实施后，我国电子认证服务快速发展，数字证书在推进网络信息安全体系建设、保障国家信息化发展方面发挥了重要作用。2011 年中国电子认证持有量继续保持快速增长态势，其中个人证书增长尤为迅速。截至 2011 年 12 月 31 日，有效电子认证证书持有量合计 35 262 519 张，当年新增 19 960 921 张，同比增长 266%。其中机构证书 10 240 007 张，个人证书 23 765 046 张，设备证书 1 257 466 张。

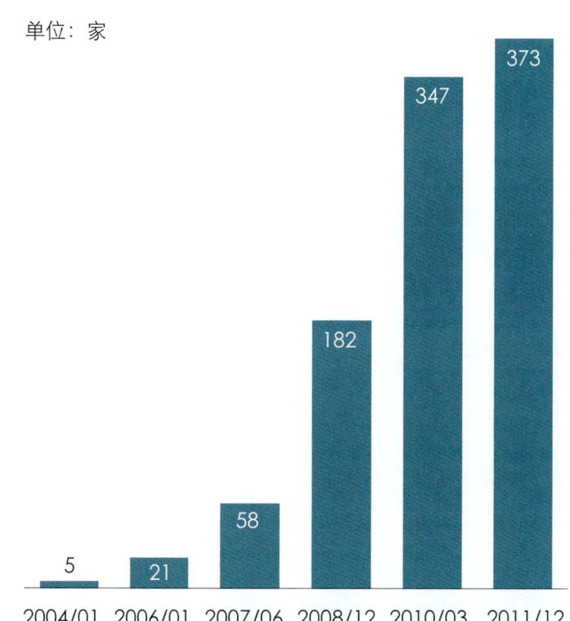

图 6–10 中国通过 ISO27001 认证企业数

资料来源：公开资料整理。

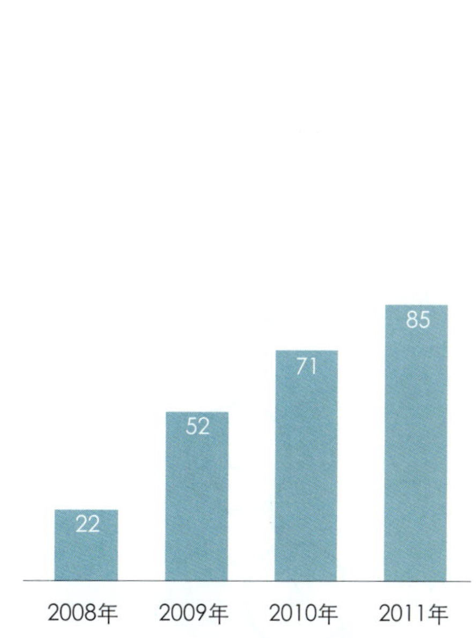

图 6–11 中国通过 PIPA 认证企业数

资料来源：大连软件行业协会 PIPA 认证。

（三）信息安全管理坚持国际化标准

ISO27001 是标志信息安全的最主要国际化标准之一，也是目前最被发包方看重的标准之一，被数百家世界级组织采用，该标准要求企业必须构建高标准的信息安全体系，在保障业务连续性、保护客户信息安全等方面达到 39 个目标。截至 2011 年 12 月，我国获得 ISO27001 国际证书的企业有 373 家，其中包括 200 多家服务外包企业。通过 ISO27001 信息安全管理体系国际认证，标明我国服务外包企业在保障客户信息安全、强化内部管理方面已居于国内领先水平，并在国际上得到认可。

随着信息技术和网络的发展，个人信息保护越来越得到大家的关注和重视，目前国际上已有 50 多个国家和组织建立了个人信息保护相关法规和标准。为了提高我国软件与信息服务业相关企业的个人信息保护能力，提高企业在国际上的信誉和竞争力，大连软件行业协会率先建立了软件及信息服务业个人信息保护评价体系（PIPA）。截至 2011 年底，包括大连华信计算机股份有限公司、海辉软件国际集团公司在内的 85 家企业通过了 PIPA 认证，并与日本“P-MARK”相互承认认证。

二、知识产权保护

图 6–12 部分示范城市知识产权保护举措

资料来源：示范城市年度工作汇报。

（一）服务外包企业知识产权保护意识增强

随着中国服务外包产业的迅猛发展，知识产权保护提升到战略高度，制度和体系不断优化，保护环境日臻完善。不管是发包商还是接包商都逐渐认识到，在企业内部形成整体的、全员的知识产权保护意识的重要性。国家层面通过深化国际交流合作、加强知识产权宣传与培训等形式提高服务外包企业的知识产权保护意识；各个示范城市、服务外包园区纷纷指导服务外包企业建立、健全知识产权保护制度，加强知识产权文化建设，积极开展知识产权维权援助，指导企业进行知识产权侵权投诉和违法举报，协调相关部门处理知识产权纠纷；企业则通过开展服务外包相关知识产权实训，提升完善企业知识产权管理措施、人员管理制度，与员工签订知识产权协议、保密协议、竞业限制条款等具体措施提高全员的知识产权保护意识。

（二）部分城市加强知识产权保护举措

1. 武汉开展知识产权维权援助活动

2008 年，武汉市成立了知识产权维权援助中心与举报投诉热线 12330，积极开展知识产权维权援助活动，对侵害知识产权行为进行处理；2009 年，颁布了政府规章《武汉市促进知识产权工作若干规定》，涉及知识产权创造、运用、保护、管理和文化建设等各个方面；2011 年 2 月，印发《武汉市知识产权战略纲要（2011 ～ 2020 年）》，武汉成为全国第一个实施新一轮《战略纲要》的城市。每年制定战略推进计划。

2. 成都开设知识产权服务平台

成都作为首个"全国版权示范城市"，建立了知识产权特派员制度，免费为企业开展"一站式"知识产权服务，深化专利保护机制，营造知识产权保护的良好氛围。开设"12330"知识产权举报投诉咨询电话，开通了集咨询服务、投诉举报、信息交流、案件督办、数据统计、状况评价、保护预警等功能于一体的工作平台——成都市知识产权综合信息服务平台。

3. 南京出台首部知识产权地方性法规

2011 年南京市出台了《南京市知识产权促进条例》，这是继《南京市知识产权战略纲要》、《南京市知识产权示范企业培育指导意见》、《南京市优秀专利奖评选办法》、《南京市知识产权诉讼法律援助办法》、《南京市计算机软件及集成电路布图设计登记资助专项资金管理办法》等之后，全国首部由城市制定的专门的知识产权地方性法规，有力地促进了企业对知识产权工作的重视。同时，政府加强各部门协调联动，全面提升知识产权执法能力，鼓励外包企业加强知识产权保护，不断提高综合竞争力。

此外，南京还积极打造公共服务平台，进一步提升知识产权服务能力。通过加强目标考核和资金扶持，市财政设立专利资助经费 300 万元对申请专利进行资助，南京市服务外包企业共有 95 个专利项目获得了专利申请的资助。

4. 济南设立首家维权援助工作站

济南作为全国首批"知识产权保护示范城市"之一，制定了《济南市知识产权战略纲要》，在服务外包园区设立全国首家服务外包知识产权维权援助工作站——中国（济南）知识产权维权援助中心，宣传知识产权保护的法律法规和有关政策，提供全方位、多层次的维权援助服务，为服务外包企业提供境外知识产权法律制度、司法实践及产业发展动态信息，帮助开展境内外维权。商务部门和知识产权部门联动，共同推动全市知识产权保护工作，开通了"12330"知识产权维权援助与举报投诉热线，在各服务外包示范园区成立知识产权保护办公室，设立知识产权保护基金，并在相关网站开设了知识产权专栏，现已在齐鲁软件园形成了 3 个企业维权同盟，设立了 300 万元的赔偿基金，实行侵权先行赔付机制。

5. 合肥开展知识产权专项执法活动

合肥市知识产权主管部门积极会同工商、新闻出版、法院等部门共同做好全市知识产权保护工作，认真组织实施《合肥市保护知识产权专项行动方案》，积极开展"雷雨"、"天网"知识产权执法专项行动，设立 12330 知识产权举报投诉电话，及时调查处理专利纠纷，采取"分县区督促检查、集中联合执法"的方式，推进知识产权保护工作。

6. 南昌加强知识产权人才培养和专业培训

南昌市在服务外包企业设立专门的知识产权联络员，通过政府引导、政策性奖励等方式，保障人才培养、技术创新与产业应用的协调统一。由市知识产权局牵头，有针对性地定期为服务外包企业举办业务培训，提高企业对知识产权的自我保护意识，提升企业在服务外包竞争中的优势，并对符合条件的服务外包企业，将其列为知识产权试点、示范企业，并给予相应支持。

第七章

服务外包人力资源与人才培养

主要观点

▶ 人力资源具有良好的教育基础，从业人员规模不断扩大，人才结构优化

- 2011 年全国本专科以上毕业生人数达到 660 万，为产业发展提供了大量高素质人才
- 截至 2011 年底，全国服务外包从业人员 318.2 万人，其中大专以上学历占比 70.1%

▶ 各级政府高度重视和积极推进服务外包人才培养

- 中央政府通过政策激励和财政资金支持，推动各类机构参与人才培训
- 研究机构积极开展服务外包人力资源研究，相继推出培训机构标准和技能考试
- 各示范城市积极推动服务外包人才培养

▶ 中国服务外包人才培养体系不断完善

- 各类人才培训机构的合作不断深入
- 各类培训机构积极创新培训和运作方式
- 多层次的服务外包人才培养的促进活动蓬勃开展

第一节 人力资源概述

一、人力资源教育基础

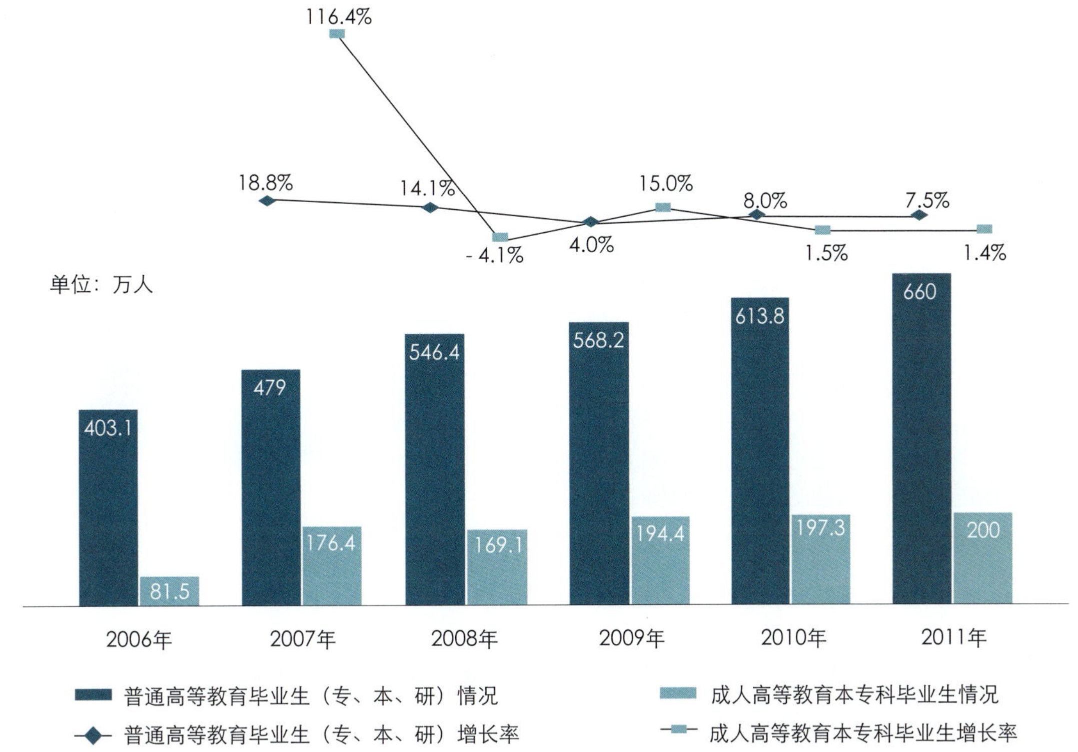

图 7-1 2006 ~ 2011 年中国普通高等教育与成人高等教育毕业生情况

资料来源：中华人民共和国教育部。

2011 年全国普通高等教育本专科毕业生和研究生毕业生人数进一步增加，达到 660 万人，为服务外包产业发展提供了大量高素质人才储备。同时，目前中国教育系统正在全面贯彻落实教育规划纲要，启动教育体制改革试点，将在构建职业教育行业企业合作机制、提高高等教育质量、构建支持民族教育发展新体制、构建教师队伍建设标准体系等方面开展工作，这些举措将会进一步提升中国服务外包人力资源的素质，优化服务外包人力资源的结构。

二、从业人员规模结构

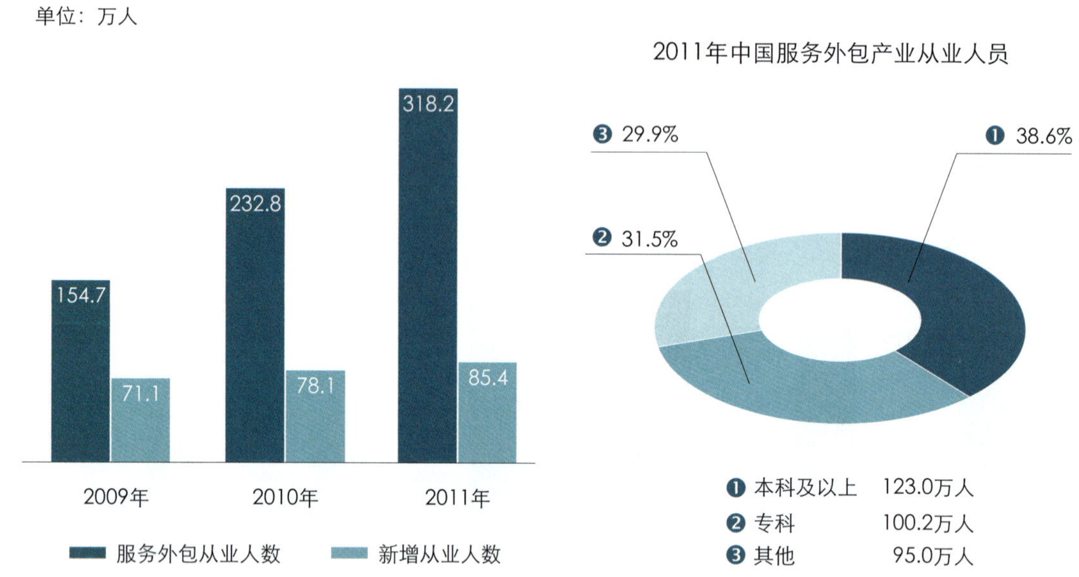

图 7-2 2009 ~ 2011 年中国服务外包从业人员情况

资料来源：中华人民共和国商务部。

2011 年，服务外包产业继续成为中国解决新增就业尤其是吸纳大学生就业的重要领域。全国新增服务外包从业人员 85.4 万人，其中新增大学毕业生（含大专）58.2 万人，占比达到 68.1%。截至 2011 年底，全国服务外包从业人员共 318.2 万人，其中大专以上学历 223.2 万人，占总数比重 70.1%（其中专科 100.2 万人，占 31.5%；本科以上 123.0 万人，占 38.6%）；其他 95.0 万人，占总数比重 29.9%。

第二节 人才培养的政府支持

一、中央政府重视人才培养

表 7-1 国家部委颁布的服务外包人才培养相关政策文件（2010 ~ 2011 年）

	名 称	文号 / 发文时间
国务院	国务院《关于印发进一步鼓励软件产业和集成电路产业发展若干政策的通知》	（国发〔2011〕4 号）
国家部委	教育部办公厅、商务部办公厅《关于在江苏、浙江两省开展地方高校计算机学院培养服务外包人才试点工作的通知》	（教高厅函〔2010〕34 号）
	人力资源和社会保障部、商务部《关于进一步做好促进服务外包产业发展有关工作的通知》	（人社部发〔2010〕56 号）
	教育部办公厅 商务部办公厅《关于举办“第二届中国大学生服务外包创新应用大赛”的通知》	（教高厅函〔2011〕34 号）
	《关于批准软件服务工程人才培养体系研究项目立项的通知》	（教高司函〔2011〕183 号）
	教育部《关于做好 2011 年全国普通高等学校毕业生就业工作的通知》	（教学〔2010〕11 号）
	教育部办公厅 商务部办公厅《关于开展服务外包中高端人才培养工作的通知》	（教高厅函〔2011〕68 号）

（一）国家部委颁布的服务外包人才培养相关政策文件

为了贯彻落实《国务院办公厅关于促进服务外包产业发展问题的复函》精神，近两年中央各部委在服务外包人力资源和人才培养方面出台了一系列政策，涉及到开展地方高校计算机学院培养服务外包人才试点、举办大学生服务外包创新应用大赛、研究软件服务工程人才培养体系、做好大学毕业生就业工作、开展中高端人才培养等诸多方面。

此外，国务院出台了服务外包相关产业的政策，对于服务外包产业的人才建设也起到了积极作用。例如《关于印发进一步鼓励软件产业和集成电路产业发展若干政策的通知》中指出：加快完善期权、技术入股、股权、分红权等多种形式的激励机制；高校要进一步深化改革，加强软件工程和微电子专业建设；按照引进海外高层次人才的有关要求，加快软件与集成电路海外高层次人才的引进。

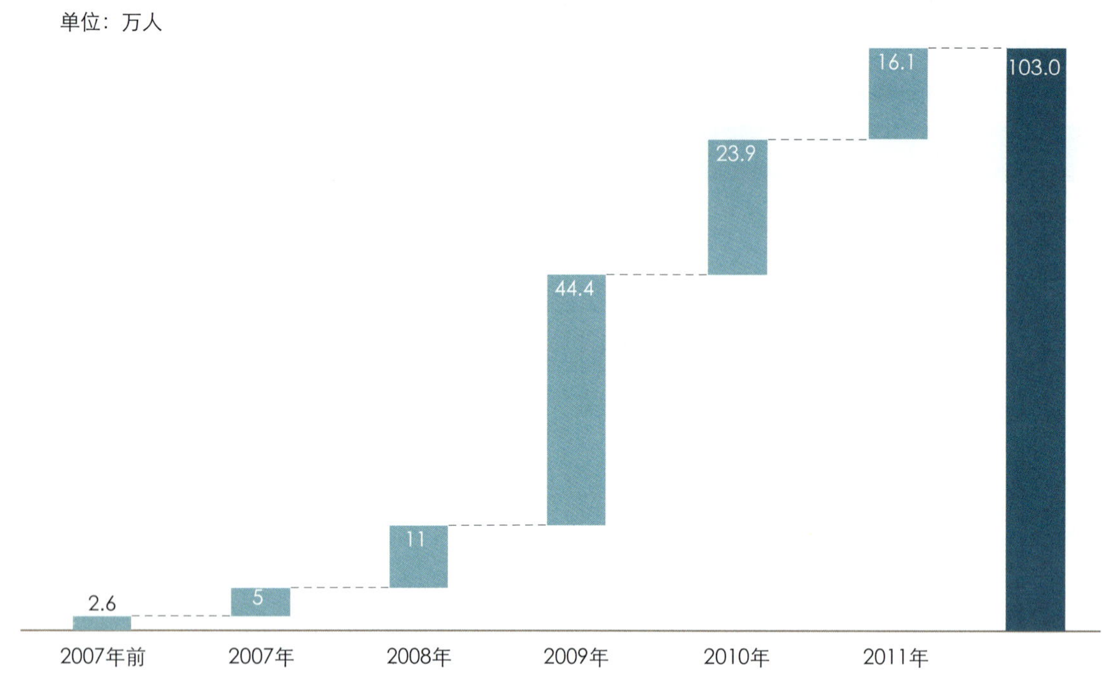

图 7-3 2007 ~ 2011 年中国服务外包新增受训人数情况

资料来源：中华人民共和国商务部。

（二）中央财政积极支持对服务外包人才培训

近年来，中央财政资金对服务外包人才培训给予了大力支持，对推动各类机构参与人才培训起到了很好的引导和推动作用，大幅提升了中国服务外包人力资源的素质，同时也有效解决了大学毕业就业问题。2011 年，全国服务外包产业新增受训人数 16.1 万人。截至 2011 年，全国服务外包产业受训人员总数达到共 103.0 万人。

图 7–4　各类机构开展的服务外包人力资源和人才培训研究

（三）研究机构开展服务外包人才培训研究

为了给中国服务外包人力资源和人才培训提供有效的智力支持，从事服务外包研究工作的各类机构积极开展相关的研究工作。

1. 商务部中国服务外包研究中心开展了《中国服务外包人才培训机构标准》的研究和编制工作，为人才培训机构的科学规范发展提供了参考依据和标准。

2. 清华大学设立的国家服务外包人力资源研究院，为国家各部委、地方政府及企业提供服务外包人力资源政策研究，为服务外包人才培养提供服务，旨在解决当前我国服务外包产业发展中的人才困境难题。

二、各省市推动人才培养

（一）江苏、浙江两省落实服务外包人才培养试点工作

表 7–2 江苏省、浙江省积极落实服务外包人才培养试点工作

	试点高校名单
江苏省	南京邮电大学、南京林业大学、南京信息工程大学（含南京信息工程大学滨江学院）、南京工业大学、金陵科技学院、三江学院、南京大学金陵学院、东南大学成贤学院、南京航空航天大学金城学院、南京理工大学紫金学院、徐州工程学院、江苏科技大学、扬州大学、南通大学、苏州大学（含苏州大学应用技术学院）、苏州科技学院、常熟理工学院、盐城师范学院、淮阴师范学院、常州工学院
浙江省	杭州师范大学、杭州电子科技大学、浙江工业大学、浙江万里学院、浙江工商大学、浙江大学城市学院、宁波大红鹰学院等

为了落实教育部办公厅、商务部办公厅《关于在江苏、浙江两省开展地方高校计算机学院培养服务外包人才试点工作的通知》，2011 年江苏省、浙江省的相关部门启动并落实相关试点工作。

江苏省教育厅、商务厅于 2011 年 3 月联合启动了服务外包人才培养改革试点工作，苏州大学等 20 所高校成为“江苏省服务外包人才培养试点高校”。试点为期 4 年，试点对象为江苏省地方本科院校（含独立学院）的计算机学院，试点专业为计算机科学与技术、软件工程和网络工程等。试点内容包括：加快地方高校计算机学院转型培养服务外包人才；推进计算机类专业教学改革；加强计算机类专业教师队伍建设；加强实训、实习基地建设。同时要求，试点高校要聘请服务外包企业的专家作为兼职教师，参与高校人才培养计划制定、实训指导、专业课程教学等，企业兼职教师承担高校专业课、实习实训等环节的教学学时数占总教学学时的比例应达到 25% 以上。

浙江省教育厅、商务厅制定下发了《关于开展计算机类专业培养服务外包人才试点工作的通知》（浙教高教〔2010〕171 号），经省计算机教指委评审，确定了杭州师范大学、浙江工业大学等 7 所高校为浙江省计算机类专业培养服务外包人才试点学校。根据要求，试点高校要在经费、师资、实训场地、政策保障等各方面给予支持，加大计算机类专业服务外包人才培养模式改革，加快服务外包实训实习基地建设，多形式、多渠道加快服务外包人才培养。

（二）示范城市积极推动服务外包人才培养工作

各示范城市根据本地服务外包产业发展的需求，采取各种措施支持和鼓励企业、教育培训机构加强对服务外包人才的培养工作。

表 7-3 示范城市推动服务外包人才培养的主要工作

示范城市	主要举措
北京市	积极利用中央服务外包公共平台建设资金支持服务外包人才培养，支持建设北京市开放式服务外包培训平台。组织 77 家服务外包企业 3 家培训机构为 1.4 万余人申请人才培训资金资助
天津市	出台《关于加快我市服务外包人才培养的若干意见》，推动落实《关于天津市“用三年时间引进千名以上高层次人才”工作的实施意见》，推动服务外包企业引进国内外高层次人才。位于滨海高新区的天津大学软件学院投入运营，成为天津最大的 IT 服务外包人才培训基地
上海市	出台服务外包人才培训政策，鼓励支持服务外包相关专业、课程教改立项，支持建设相关专业校外实习基地建设。目前，上海市共有 9 家高等院校开设了服务外包相关专业。每年培养计算机软件和计算机科学与技术专业学生近 4 000 人。对服务外包企业接收大学生实习给予补贴，2011 年有 8 家企业实习生获得市服务外包资金资助
重庆市	已通过审核并拨付服务外包人才资金的企业有 15 家、培训机构 3 家，共计 1 725 人。其中，永川区制定了《永川服务外包人才培养行动纲要》、《永川区服务外包产业人力资源保障工作方案》
大连市	2011 年，大连市服务外包培训机构共培训服务外包人才 4 万人次，经培训机构培训后在服务外包企业就业人员 15 000 人。2011 年，举办服务外包专题宣传、招聘活动 40 次，参加招聘的服务外包企业 1 000 家。2011 年服务外包企业录用大学生 3 500 人，认定“服务外包大学生实训实习基地”36 个，参加实习实训大学生共 926 人次
深圳市	下发了《关于申报深圳市服务外包人才实习实训基地和培训机构的通知》，开展了申报及评审工作，认定了 4 家服务外包人才实习实训基地和 5 家服务外包人才培训机构
广州市	联合认定了广东外语外贸大学等 11 家国际服务外包培训机构、中山大学软件人才培训中心等 8 个软件（动漫）培训中心（学院），完成了第二批 7 家服务外包培训机构认定的前期工作
武汉市	服务外包企业、培训机构和园区积极参与人才培训工作
哈尔滨市	现有 46 家服务外包培训机构。2011 年共培训服务外包人才 18 547 人次，举办服务外包专题宣传、招聘活动 3 次
成都市	委托服务外包行业协会会同国际知名人力资源机构共同编写《成都市服务外包产业人才十二五规划》
南京市	组织各类服务外包专业人才培训 3 万余人次。全力支持鼓楼区 IBM-ETP 实训基地，南大苏福特等服务外包人才培训基地的建设
西安市	增加对培训机构课件体系建设最高给予 50 万元的资金补助等。以西安软件服务外包学院为主导，支持建设了“基于云计算架构的数字化教育平台”、“北美远程视频互通实训平台”、“二维动画制作实训平台”等 11 个人才培训平台项目
济南市	与微软创新合作，试点微软全球外包人才培养和考试认证的新培训模式；继续推动师创和浪潮等培训机构扩大与高校合办软件外包专业，规模性地培养企业适用人才；进一步优化人才培养和引进扶持政策；成功举办“第九届齐鲁大学生计算机和外语大赛”
杭州市	继续加大服务外包人才培训中心建设力度，发挥服务外包人才培训联盟作用。年初制订服务外包人才培训目标并进行分解落实，完善《服务外包人才培训资金操作办法》。全年新认定服务外包人才培训机构 6 家

（续表）

示范城市	主要举措
合肥市	鼓励园区、企业、培训机构、高校通过多种形式建立服务外包人才实训基地，将实训纳入高校教学课程体系，打通高校–培训机构–企业的人才培训通道，并根据高校学分制收费标准给予一定补贴。目前，全市服务外包培训机构20家，年培训规模超过2万人。
南昌市	以先锋、联微、中兴、泰豪等服务外包人才培训机构为平台，大力开展服务外包专门人才的培养和实训工作。已认定IBM—先锋服务外包人才培训基地等7个“服务外包大学生实训实习基地”
长沙市	制定出台了《长沙市服务外包人才培养实习实训基地认定管理》办法，共认定了10家实习实训基地。举办了服务外包企业与服务外包人才培训基地的对接会，共有11家服务外包人才培训基地和29家服务外包企业参加对接会。举办了服务外包人才专场招聘会，采取“政府搭建平台重点推荐，学生自主择业主动就业”的方式，有近20家学校参与，参会学生近达2 000人。
大庆市	制定了专门的服务外包人才培训计划，实行多轮驱动，即企业招录一部分，政府培训一部分，大学培养一部分，对外引进一部分。
苏州市	初步形成了由高等院校、职业教育机构、服务外包企业、社会培训机构共同参与的多元化、多渠道、多层次的服务外包人才培育体系。
无锡市	联合有关部门进一步加强全市服务外包人才培训机构的引导和管理，组织服务外包人才招聘活动，组织全国大学生服务外包创新应用大赛，编印服务外包人才对接资料，鼓励和推动NIIT（中国）服务外包学院、埃卡内基等重点培训机构加大培训规模。
厦门市	先后出台了《厦门市引进海外高层次人才暂行办法》、《关于加快建设海西人才创业港，大力引进领军型创业人才的实施意见》及《厦门市创新创业人才住房优惠暂行办法》

资料来源：示范城市年度工作汇报。

（三）部分示范城市推动服务外包人才培养案例

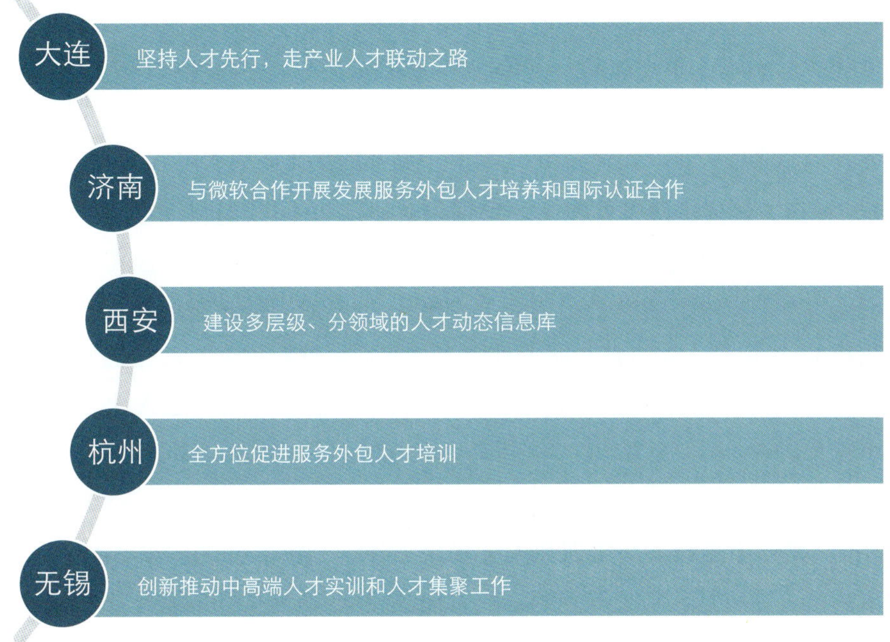

图 7–5 部分示范城市推动服务外包人才培养案例

资料来源：示范城市年度工作汇报。

1. **大连市：坚持人才先行，走产业人才联动之路。**大连市在服务外包产业发展的同时相继成立了 5 所软件学院，在校学生达到 5 万多人，每年为产业发展输送 1 万多人。大力鼓励社会办学、公司内部业务培训，支持企业与高校合作开展“订单式”培训，目前各类培训机构达到近百家，2011 年社会化培训规模达到 4 万人次。2008 年创建了国内第一所软件高级经理人学院，近两年输出了 100 多名中高端人才。启动了安博（大连）实训基地建设，以建设全国最大的软件和信息技术服务人才输送基地为目标。出台了一系列优惠政策，每年投入 2 亿元人才发展基金，实施软件人才住房保障工程，吸引了大批中高级人才创业就业。连续多年到北京、上海、东京、旧金山、首尔、悉尼等国内外城市组织人才巡回招聘活动。“海外学子创业周”成功上升为国家行动，使之成为全国海外高层次人才交流的平台。

2. **济南市：与微软合作开展人才培养和国际认证合作。**济南市引入微软服务外包人才培养方案以及国际认证体系，成为微软在服务外包人才培训和国际认证合作的全球首家示点城市，通过认可的教育培训机构在济南市乃至山东省范围内实施，计划三年培养 10 000 名认证合格的微软工程师。同时，济南市将建立专业人力资源中心，涵盖高中低端人才的济南市服务外包人才库，提供专业的人力资源服务，实现人才的储备、发展和利用；建立标准制定与输出中心，在课件、考核、评价等八个方面对服务外包人才培训进行规范。

3. **西安市：注重创新人才培养和服务模式。**一是建设多层级、分领域的人才动态信息库。

截至目前人才库累计登记企业800家，平均每月发布招聘信息50余条，并实现了与中华英才网、园区网站等的链接交换。二是以建设西安软件服务外包学院为依托“外引内训”专业人才，鼓励引导西安市各类高等院校共同加快服务外包人才培养。特别是高端人才培养与引进已见成效，全年外派到国外学习培训的人数超过500人，共引进国（海）内外中高端人才800余人。三是实施面向企业的多层次人才培训计划。围绕项目申报、认证、IT技能、管理、语言、产业政策等开展一系列优质培训，全方位提升从业人员工作技能，为企业提供“高智”服务。四是以专项资金为引导，鼓励企业开展“定制培养”，全方位打造企业适用人才。

4. **杭州市：全方位促进服务外包人才培训**。杭州市2011年初制订服务外包人才培训目标并进行分解落实，完善《服务外包人才培训资金操作办法》。杭州市联合高校和培训机构积极探索服务外包人才培训途径，全年新认定服务外包人才培训机构6家；与杭州达内科技共同举办“第三届高校IT应用型人才培育与服务外包人才培训高峰研讨会”，与杭州国际服务工程学院共同承办“第二届全国服务外包人才培养高峰论坛”；加强服务外包人才培训管理工作，召开了“服务外包人才培训工作会议”、“服务外包政策宣讲和统计培训班”，传达最新政策精神，讲解资金申报流程。

5. **无锡市：推动中高端人才实训和人才集聚工作**。无锡市引进了印度NIIT、美国卡耐基梅隆大学埃卡内基、北大微软学院等资源，在本地高校嵌入印度NIIT服务外包课程，同时发挥软通动力、中软国际、海辉软件等企业和社会培训机构的作用。2008年以来，全市共培训、实训服务外包人才近10万人。2011年，针对服务外包中高端人才紧缺问题，又在NIIT率先开展了服务外包中高级人才培训，首期中高端人才培训项目，来自无锡服务外包企业的47名在岗学员入班学习，2012年计划培训中高端人才300名。此外为广泛集聚人才，无锡市于2010年发起倡议并与教育部、商务部联合主办两届“中国大学生服务外包创新应用大赛”，吸引了上百所高校的参与。

第三节 人才培养体系完善创新

一、人才培养体系

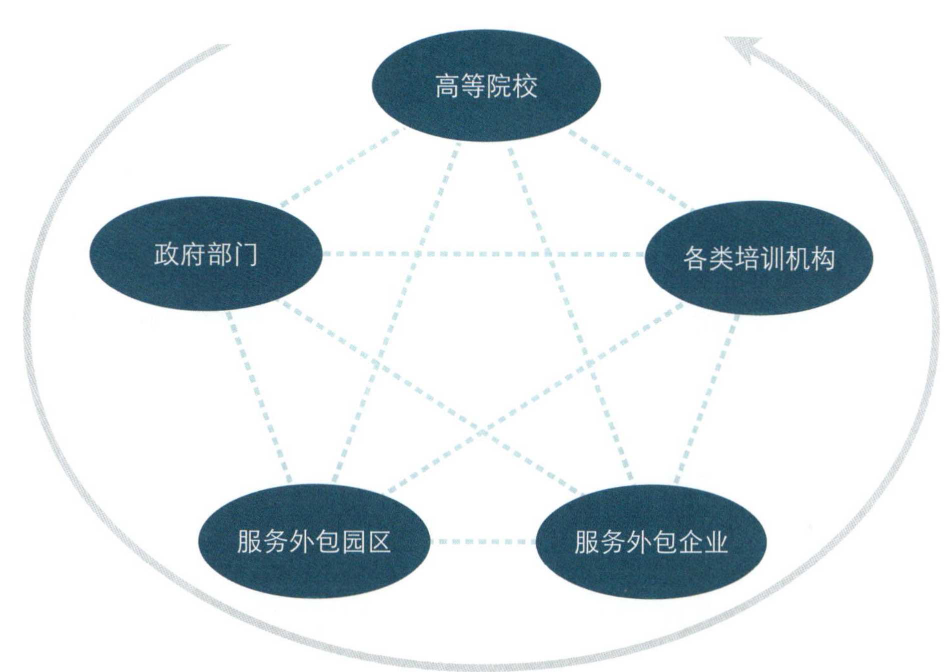

图 7–6 多元立体的中国服务外包人才培养体系

我国已经形成了多元立体的服务外包人才培养体系。近年来参与服务外包人才培养的主体不断增多，政府部门、高等院校、服务外包企业、服务外包园区、各类培训机构、行业协会都积极地参与到服务外包人才的培养工作之中。这些参与主体之间的合作不断深入，形成了多样的合作方式：

1. **服务外包园区与高等院校、培训机构的合作**。例如，北京中关村软件园 2011 年在“建设面向院校的产学合作体系”的战略指导下，加强与高等院校的合作，与北京石油化工学院、北京联合大学、北京航空航天大学软件学院、北京建筑工程学院和北京人文大学 5 所高校签署了合作协议，其中包括与北京石油工程学院联合申请并获得认定的教育部的“国家级工程实践教育中心”，与北京联合大学共同建设的“服务外包产学研用示范平台”；天津开发区编制了《天津开发区服务外包人才需求分析和解决方案》。在培训课程体系建设上，建立了以 IBM、惠普及微软为主，集与欧美外包和对日外包相适应的培训课程体系；在培训对象和培训模式上，坚持学历教育与非学历教育相结合，加强与高校的合作，鼓励企业以“内训外送”的方式开展培训；在培训市场的培育上，吸引了中软卓越、IBM、惠普、环球雅思等十几家培训机构在开发区落户。

2. **服务外包企业、培训机构与高等院校的合作**。例如，北京中软资源信息科技服务有限公司、康龙化成（北京）新药技术有限公司等实习实训基地积极与在京高校开展合作，为 400 余名高校学生提供了服务外包人才实习实训机会，帮助在校学生实现从学校到企业的“零过渡”；

济南市的师创和浪潮等培训机构扩大与高校合办软件外包专业，将实战课程提前植入到教学中，规模性地培养企业适用人才。

3. **服务外包企业合作创办培训中心**。例如，成立于2003年7月的大连华信计算机新技术培训中心是由大连华信计算机技术股份有限公司与日本株式会社日立解决方案合作创办的全资子公司。主要开展以日语为学习语言、符合日本商务习惯、面向对日软件开发业务的IT技术培训，为对日软件开发产业的发展培养实用型、复合型、职业化、专业化的软件人才。华信IT培训的培训形式和途径主要有：高校短期实训、高校长期实训、课程置换、企业定制班、共建实验室。已有近万名高校毕业生通过华信IT培训的“人才绿色通道”成功步入IT行业。

4. **培训机构之间的联盟合作**。例如，无锡科技职业学院和新加坡PSB学院，在双方现有物流管理等合作办学项目的基础上，共同设立一所非独立法人的中外合作办学机构——中新外包管理学院。该学院在全国范围内招收外包管理等专业的学生，开展全日制专科学历教育和职业培训活动，目前学院为无锡高新区提供人才每年近500名，培训人才每年达到近8 000名；北京琅德北软教育培训学校、北京中软国际教育科技有限公司、北京测试空间等培训机构一方面投入大量资金进行教学硬件设备的维护和升级，同时坚持标准化的教学管理，通过联盟合作的方式大力引进新的服务外包课程体系。

5. **政府、服务外包企业和培训机构的合作**。例如，苏州工业园服务外包学院致力于打造“政校企”三方合作的人才培养体系。学院被列入中国新加坡两国政府合作的“软件借鉴项目”，与新加坡南洋理工学院建立了密切的全方位合作关系；南昌市IBM先锋实训基地由政府、IBM公司和江西先锋软件职业技术学院共同合作组建。政府资助实训学员的培训费，全程由双师型培训师授课，IBM公司负责提供技术教学和指导，学院提供实训基地环境建设、配套设备，培训全程管理与教学；厦门市思明区与IBM公司合作，由思明区人劳局牵头，思明区职业技能培训中心具体负责IBM-ETP（厦门•思明）软件和服务外包人才实训基地筹建与管理工作。

二、人才培养创新

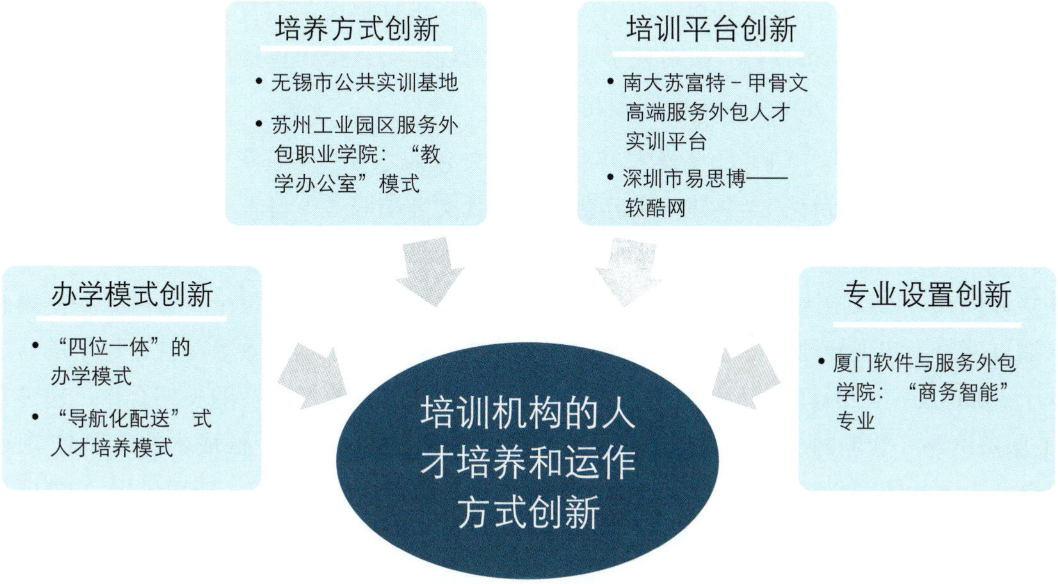

图 7–7　人才培训机构积极创新人才培养和运作方式

资料来源：示范城市年度工作汇报。

高等学校、职业学院、培训机构和服务外包企业等各类机构在开展人才培养的过程中，积极在办学模式、培养方式、培训平台、专业设置等多方面进行创新，有效地推动了我国的服务外包人才培养工作。

1. **办学模式创新**。例如，杭州师范大学杭州国际服务工程学院经过三年的努力，形成了特色的"四位一体"的办学模式和"导航化配送"式人才培养模式。"四位一体"办学模式具有"1+3"的组织结构："1"是指国际服务工程学院专家指导委员会，"3"是指国际服务工程学院、知名跨国企业和杭州杭师大国际服务外包教育有限公司。专家指导委员会是学院的战略思想库，为学院顶层设计把脉，以实现国际服务工程学院在办学层次、办学规模、办学机制等方面的可持续发展。国际服务工程学院与 IBM、信雅达、东软、微软、思科等跨国企业签订了合作协议，为学院制定办学思路和教学方针提供市场参照。由杭州师范大学成立的杭师大国际服务外包教育有限公司，采用最新的技术和项目向在杭高校学员提供实训服务，与企业合作开展定向人才培训和定制化服务外包人才培养。

2. **培养方式创新**。（1）无锡市公共实训基地是由无锡市人民政府批准设立的公共服务机构。该实训基地以培训机构和专业教育集团的合作参与为主体，开展服务外包实训的招生、培训、就业工作。到 2011 年末，共与 NIIT、上海智翔信息科技、无锡泛联物联网科技等知名企业、培训机构合作共建了"NIIT（无锡）服务外包实训基地"、"IC 设计与传感技术应用实训基地"、"物联网实训基地”、“IC 测试和分装实训基地”、“iPhone 手机软件实训室”、“计算机应用与思科认证实训基地”等服务外包实训基地。目前已建成并投入使用的服务外包实训区总建筑面积已达 1.5 万平方米，共计 2 000 个实训工位。（2）苏州工业园区服务外包职业学院创新了“教学办公室”模式。学院与多家企业合作办学，建立了定向班，为企业提供订单式人才培养，将人才培养目标直接定位于服务外包企业相关岗位要求，进行定岗化教育、流程化学习、仿真化实践、跨技能考核，学习过程直接对应于实际工作流程，实践操作直接挂钩于真实项目运作，考核评价直接来自于多元专业能力的联合测评。

3. **培训平台创新**。（1）江苏南大苏富特服务外包人才专修学院在 2011 年 11 月，与甲骨文系统软件有限公司签订了“共建南大苏富特—甲骨文高端服务外包人才实训平台”备忘录。该平台将通过云计算模式进行软件人才的实训，整合甲骨文（中国）公司的国际化课程体系及人才培养模式，以及南大苏富特服务外包人才专修学院的运营经验。该平台借助云计算模式，可以通过网络，实现异地、多地同时上课，方便教学，提高人才培养效率，预计每年培养规模不少于 5 000 人。（2）深圳市易思博信息技术公司专注于与高校及企业的长期合作，通过专业的 IT 服务网站（软酷网：www.ruanko.com）为高校和企业提供高效、低成本的远程 IT 项目开发平台和人才社区。公司在高校和企业建立卓越实验室及企业卓越中心，运用先进的 IT 项目协作工具，标准化的项目管理流程，帮助大学生进行金融、电信、企业管理等多行业的 IT 项目和最新的 IT 技术项目实践。2011 年 10 月获教育部授予的“国家示范性软件学院十佳合作企业”荣誉称号。

4. **专业设置创新**。成立于 2010 年 9 月的厦门软件与服务外包学院是福建省目前唯一专业培养本科层次服务外包人才的院校。学院根据培养目标，对专业设置进行了创新，例如采取了闽台合作的形式创新设置了“商务智能”专业。考虑到商业智能是源于信息管理等系统在产业中的深入应用，学院设置了 ERP 物理沙盘、ERP 原理与应用等课程；考虑到商业智能的基础是构建海量数据的集成管理平台，学院设置了数据仓库技术和的企业级数据库管理系统等学习内容；考虑到数据筛选、转换、提取、分析、展示等各种技术专业方向的立足之本，学院与台湾朝阳科技大学商定了《智能信息检索》、《多元统计分析》、《数据挖掘》和《数据仓库》等专业方向课程。

三、人才培养促进活动

蓬勃开展的服务外包人才培养促进活动

全国层面

- 全国服务贸易（服务外包）人才培养国际峰会
- 全国服务外包人才培养联盟
- 其他

省级层面

- 江苏省2011年服务外包创新人才引进暨高校毕业生专场招聘会
- 江苏省服务外包校企培养校企对接会
- 其他

市级层面

- 杭州：第三届高校IT应用型人才培育与服务外包人才培训高峰研讨会、第二届全国服务外包人才培养高峰论坛
- 无锡：第二届中国大学生服务外包创新应用大赛
- 西安：中国计算机学会青年精英大会暨云计算与智慧城市建设论坛
- 济南：第九届齐鲁大学生计算机和外语大赛
- 厦门：厦门市软件服务外包校企合作服务中心
- 其他

图 7-8 服务外包人才培养促进活动

资料来源：示范城市年度工作汇报。

1. **全国层面的服务外包人才培养的促进活动**。2011 年 6 月 1 日上午，由中国服务贸易协会、中国高等教育学会、教育部职业技术教育中心研究所、中国职业技术教育学会共同主办的“全国服务贸易（服务外包）人才培养国际峰会”在京召开。峰会提出“全面构建服务外包梯度人才思路”，即以一本院校为主的高端人才培养；二本、三本应用型本科中层精英人才培养；职业院校的基础技术人员培养和某项特殊、专业技术的继续教育人才培养为主的错位发展思路。论坛还发起成立了全国服务外包人才培养联盟，对积极探索服务外包人才培养的部分高校、社会培训机构、企业的教学成果进行了展示。

2. **省级层面的服务外包人才培养的促进活动**。例如，（1）2011 年 3 月 27 日，由江苏省商务厅、省教育厅联合举办的“江苏省 2011 年服务外包创新人才引进暨高校毕业生专场招聘会”在南京举行，来自南京、苏州、无锡等 13 个省辖市的 315 家服务外包企业进场设立展位，提供了 13 165 个岗位需求，面向高校的计算机类、通信工程类、工商管理类等数十个专业类别，涉及软件、动漫、新技术研发及应用、生物医药研发等产业；（2）2011 年 6 月 10 日上午，由江苏省教育厅、省商务厅联合主办的江苏省服务外包人才培养校企对接会在南京举行，来自全省 41 所培养服务外包人才的高校、35 家省级服务外包人才培训机构和 120 多家服务外包重点企业代表参加了会议。对接会为校企深度融合搭建了一个大型交流平台。参会的学校和企业就共同制订人才培养方案、共同实施课程教学以及企业专业人员与高校教师双向任职、企业为学生提

供实训岗位、实施订单培养、优先推荐毕业生就业等方面进行了广泛、深入的对接交流。

3. **市级层面服务外包人才培养的促进活动**。例如，（1）杭州市与杭州达内科技有限公司共同举办“第三届高校 IT 应用型人才培育与服务外包人才培训高峰研讨会”，与杭师大杭州国际服务工程学院共同承办“第二届全国服务外包人才培养高峰论坛”；（2）无锡市在商务部、教育部大力支持下，于 8 月份成功主办了第二届中国大学生服务外包创新应用大赛，来自北京大学、清华大学等 75 所重点高校的 425 名大学生参加了大赛，在高校和服务外包业界产生了积极的影响；（3）西安市组织举办了“中国计算机学会青年精英大会暨云计算与智慧城市建设论坛”；（4）济南市成功举办“第九届齐鲁大学生计算机和外语大赛”，广泛宣讲以增强企业和大学生对服务外包的认识和兴趣；（5）厦门市由教育局牵头，以厦门市软件行业协会为主，各相关高校、企业、培训机构等共同参与，成立厦门市软件服务外包校企合作服务中心。

第八章

服务外包产业发展展望

主要观点

▶ 全球服务外包产业将恢复稳步增长态势，市场将呈现新的发展特征

- 短期内，受经济政治因素影响，服务外包产业将出现波动。但长期随着经济复苏，服务外包产业将稳步增长
- 发包领域新兴市场份额将逐步扩大，接包市场竞争更加激烈，新兴细分领域不断涌现，服务模式持续突破创新，全球要素资源将进一步整合

▶ 中国服务外包产业将持续高速增长，市场将呈现新的发展特征

- 未来几年产业将保持 50% 左右的增长速度
- 在岸市场需求加速释放，市场运行更加规范，企业加快全球布局步伐

第一节 全球服务外包产业发展展望

一、市场发展展望

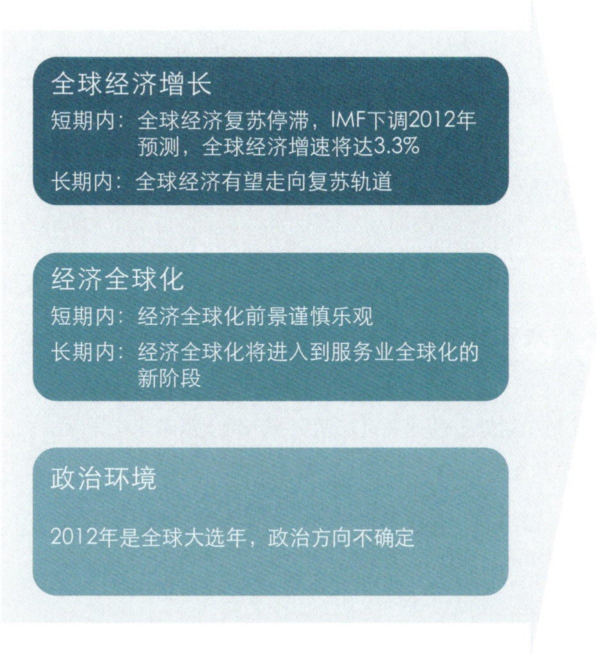

全球经济增长
短期内：全球经济复苏停滞，IMF下调2012年预测，全球经济增速将达3.3%
长期内：全球经济有望走向复苏轨道

经济全球化
短期内：经济全球化前景谨慎乐观
长期内：经济全球化将进入到服务业全球化的新阶段

政治环境
2012年是全球大选年，政治方向不确定

全球服务外包产业发展趋势

	短 期	长 期
时间段	2012~2013年	2014~2015年
产业发展趋势	出现波动	恢复增长

图 8-1 全球服务外包产业市场规模展望

资料来源：中国服务外包研究中心。

短期来看，由于主权债务危机的影响，欧元区经济将陷入轻度衰退，进而影响到全球经济的增长。根据国际货币基金组织（IMF）在 2012 年 1 月份的预测，2012 年全球经济增长率预计达 3.3%，全球经济复苏停滞，下行风险加大。此外，2012 年是全球的大选之年，包括美国、法国、俄罗斯在内的诸多国家都要进行选举，全球政治风向的不确定，给未来国际间合作带来影响。因此，从短期看，全球服务外包产业发展将有可能出现波动，

但从长期来看，全球经济有望走向复苏轨道。经济全球化逐步深化，跨国公司作为推动经济全球化的主体，向全球不同区域进行优化投资布局的趋势将持续，尤其是受 2011 年自然灾害的影响，跨国公司更加认识到全球布局，分散风险的重要性。据联合国贸易和发展组织数据显示，2011 年全球外国直接投资（FDI）流动上升了 17%，已恢复到危机前水平，2012 年受全球经济放缓影响，前景谨慎乐观，但长期来看，仍将处于高速增长态势。伴随着服务业跨国转移新浪潮的出现，经济全球化将进入服务业全球化的新阶段，全球服务外包有望呈现稳步增长。

二、市场特征预期

发包方市场新格局

发达国家占据主导

- 目前，欧洲、美国、日本是主要发包市场，提供了全球服务外包业务80%左右的份额
- 短期内：欧、美、日市场的服务外包业务将受到或多或少的冲击，但主导地位仍将保持
- 长期来看，随着经济的复苏，发达国家占据主导的格局依旧

新兴市场份额逐渐扩大

- 新兴经济体的经济发展长期处于高速运行态势，据IMF预测未来中国、印度的经济增长都在7%以上
- 新兴经济体国内需求释放加速，规模不断增加，如印度国内离岸自建数据中心持续20%以上的增速，中国市场发包量将超千亿美元

图 8-2 全球服务外包产业发包方市场新格局

（一）发达国家占据主导，新兴市场份额逐步扩大

全球市场的服务购买需求主要来自美、欧、日等发达国家和地区，呈现出“以发达国家为中心，发展中国家为外围”的发展格局。短期内，欧美国家宏观经济不景气提高了当地企业对成本的控制力，释放发包需求的同时也压缩了单笔订单价格。同时，欧美国家失业率高涨，其政府部门为了保护本国工作岗位，推行了鼓励在岸外包的保护措施，一定程度上减少了企业外包业务的计划。日本经济虽受2011年地震、海啸灾害的影响尚未完全恢复，但同时也增强了企业对海外布局的重视，在灾备中心、数据中心等领域与服务外包企业的合作更加密切。短期来看，来自欧、美、日市场的发包业务将受到或多或少的冲击，但主导地位仍将保持。长期来看，随着经济的复苏，发达国家占据主导的格局依旧。

新兴经济体的经济发展将长期处于高速运行态势，随着新兴市场对服务外包业务认识的成熟、信息安全、知识产权保护等环境的完善，将释放出大量的发包需求，新兴市场份额将逐步扩大。以印度、中国市场为例，印度国内的离岸自建中心保持20%以上的年复合增长率，中国市场目前的发包量近千亿美元，未来随着中国政府对在岸市场关注的加强，发包需求将持续释放。

接包方市场新趋势

发展中国家主导

- 当前，在科尔尼“2011年全球离岸服务目的地指数”排名中，占据前十位的国家都是发展中国家，印度和中国仍然是全球最大的服务外包承接国
- 未来，亚洲国家将依然是全球服务外包产业的主要接包地
- 北美及拉美国家将持续发挥地缘优势，承接外包业务
- 受欧债危机影响，欧元区国家工资普遍下调，成本优势上升，凭借其在人才素质方面的优势，积极承接外包业务
- 中东和北非地区凭借其靠近欧洲的地缘优势及拥有大量技能人才的智力优势，逐渐发展成为欧洲企业的理想外包承接地

发达国家加入到接包市场竞争行列

- 随着反离岸外包理论的出现，那些人才储备丰厚，运营成本相对较低的发达国家（包括美国、英国、德国、法国）二、三线城市将会获得更多的机会

- 未来，全球承接服务外包国家和地区增多，竞争激烈
- 发挥资源禀赋优势，实现差异化，合作共赢，逐渐成为接包市场的共识

图 8-3　全球服务外包接包市场新趋势

（二）发展中国家唱主角，接包市场竞争更加激烈

在国际咨询机构 A.T. 科尔尼公司的“2011 年全球离岸服务目的地指数”排名中，占据前十位的国家都是发展中国家，其中印度和中国是全球最大的两个服务外包承接国。未来，发展中国家成本优势仍在，政府扶持政策持续，人才资源日益丰富，产业环境更加完善，仍将成为承接方市场的主角。其中，亚太（中国、印度、菲律宾等）、拉美地区（巴西、墨西哥等）将成为全球服务外包市场上的重要承接方，部分后起的发展中国家的服务外包业有望实现飞速发展，中东欧（俄罗斯等）依靠高增长速度正在向全新的服务外包中心迈进。此外，短期内一些发达国家也将加入到接包市场的竞争中，竞争更加激烈。如美国国内反离岸外包论调的出现为其二三线城市带来发展机遇；英国薪资成本下滑加之国内反外包舆论压力的加大，使其在接包市场竞争力呈现上升态势。未来，发挥资源禀赋优势，实现差异化发展，合作共赢，逐渐成为接包市场的共识。

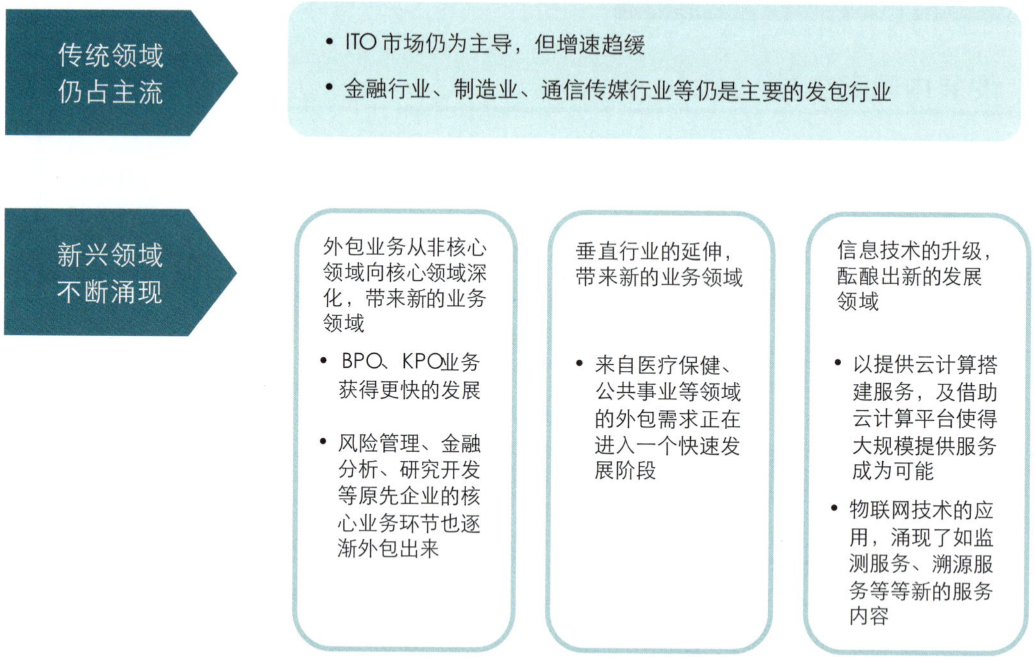

图 8–4 全球服务外包行业领域发展趋势

（三）传统领域仍占主流，新兴细分领域不断涌现

ITO 作为服务外包最主要的组成部分，仍然占据全球 60% ～ 70% 的市场份额，但长期来看，KPO 和 BPO 有可能获得更快的发展，包括风险管理、金融分析、研究开发等处于企业生产价值链上游的核心业务正逐步纳入外包领域，推动外包业务向价值链高端攀升。

除来自制造、BFSI（银行、金融服务和保险行业）、通信传媒等垂直领域的发包需求外，来自医疗保健、公共事业等领域的外包需求正在进入一个快速发展阶段，未来很可能成为业务流程外包模式应用程度更高的垂直行业。

此外信息技术的升级，“云计算”和“物联网”的成熟，为服务外包产业带来新的发展机遇。云计算的应用，不仅为服务外包企业提供了新的服务模式，传统的软件外包、基础设施外包、人力资源培训外包等等都可以借助云平台实现，同时搭建云计算平台的专业服务商涌现，成为推动产业发展的新生力量。物联网的应用，拓展了服务领域，如：监测服务、溯源服务等以往无法实现的服务内容借助物联网技术的发展蓬勃展开。

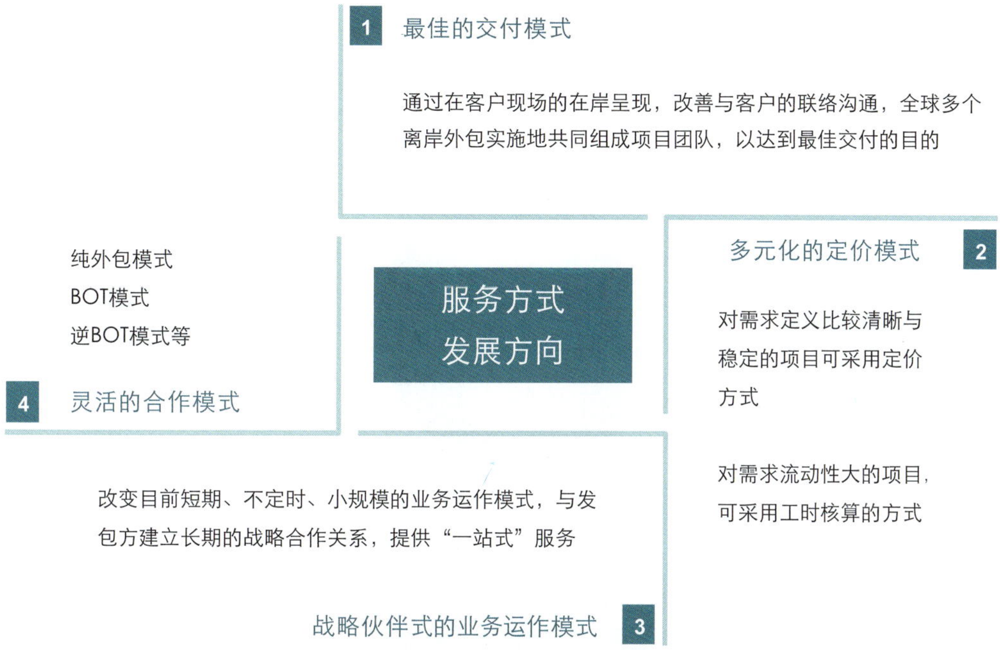

1 最佳的交付模式

通过在客户现场的在岸呈现，改善与客户的联络沟通，全球多个离岸外包实施地共同组成项目团队，以达到最佳交付的目的

2 多元化的定价模式

对需求定义比较清晰与稳定的项目可采用定价方式

对需求流动性大的项目，可采用工时核算的方式

3 战略伙伴式的业务运作模式

改变目前短期、不定时、小规模的业务运作模式，与发包方建立长期的战略合作关系，提供“一站式”服务

4 灵活的合作模式

纯外包模式
BOT模式
逆BOT模式等

服务方式发展方向

图 8–5　全球服务外包产业服务方式未来发展方向

（四）最佳交付成新趋势，服务模式持续突破创新

随着外包市场的发展，客户的需求不断提高，除了需要在最短周期内交付目标解决方案外，还要能完全监控项目进程，降低风险。为此，单纯的离岸模式已不能满足需求，逐渐被在岸与离岸的混合模式所取代，甚至提供在岸、近岸和离岸结合的多层模式。灵活和最佳选择服务交付和外包实施地点，由来自全球多个地方的人员共同组成项目团队成为趋势。这种模式同时也降低了由于一个交付中心出现灾害状况给项目带来的风险，在经历了 2011 年灾难频发的一年后，跨国服务外包企业对全球交付的认识更加深入。

除了交付模式的不断多元化外，服务外包企业紧跟产业发展潮流提供更加丰富的定价模式、合作模式。在定价模式上，适应不同客户的需求，选择项目定价方式或工时核算方式；在合作模式中，除纯外包模式，可以选择建立 – 运行 – 转移（BOT 模式）及逆 BOT 模式等。同时，服务外包企业的服务理念也不断发生变化，改变目前短期、不定时、小规模的业务运作模式，与发包方建立长期的战略合作关系，提供“一站式”服务，未来通过组成战略合作伙伴关系扩展彼此的服务范围和提高服务质量呈现出新的增长活力。

图 8-6　全球服务外包产业市场要素发展预测

（五）产业要素重新配置，资源进入全球整合阶段

经济全球化的纵深发展和产业结构的不断调整，持续带来服务外包产业要素的重整，涉及人才、技术、客户等多种资源，整合并购成为实现要素重组和流动的有效途径。欧美经济的不景气，导致一批企业面临倒闭危机，为全球化并购创造了机会，未来几年，行业内的并购行为或将持续发生。服务外包企业通过市场并购，开拓新兴市场，扩大市场份额；获取先进技术和管理，实现业务升级；扩充人才储备、网络和客户资源，跨入新领域，实施多元化战略。同时，欧美失业率的上升，也迫使许多专业人士重新选择工作地点，为遭遇人才瓶颈的国家和地区引进人才创造了条件，并带来人力资源在全球范围内的重新配置。服务外包产业资源正进入全球整合阶段。

第二节 中国服务外包产业发展展望

一、市场发展展望

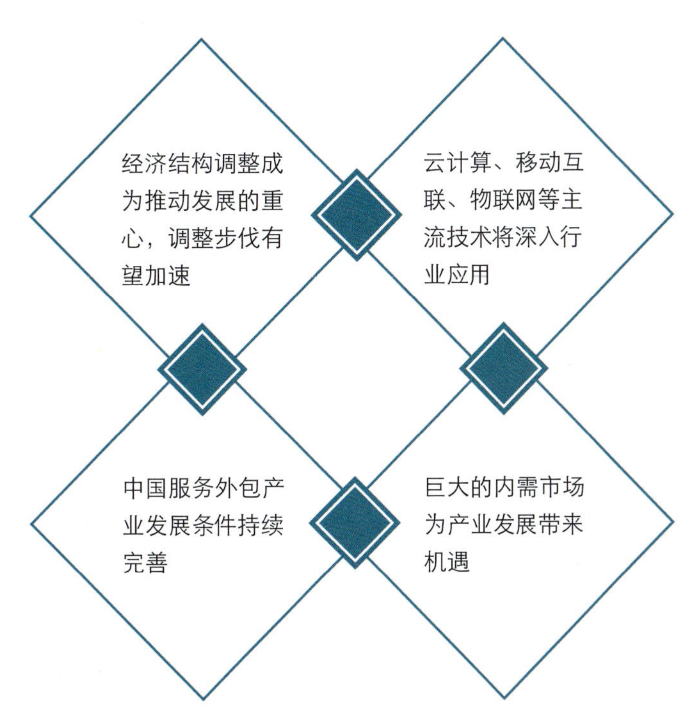

图 8–7 中国服务外包产业市场规模展望

受全球经济疲软的影响，中国出口增速将出现一定幅度的下滑，中国经济发展外部环境趋于复杂。同时，国内市场以制造业和房地产业投资带动的固定资产投资增速将有所回落，中央经济工作会议中将“稳中求进”作为2012年经济工作的总基调。综合国内外因素的影响，中国经济增长将呈现适度回落趋势，今年政府工作报告明确提出，2012年中国经济增长目标下调为7.5%。长期来看，中国依靠投资和出口拉动的经济增长模式已不可持续，由投资驱动转向创新驱动，加快结构调整步伐，将成为我国“十二五”期间经济发展的主线。

虽然服务外包接包市场日益激烈，但随着中国服务外包产业政策环境不断优化、人才供给日渐充沛、基础设施日臻完善，为中国服务外包产业的持续增长创造了良好的条件。与目前全球第一接包国家印度不同的是，中国具有更加庞大的内需市场，随着这一市场的逐步释放，将为整个产业的发展带来巨大的增长空间。

信息技术的成熟也给中国服务外包产业的发展带来更多利好。未来，云计算将由大规模基础建设进入行业深化应用阶段，移动互联的应用将逐步升温，物联网技术环境日益成熟，在行业中的应用也将进一步深化。

综合上述各种因素，中国服务外包产业将持续高速增长，年增长速度预计可达到50%以上。

二、市场特征预期

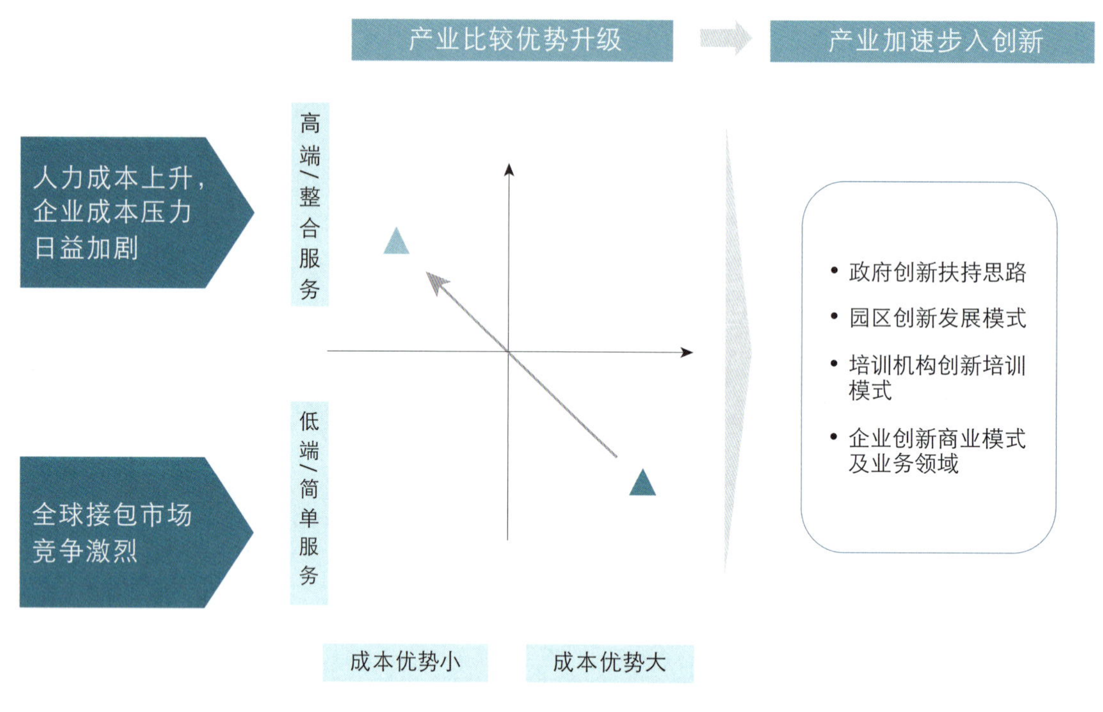

图 8-8　中国服务外包产业将步入创新期

（一）产业比较优势升级，发展加速步入创新

中国服务外包市场的成本优势正在不断压缩。通常人力资源成本占服务外包企业总成本的 70% 以上，人力资源成本的上升，导致企业内部成本压力不断上涨。有研究显示，在低端 BPO 业务上，中国与印度有着相同的人力成本优势，但在 ITO 和高端 BPO 业务上，中国的人力成本高于印度 15% ～ 20%。同时伴随着全球接包市场竞争的日益激烈，企业依靠低成本低价位获得外包合同签单的难度增加，转向附加值高的业务成为企业寻求利润的途径。中国服务外包企业经过过去几年的探索发展积累了丰富的经验，企业升级转型成为趋势。可以预见，未来中国服务外包产业的比较优势将逐步由低成本简单服务向具有成本优势的研发设计和整合服务转化。

企业作为产业发展的主体，服务外包企业在商业模式、业务领域方面的不断创新，将不断推动整个产业加速步入创新。政府创新扶持思路，从“政策洼地”迈向“服务高地”；园区创新发展模式，从借力基础设施推广园区转向以培育企业形成园区品牌；培训机构创新培训模式，理论＋实践，学历教育＋职业教育，线下＋线上等多元化立体的教育模式成为趋势。未来中国服务外包产业将出现创新活动与产业升级相互动的崭新局面。

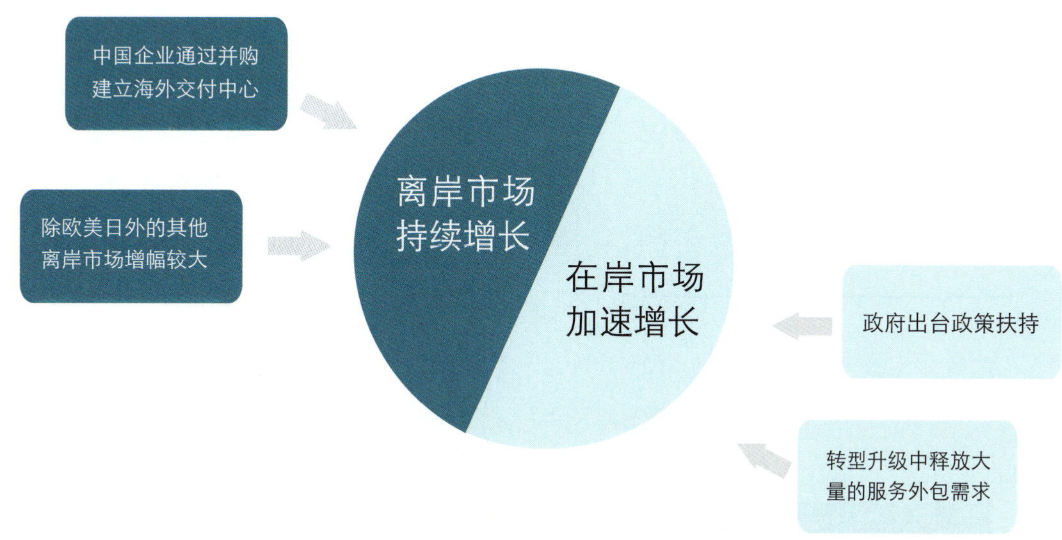

图 8-9 中国服务外包产业发包市场新趋势

（二）离岸市场持续增长，在岸市场需求释放

长期以来，美国、欧盟、日本一直是中国服务外包的主要发包市场，欧美宏观经济不景气与失业率高涨相交织的现象，使企业的离岸外包行为或将受到限制，但同时经济不景气带来的企业发展压力，也让中国的企业看到通过并购模式在国际市场设立交付中心的机遇。从 2011 年中国企业的总体表现来看，离岸市场业务仍保持高速增长态势，除欧美日外的其他离岸市场增幅较大，中国企业的海外市场将更加广泛。未来，短期内离岸市场或将受到冲击，但长期来看，有望持续高速增长态势。

2011 年国家《进一步鼓励软件产业和集成电路产业发展的若干政策》（国发〔2011〕4 号）的颁布，增值税扩围政策的试行都为在岸市场的拓展创造了良好的条件。未来随着国内产业转型升级的深入，更多的服务需求将被释放。此外，近年来，部分服务外包企业由于海外市场议价空间的压缩，纷纷转向开拓国内市场，企业凭借熟悉本土市场和空间距离的优势，借助在离岸市场中积累的成熟经验，必将推动在岸市场的突破成长。

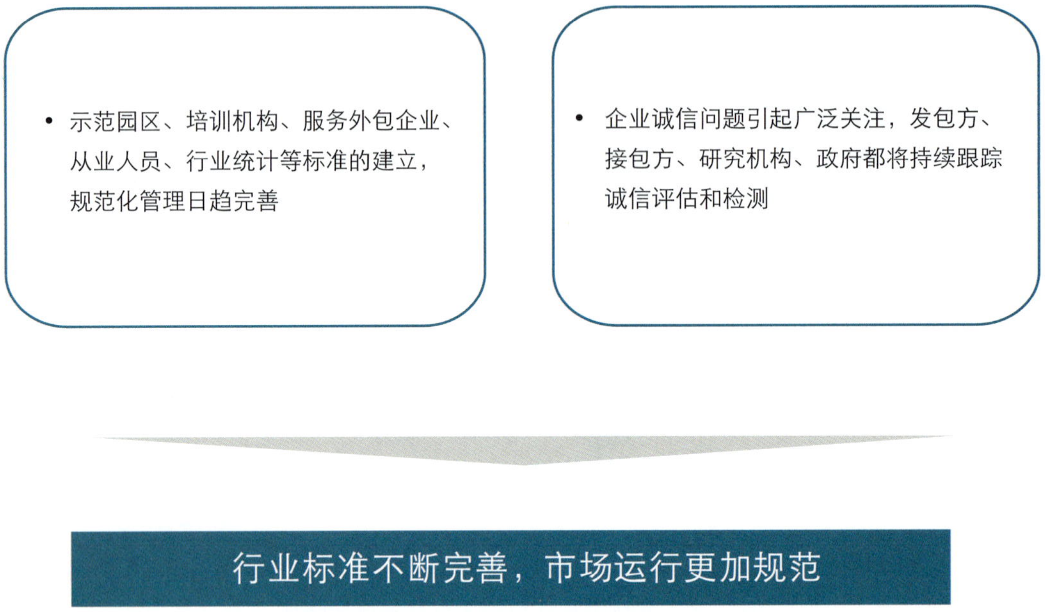

- 示范园区、培训机构、服务外包企业、从业人员、行业统计等标准的建立，规范化管理日趋完善

- 企业诚信问题引起广泛关注，发包方、接包方、研究机构、政府都将持续跟踪诚信评估和检测

行业标准不断完善，市场运行更加规范

图 8-10 中国服务外包市场运行更加规范

（三）行业标准不断完善，市场运行更加规范

中国服务外包产业经过多年的发展，已形成“以示范城市带动全国”的发展格局，鼓励有基础的城市先发展起来，带动全国产业的发展，国家目前的扶持政策也是如此，以示范城市内的园区、培训机构、企业等产业主体为主要扶持对象。然而由于目前各产业主体没有统一确定的标准，政策落实中存在诸多困难。随着未来政策体系的不断完善，行业标准评价体系的建立，规范化管理成为重点。

同时，伴随着市场的急剧扩张、竞争的不断加剧，服务外包企业诚信问题也引起广泛关注，互联网客户信息泄漏、公司财务造假事件的发生都对发包客户的选择带来负面影响。了解国际外包市场游戏规则，消除误解及信息鸿沟，建立企业诚信机制已经迫在眉睫。无论是从发包方、企业自身、还是研究机构、政府都将持续跟踪诚信评估和检测，从而推动市场运行更加规范。

板块定位逐渐清晰

- 在国家相关发展规划指导下，各地政府相继出台专项规划，明确发展定位，引导产业合理集聚
- 各板块资源禀赋的差异也驱使分工定位逐渐清晰化
  - 一线城市未来逐渐聚焦在承接海外一手业务，并努力提供专业化、高端服务
  - 二、三线城市未来重点拓展国内市场，提供基础服务

同质竞争转向合作

- 板块间加强合作成为未来的主流模式
  - 一线城市在承接海外业务后再分解转包到二、三线城市
  - 不同城市间差异分散布点的趋势也日益突出，在一线城市设立分公司，在二、三线城市设立运营中心或办事处

图 8–11 中国服务外包市场板块间合作趋势显现

（四）板块定位逐渐清晰，同质竞争转向合作

中国服务外包产业目前已经形成了以 21 个示范城市为主体，非示范城市为补充，四大板块集聚的发展格局，其中以上海、南京、杭州、苏州、无锡这五个城市为代表的长三角区域板块发展迅速。未来，在相关发展规划指导下，各地政府相继出台专项规划，明确发展定位，引导产业合理集聚。同时各板块资源禀赋的差异也驱使分工定位逐渐清晰化，一线城市经济外向度高，在吸引海内外优秀人才方面具有优势，但其在商务成本、土地资源等方面受到限制，更适合聚集附加值高的产业环节，以北京为例，其企业已经呈现出向产业链高端延伸，提供全方位、专业化高端服务的趋势。二三线城市在商务成本、土地等方面具有优势，但中高端人才往往不足，直接承接海外客户一手单的难度相对较高，未来聚焦国内市场，从事产业链基础业务的企业将日益集聚。

随着板块间定位逐渐清晰，区域间合作发展成为必然。一线城市在承接海外业务后再分解转包到内陆二三线城市的模式逐步广泛推广。服务外包企业依据不同城市间差异分散布点的趋势也日益突出，越来越多的企业选择在上海、北京、大连、广州、深圳等沿海城市设立分公司，在天津、西安、无锡、重庆、成都等地设立运营中心或办事处。

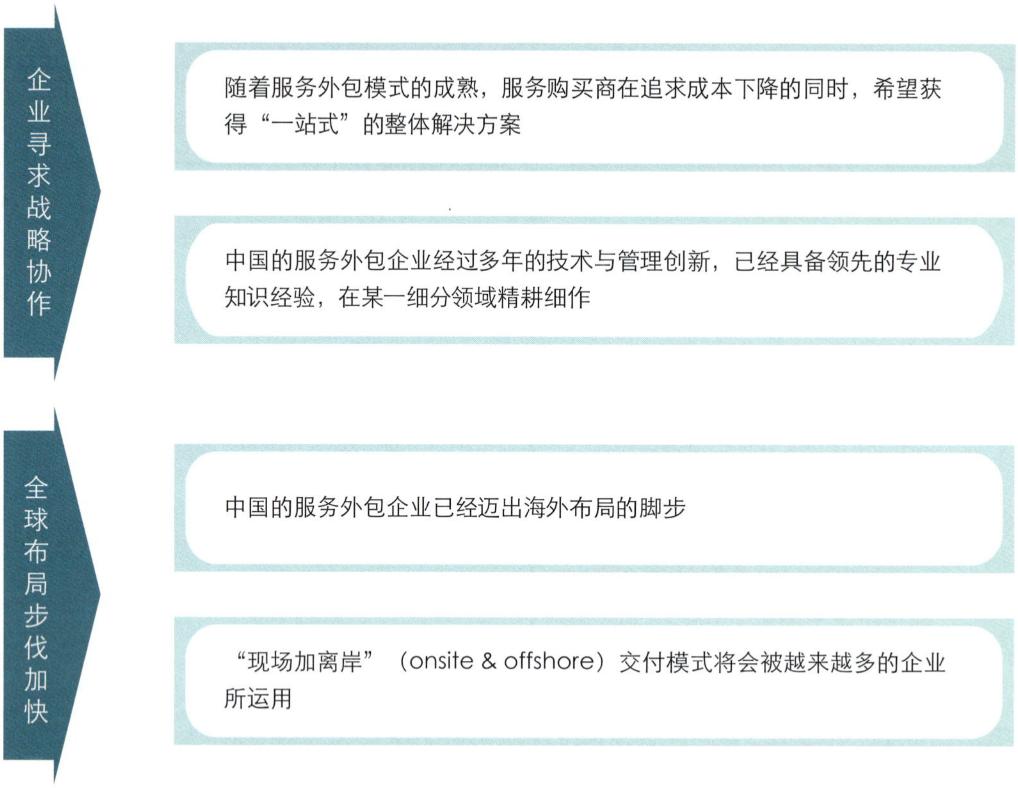

企业寻求战略协作

随着服务外包模式的成熟，服务购买商在追求成本下降的同时，希望获得“一站式”的整体解决方案

中国的服务外包企业经过多年的技术与管理创新，已经具备领先的专业知识经验，在某一细分领域精耕细作

全球布局步伐加快

中国的服务外包企业已经迈出海外布局的脚步

“现场加离岸”（onsite & offshore）交付模式将会被越来越多的企业所运用

图 8-12 中国服务外包企业发展新方向

（五）企业寻求战略协作，全球布局步伐加快

近年来市场环境的变化及服务外包模式的成熟，使得服务购买商的观念逐渐发生变化，追求成本最低的同时，购买商更为关注企业的专业服务能力，希望通过外部合作提供商提供“一揽子”的解决方案，这种观念的改变也将持续下去。中国的服务外包企业已经认识到发包商需求的转变，为了契合这种变化，更多的能提供全面解决方案的“一站式”服务的企业涌现。企业通过技术创新、管理创新，在专业服务能力方面已达到领先水平，他们除能满足服务购买商的基础需求外，还能给予更前沿的见解，未来将成为服务购买商的战略合作伙伴。

当外包的驱动因素逐步由“成本套利”向“战略协作”转变，客户开始外包原本属于核心价值链环节的业务，并希望通过与外部团队实现便捷沟通与及时协作，提高自己控制和管理项目的能力，那些能够提供灵活交付方式的服务企业往往会获得发展先机。截至 2011 年，全国服务外包十大领军企业在海外的交付中心数量已超过 30 个，未来灵活的“现场加离岸”（onsite & offshore）交付模式将会被越来越多中国服务外包企业所运用，通过在美洲、欧洲、东南亚等地区建设交付中心，能够为重要客户及时提供现场服务和交流；同时具体的执行工作则绝大部分放在远端，充分发挥离岸的成本和人才优势。

专　论

制造业服务化

早在2002年11月的上海市市长咨询会议上，我就发表了以论述制造业外包为主要内容的《MS&EMS——制造业服务业的新视点》。如今，面对全球服务外包的蓬勃发展和传统制造业中不断涌现的新兴服务形态，“制造业服务化”虽是旧题重拾，但却因时代发展被赋予了全新的意义。

第一，是中国现阶段国情的要求。2011年10月24日，温家宝总理在天津滨海新区视察时深刻指出：全球金融危机给我们带来的最深体会和教训，就是一个国家要想应对危机，必须有发达的实体经济，必须有创新的和科技的产业作为主导，只有这样才能减少泡沫经济对财政金融的冲击，也减少国际金融市场的影响。中国业已形成的庞大制造产业，是我们经济发展的现实基础和优势。以制造业为主的实体经济发展，仍然是中国经济发展不可或缺的战略重点。

第二，是中国企业转型发展的要求。作为世界人口总量最多的国家，中国面临着巨大的就业需求，相应的也存在众多劳动力密集型的加工企业。但在这种以加工贸易为主的外向型经济发展模式下，一旦来自欧美日市场的海外加工订单减少，将会给中国经济带来严重的影响。因此，这些传统制造企业的“转型发展”，是中国经济发展的必然要求。

第三，是发展服务经济的要求。2009年，我曾参与上海《服务经济》的研究课题，课题除推动上海成为第一个实施服务业增值税扩围的试点外，还研究发现：服务经济的一大特点是“融合经济”——融制造业服务业于一体，即MS（Manufacture-Service）。在服务经济加速发展的背景下，制造业与服务业的融合越来越紧密，MS正在改写着传统的产业链、供应链。

在全球服务外包广泛采用和业务分工不断细分、重构的今天，制造业服务化正在不断呈现出新的业态和模式，引领经济创新发展。

一、制造业中的服务商机

（一）从制造外包到软件外包

随着规模化自动化制造的发展和制造精细化分工，传统制造企业尤其是大工业企业，将产品分解外包给其他不同企业甚至国家进行零部件加工制造、再进行组装的情况早已十分普遍。比如众所周知的波音777大型客机由300万个零件组装而成，这些零件分别产自17个不同的国家和900多个供应商。

而时至今日，制造业的外包早已不再是仅仅将简单的零部件制造外包给制造企业，其中重要的控制软件和系统也成为发挥专业分工优势、借用外部资源的重要目标。比如波音787就将防撞系统和零能见度着陆系统外包给位于新德里附近的HCL Technologies，由HCL Technologies的印度工程师们进行开发。可见，制造业的全球供应链模式已经由制造加工外包向软件外包延伸。

（二）制造业网络协调员的利润模式

高效细致的制造生产力和广泛便捷的全球供应网络，使得一些成熟的制造业企业得以逐渐从繁重的传统加工制造业务中解放出来，基于制造供应链的整合构筑新的利润点。

香港利丰集团就是一个开创制造业供应链全新商业模式的成功案例。以利丰的工装短裤生产流程为例，其在巴基斯坦纺纱、在中国织布和生产纽扣、在日本生产拉链、在孟加拉国制衣，而利丰只是在香港负责通过网络协调各供应链环节、及时采购相应的产品，并最终在美国等地实现分销（如图1）。依靠这一模式，利丰集团本身没有一家工厂、一个工人，每年却能够出口20多亿件服装、销售额达80亿美元。实际上，在此过程中，制造供应链网络协调员的服务才是其利润创造的核心来源。

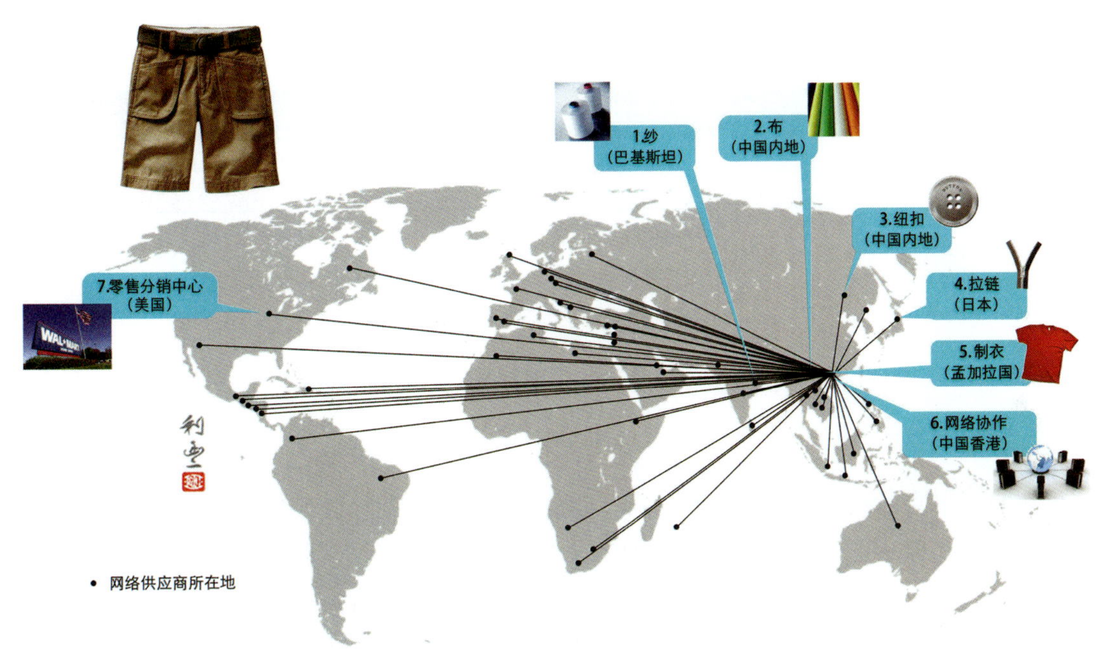

图1　利丰工装短裤的“旅程”

资料来源：冯国经等著《在平的世界中竞争》。

（三）间接物料管理的服务外包

比直接的产品制造供应链管理更近一步的是间接物料管理，即不直接构成制造企业产品的供应链管理。随着制造业普遍采用大规模机器生产方式和多品种精细生产线，其对生产设备的要求越来越高，加之快速响应的制造要求，赋予制造业生产管理过程以新的服务商机。

东昌西泰克公司就是成功抓住这一嵌套在制造业中的服务需求和盈利空间的典型例子。作为制造汽车线束的工业企业，1998年开始，东昌集团花巨资购买“物料／设施一体化管理”软件，组建了东昌西泰克公司，从事汽车行业间接物料管理。公司通过整合多个物流环节与供应链的资源，对大型企业涉及企业间接物料的物流进行全面管理（如图2）。东昌西泰克利用自己先进的供应链管理技术和广泛的全球供应商信息，通过专业的供应链管理服务，帮助制造业企业降低物流和管理成本，并与之分享成本降低所带来的收益。从而，使企业由传统的制造业生产中逐渐挖掘出服务盈利模式。

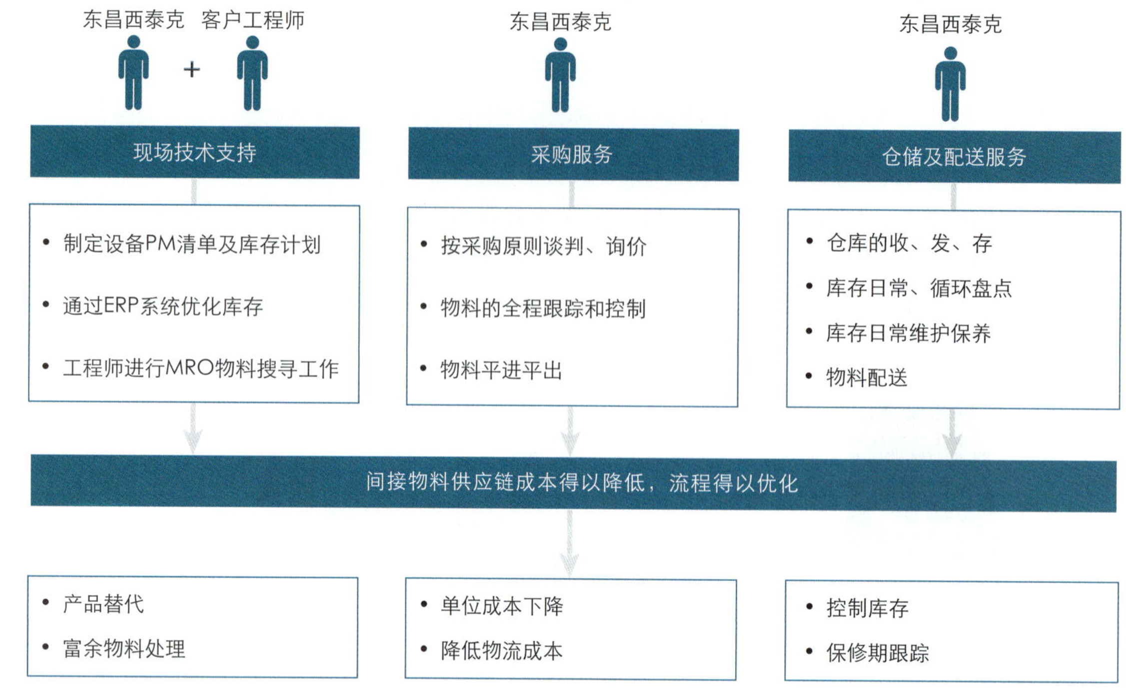

图2 东昌西泰克公司的间接物料管理服务

资料来源：东昌西泰克公司官方网站。

以东昌西泰克的汽车丝杠管理为例。汽车发动机装配线是制造汽车的工作母机，而装配线中的缸体压套机的关键件是丝杠。因为丝杠有一定的使用寿命，汽车制造企业必须确保在几条、几十条汽车装配线的某一根丝杠寿命到期、需要更换时，丝杆的备件能够立刻供应补充，否则汽车装配线就要停产，造成巨大的损失。但同时，倘若丝杠备件过多，又会积压企业资金和增加成本。东昌西泰克正是看到企业的供应链管理难题，专门提供此类间接物料的管理服务，甚至设立了海外 R&D 车间，负责特快赶制应急备件。

目前，东昌西泰克公司为大型企业管理的间接物料达 17 万多种、800 多万件。仅上海通用项目，所管理的间接物料就有 7 万多种 500 多万件。除承接在华跨国汽车集团的服务业转移，其海外机构还承接国外汽车集团的间接物料管理。这就是"服务"走出国门，这就是制造业服务化的典型。由制造业挖掘服务利润的成功转型，使东昌 2010 年主营业务达 81 亿元，利税达 7.5 亿元，其间接物料管理还在向其他机电制造行业、家电制造行业延伸。

二、服务和制造的融合发展

（一）"产品 + 服务"的销售模式

在人性化、个性化产品需求日益流行的今天，消费体验成为判断商品优劣的新标准。制造业企业要在激烈的竞争中占据优势，依靠的已不再仅仅是生产制造产品，产品消费中所包含的服务体验也成为极其重要的环节。"产品 + 服务"的销售模式日益成为制造业企业的新选择，而其中的服务往往采用外包的方式，并嵌套在产品的价值中。

现今备受追捧的苹果产品就是这样一个"产品 + 服务"的典型，苹果公司所采取的正是"M + MS"战略—制造业加制造业服务化。在苹果公司至今生产的苹果产品中，无不包含了服务的价值：1）ipod（硬件）+iTunes（软件和服务），为消费者提供便捷搜寻和下载音乐的持久交互服务；2）iphone（硬件）+App Store（软件和服务），以“C2C”模式为用户提供各类手机应用软件的发布、下载和使用服务；3）ipad（硬件）+iBooks store（软件和服务），为用户提供电子读物和阅读体验……。而提供这些软件和服务的并不是苹果公司自身，而是大量的外部软件工程师，通过 App Store 平台，用“众包”（Crowd Sourcing）实现产品与服务的融合销售。

（二）优质服务需要优质载体

在制造业中产生服务商机的同时，服务的发展也在促进制造业的发展。新鲜、舒适的服务体验，同样要求配备创新、优质的产品载体，从而为制造业发展创造了新的机会。

以 iPhone 为例，其清晰、丰富的显示效果就离不开与之配套的视窗玻璃产品，而其制造商正是中国蓝思科技公司。作为注册在深圳的玻璃制造公司，蓝思科技从事玻璃行业已有 20 年，能够加工制造供直升飞机和高速列车用的玻璃。其玻璃产品的硬度可达塑料的 30 倍，耐划度极高；厚度公差仅为 0.05mm，相当于一根头发丝粗细的 28.5%，精度极高；透光度可达 93%～95%。正由于蓝思生产技术的出色和不断创新，使苹果公司在寻找配件供应商时找到了蓝思。伴随苹果产品的全球热销，2011 年蓝思玻璃的订单达到 120 亿元。

同样的例子，还有电容笔。iPad 一款汉字书写应用软件—Zen Brush 的开发和应用，带来了与之配套的电容笔制造商机，目前全球至少有 8 家厂在进行电容笔的加工制造。

如今，包括制造业在内的各行各业都在寻求服务化发展的新途径，而服务外包无疑成为这些行业转型发展中可以借助的重要模式。在中国制造业增加值已经达到 2.05 万亿、成为首位制造业大国的今天，应当积极探索制造业服务化的新型发展道路，借助服务外包实现中国制造业的转型升级以及加工制造业和服务业的融合发展。

中欧国际工商学院院长、管理学教授　朱晓明博士

（本文根据作者在 2011 年 11 月 2 日“第七届制造服务外包国际论坛”主题演讲整理）

服务外包价值与中国经济转型

经历30年的努力，中国已经发展成为举世瞩目的制造业大国。中国制造的异军突起，在保障全球基础消费品充裕供给的同时，也维系了全球基础消费物价的稳定，并为平抑发达国家的物价指数做出了贡献。与此同时，外需的有效成长，也为中国经济持续快速发展提供了重要的引擎。然而，随着2008年美国的次贷危机引发的全球经济危机和2011年爆发的欧洲债务危机，使得我国的两大货物贸易伙伴购买能力在不同程度上受到了抑制，这自然也会殃及高度依赖外需市场的中国经济。调整产业结构和扩大内需，成为保持中国经济稳定健康发展的唯一选项。同时转变贸易方式，扩大服务出口，已成为全社会的共识和商务部稳定贸易成长的主要抓手。

服务外包产业是全球服务贸易体系中的重要组成部分。从计算机在上世纪50年代进入商业应用领域以来，各种形式的信息技术外包（IT outsourcing）就一直存在，但是直到最近20年来基于信息技术外包而逐步发展起来的业务流程外包（BPO）服务也随之而盛行起来。外包赋予各类机构以应对快速变化的全球经济所必需的灵活性，推动各类机构不断优化业务流程，同时它也使各类机构在竞争激烈的环境中，能将精力集中于自身的核心竞争力上。

服务供应商（vendor）通常在规模经济、经验、成本控制以及在对最新技术的掌握等方面具有明显的优势。服务供应商在基于为多个买家服务的基础上，进一步优化了行业的作业流程，而这些优势是单个机构基于自身经验积累所难以完成的。彼德·德鲁克曾预言："未来，任何企业（或机构）中，仅作后台支持而不创造营业收入的工作都应该外包出去，任何不提供向高级发展的机会和活动、业务也应该采用外包的形式。"哈佛商业评论更将服务外包，称作为过去75年来产生的最重要的管理思想之一。

据美国《财富》杂志的报道曾披露，全世界年收入5 000万美元以上的公司，普遍开展了业务外包；米切尔F·卡伯特联合有限公司发表的《全球外包市场》调查报告中指出，在企业14.8%的日常运营进行了外包，全球IT服务外包的发包商主要集中在北美、欧洲和日本等国家，美国的发包量占到了50%以上，日本占到了近10%，外包的主要承接地是印度、以色列、马来西亚等国家，近年来中国也成为全球离岸外包的重要目的地。

信息技术外包起源于上世纪60到70年代，当时的计算机价格昂贵体积巨大，很多的机构为了避免或减少在计算机硬件上的投资，都将他们的数据处理的职能通过合同的方式外包给了数据处理服务机构。美国的EDS和CSC公司既是基于这样的需求成长起来的。在上世纪60年代硬件的成本是一个主要的问题，到了70年代昂贵的软件开发成本成了组织关注的重点。由于信息系统应用需求的快速增长和组织内部信息系统人员的缺乏，管理者们开始通过合同的方式外包软件的开发工作。到80年代计算机应用机构，关注的焦点重新定位在纵向一体化上，从原材料到成品配送的整个开发周期都变的越发的重要。在这一时期，信息技术被普遍认为是支持纵向一体化的重要的内部职能，同时由于微型计算机成本的迅速降低以及个人计算机的出现，使数据处理行业受到了极大的打击。这一时期组织通常不采用外包的形式，而是通过购买标准的设备、系统软件、应用软件以及通讯和相关组件构建自己的信息技术环境。到了80年代末

90年代初，外包重新获得了关注。在这一时期美国的制造业经历了从萧条到复苏的转变，扭转这种趋势的是管理思想的重大变革，美国的管理者们学会了质量管理，学会了产品的多样化，学会了柔性制造，学会了准时制生产同时也学会了外包。人们普遍认识到，变革总是和我们如影相随，我们必须不断的创新以求得生存。

在此期间我们经历了硬件至上、软件成为系统价值的主体以及今天服务更加重要的60年不断演进过程。今天制造业中供应链细分及全球一体化的大生产模式，逐步被服务业采用，服务被细分，机构内非核心业务不断被梳理出来，交由更具行业服务经验、专有技术和多年知识积累的大规模服务供应商来完成。

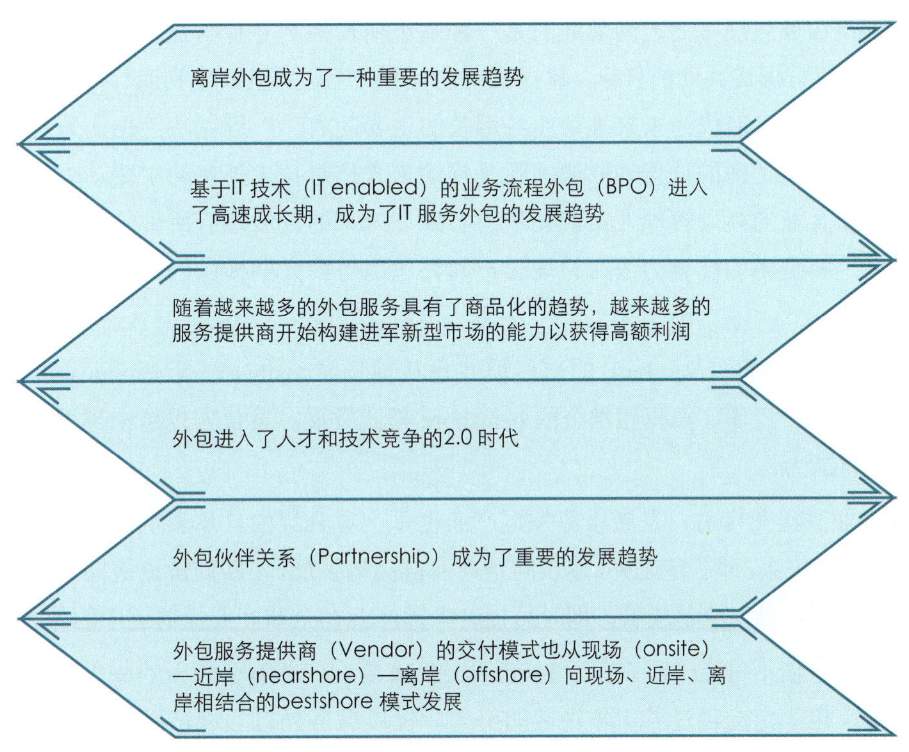

图1　当前服务外包特点

今天的服务外包具有如下的特点：

1、离岸外包成为了一种重要的发展趋势，越来越多的跨国公司寻求在全球范围内最优的配置和利用IT资源，越来越多的跨国公司将其IT服务业务发包到了印度、爱尔兰、以色列、中国、菲律宾等国家。特别是印度以“千年虫”为契机，迅速成为离岸外包最重要目的地，一批印度的企业快速成长，前五大印度的IT服务外包企业规模都超过了10万人，最大的甚至超过了20万人。

2、进入21世纪，基于IT技术（IT enabled）的业务流程外包（BPO）进入了高速成长期，成为了IT服务外包的发展趋势。相对于ITO而言，BPO更强调业务流程，关注企业内部运作或客户的后端活动，注重解决业务和运营的效率问题，BPO的每项业务都离不开IT业务的支持。BPO业务范围也扩大到了IT制造业、银行、保险、医药、分销、消费品等行业。主要业务包括：人力资源、采购、财会、客户中心、物流、研发、营销、工厂运作、培训等。

3、随着越来越多的外包服务具有了商品化的趋势，越来越多的服务提供商开始构建进军新型市场的能力以获得高额利润。这些离岸外包的热点领域包括新产品的设计和开发、工程服务、研发、知识分析服务、以及法律服务等，这些服务更多的涉及客户的知识产权，也更紧接近于客户的核心机密。

4、外包进入了人才和技术竞争的2.0时代。麦肯锡公司的研究报告指出外包现在已经进入了2.0阶段，外包1.0是成本的外包，外包2.0是技术和人才的外包。现在的外包关键的竞争因素不是成本，而是技术和人才。

5、外包伙伴关系（Partnership）成为了重要的发展趋势。外包合作双方开始从单纯的依靠买卖的市场型外包关系（Market Relationship）向基于信任的伙伴型外包关系发展，在伙伴型的外包关系中客户和外包服务商之间形成的是一种基于信任控制并且结合价格控制和权力控制的跨组织的关系，双方形成共同的目标，建立长期的互利关系，并且共享利润、共担风险。彼得·德鲁克说，“伙伴关系可能成为未来推动业务增长的主要动力。”迈克法兰也认为自主的建立客户和外包服务提供商之间的伙伴和联盟关系是推动未来信息技术外包的主要动力之一。卡卡巴德斯曾对747家企业的高层管理人员就外包的实践在未来的发展趋势所做的调查显示，未来公司将很有可能，将更多的注意力放在管理客户和外包服务商之间横向的、类似于战略联盟的伙伴关系上。

6、外包服务提供商（Vendor）的交付模式也从现场（onsite）—近岸（nearshore）—离岸（offshore）向现场、近岸、离岸相结合的bestshore模式发展。发包方也越来越重视外包服务提供商的全球交付能力。

从我国产业升级角度看，发展服务外包产业也是产业升级的具体表现，这也印证了郎咸平先生1+6的供应链关系，即制造之外，逐步向全产业链高端扩展，不断向价值链的上游攀升。故此，发展服务外包不仅可稳定贸易成长，同时可提升中国产业在全球产业价值链中的位置。

当然，任何事情不可能一蹴而就，制造业历经30努力，才有了今天的成果，服务外包要想获相应的成绩，也一定会经过若干年艰苦的努力。仅以服务外包为例试做探讨。总的感觉，我们的服务贸易政策环境仍需优化，企业顺利执行离岸服务（贸易）仍有一些瓶颈需要打通。服务外包的离岸市场，尤其是美国市场，对中国企业来说仍有很长的路要走。

首先，在美国到岸市场，中国企业与印度企业在交付能力上，仍有着巨大的差距。且不讲印度的NASSCOM（行业组织）在美国的市场活动能量，短期内中国不会有类似机构可望其项背。仅就我们两国第一梯队服务企业作对比，十年的时间过去了，我们之间的距离未发生变化。十年前，我们企业规模在三、五百人的时候，印度企业规模为六千到一万人。今天中国最大的企业突破万人的时候，印度第一梯队企业规模约为十五到二十万人，仍是20倍的规模差距。在人均服务单价方面，印度第一梯队企业的平均值在5万美元左右，仍是我们的两倍或更多。究其原因，无非如下几个值得我们借鉴的方面。

有效降低环节成本：尽管在产业发展初期，印度政府反应比较迟缓。但1990年之后，在NASSCOM的帮助下，印度政府的一系列政策，均围绕着降低企业成本和提高国际竞争力展开。印度政府免掉了服务外包产业链上除个人所得税外的全部税收，这包括：营业税、企业所得税、软件和服务进出口环节税、服务企业设备进口税。员工社会保险缴费标准在15%～20%左右。非常像我们货物贸易的出口退税政策，效果非常显著。

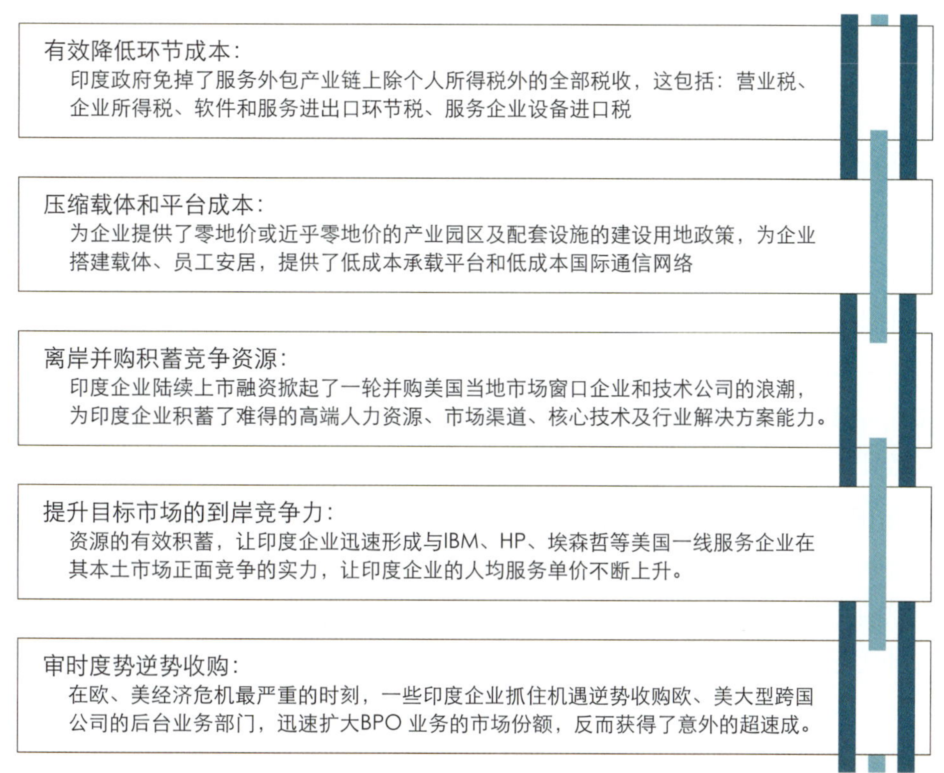

图 2　印度可借鉴的经验

压缩载体和平台成本：在印度企业高速成长期间，印度地方政府为企业提供了零地价或近乎零地价的产业园区及配套设施的建设用地政策，为企业搭建载体、员工安居，提供了低成本承载平台。同时在网络与通信成本方面，提出了建立国家虚拟软件园区的概念，通过微波中继、卫星通信和光缆，构成了连接各企业自建园区的低成本国际通信网络。在保证网络通信质量的同时，最大限度的降低了企业运营成本。

离岸并购积蓄竞争资源：低成本运营，不但保障了印度企业的高速成长，同时让企业有能力加大技术研发投入，形成专有技术和行业解决方案能力。随着印度企业陆续上市融资，掀起了一轮并购美国当地市场窗口企业和技术公司的浪潮。为印度企业积蓄了难得的高端人力资源、市场渠道、核心技术及行业解决方案能力。实际上，服务企业的海外并购与制造业的海外资源并购相同。只不过服务业的资源是：市场渠道、技术（行业解决方案）和关键人力资源。

提升目标市场的到岸竞争力：资源的有效积蓄，让印度企业如虎添翼，迅速形成与 IBM、HP、埃森哲等美国一线服务企业在其本土市场正面竞争的实力。同时让印度企业的人均服务单价不断上升，企业进入了高速且良性成长阶段。以近几年的数据看，印度第一梯队企业，一直保持着 20% 以上的年成长率，人均单价坚挺且仍有提升。这是我们中国服务企业迄今为止仍在努力积蓄的实力，我们在目的市场的到岸团队规模和交付能力，还要经历若干年的奋斗。

审时度势逆势收购：数据表明 08 年至今，印度企业离岸业务，并未受到全球经济危机影响。在欧、美经济危机最严重的时刻，一些印度企业抓住机遇逆势收购欧、美大型跨国公司的后台业务部门，迅速扩大 BPO 业务的市场份额，反而获得了意外的超速成长。

与印度对比反观中国企业，服务外包产业发展之初，我们依靠大型跨国服务企业的桥梁作用，间接进入离岸市场。在产业的发展初期，确实帮我们的服务企业迈出了快速成长的第一步。

2001年国家的18号文件、2006年商务部牵头，十余部委共同推动的一揽子服务外包产业政策扶持，巩固了中国服务外包企业的高速成长势头，实现了首个5年十倍速的产业规模超速发展阶段。中国离岸服务外包第一梯队的十家领军企业，顺序在海内外市场上市融资。并开始通过并购和自然成长，形成离岸市场目的地国到岸市场和交付能力。仅以北京企业为例，几家领军企业合计已在美国形成了约2 000人的市场和交付团队。第二梯队的100家服务企业也在本轮政策的扶持下，进入快速成长期。

同时我们也必须看到，过于依赖大型跨国服务企业的桥梁作用，也让中国企业患上了面对离岸市场的软骨病。中国服务企业主要业务份额，仍十分依赖跨国服务企业的开发、测试业务转移，许多企业成为大型跨国服务企业的附属“加工车间”和成本中心。这种低单价、按交付团队服务人数计价的业务方式，形成类似制造业“三来一补”的后台加工厂服务模式。

而近几年国内高企的房价（住宅和写字楼）、不断上行的通货膨胀、高昂的信贷利率、个人所得税、高达44.1%（仅企业缴纳部分）的社会保险与公积金统筹、不断上升的汇率等因素，在压缩企业实际收入的同时，不断抬升企业的人工成本、办公物业租赁成本和财务成本，让服务外包企业的实际利润锐减。

由此可见，作为中国贸易转型的一个支点，服务外包也面临许多瓶颈和难点。但我们仍有理由认为，制造业曾经的艰难，服务业一定会也会遇到，制造业今天的辉煌，也一定会是服务业的明天，故此我们也在热切的期盼着，服务外包产业的政策环境会随着产业的成熟和进步而不断完善起来。服务外包产业的高速成长，也一定会为中国的经济转型做出应有的贡献。

北京服务外包企业协会理事长　曲玲年

我国服务外包产业发展中的问题与思考

2012年是完成"十二五"规划关键的一年，在刚召开的十一届五次人代会上温家宝总理的《政府工作报告》中又一次提到"大力发展服务贸易，承接服务外包"。在年初举行的全国商务工作会议上陈德铭部长中也再一次强调了进一步"发展服务外包"是2012年重点任务之一。近日，商务部也公布了去年服务外包发展的一些情况，尤其是一些服务外包的发展数据以及发展中出现的一些问题，值得思考。

一、数据与思考

（一）我国的服务外包产业正向规模化、集聚化发展

表1　2010 ~ 2011年中国服务外包产业发展情况

	2010年	增长	2011年	增长
服务外包企业（家）	新增3 756	42%	新增4 233	33%
从业人员（万人）	新增78.1	50%	新增85.4	37%
大学毕业生（万人）	新增48.6	29%	新增58.2	35%
离岸外包合同金额（亿美元）	198.0	37.0%	323.9	63.6%
离岸外包执行金额（亿美元）	144.5	43.2%	238.4	65.0%

资料来源：中华人民共和国商务部。

与2010年同口径的数据比较，企业数和从业人员的增长速度已开始趋缓，而从业人员中的大学生比例、离岸服务外包合同金额和执行金额的增长速度正在加速，尤其是执行金额，增长的速度已超过20个百分点。显然服务外包产业的规模化和集聚化效应正在凸显，产业的年增长速度已超越了《服务外包产业"十二五"发展纲要》中的目标。

（二）我国承接地的产业发展环境日趋完善

据美国科尔尼管理公司（A.T.Kearney）2010年做了一个全球离岸服务外包的目的地指数评估，指标包括：财务吸引力，从业人员和技能的可得性，国家环境、政策和经济的稳定性，基础设施，文化知识，知识产权和安全性等。印度和中国高居前两位，其后依次为马来西亚、埃及、印尼、墨西哥、泰国、越南、菲律宾、智利、爱沙尼亚、巴西等。

国际数据公司（IDC）涵盖劳动力成本、租金成本、语言能力和员工离职率等一系列要素的最新全球交付指数（GDI），评估结果显示，在亚太地区最有希望成为离岸交付服务中心城市群中前十名分布如下：

表 2　2007 ~ 2010 年离岸交付服务中心城市 TOP10

排名	2007 年	2008 年	2010 年
1	班加罗尔（印）	班加罗尔（印）	班加罗尔（印）
2	马尼拉（菲）	新德里（印）	北京（中）
3	新德里（印）	马尼拉（菲）	上海（中）
4	孟　买（印）	北京（中）	钦奈（印）
5	大连　（中）	奥克兰（新）	新德里（印）
6	上海（中）	上海（中）	海德拉巴（印）
7	北京（中）	孟　买（印）	孟　买（印）
8	悉尼　（澳）	布里斯班（澳）	西安（中）
9	布里斯班（澳）	大连　（中）	广州（中）
10	奥克兰　（新）	吉隆坡（马）	马尼拉（菲）

资料来源：IDC。

表中可见 2010 年起，中国的北京、上海已在前三位，西安和广州也纳入前十名。中国城市承接服务外包产业发展的环境正在日趋完善。

（三）从 2010 年数据分析中国与印度还存在差距

表 3　2010 年中国与印度服务外包产业发展比较

序号	项目	单位	印度	中国
1	IT-BPO（不含硬件） 服务外包总合同额 离岸合同额 执行额	亿美元	 881 760 497，增 22.7%	 274 198 144.5，增 43.1%
2	占全球离岸市场	%	55	16
3	覆盖主要地区和国家		52	10（占合同 76%）
4	2020 年预测离岸执行额	亿美元	1 800	2 000
5	年均增长率		2015 年前 13.7%、后 20%	2015 年前 40%、后 30%
6	全球交付中心	个	500	未统计
7	海外并购	起	200	50
8	直接就业	万个	250，新增 24	232.8，新增 78
9	人均离岸合同额（效率）	万美元	3.0	0.85
10	服务外包企业数	家	5 000	10 706
11	企业员工平均规模	人 / 家	500	217
12	企业规模（年度合同额） 10 亿美元以上 1 亿～ 10 亿美元	家	统计 80% 的企业 9 82	据不完全统计 0 8
13	开展服务外包业务的城市	个	43	21 个示范城市

资料来源：中华人民共和国商务部，NASSCOM，公开资料整理。

由于印度上世纪90年代初就开始发展服务外包，比中国早很多年，但从2010年的数据可以看出中国与印度的差距

1．基本情况对比分析

（1）在同比口径下中国的离岸执行额仅是印度的四分之一；

（2）离岸业务复盖国家和区域仅是印度的五分之一；

（3）海外交付中心（设立海外分支机构）和海外并购刚起步；

（4）企业数是印度的一倍，但企业员工平均规模还不到印度的一半；

（5）从业人员与印度差不多，但效率只有印度的30%左右。

2．印度可为我国借鉴的经验

（1）人力资源是产业崛起的重要因素

印度官方语言是英语，通晓外包技术、国际市场、商业规范、客户需求的工程师人数是中国的九倍。

（2）政府高度重视是产业持续稳定增长的根本保障

印度80年代以来，历届政府发展服务外包至于优先地位，1998年总理亲自担任“国家信息技术与软件开发工作组”组长，在税收、融资和教育等方面为服务外包产业提供政策支持

（3）行业中介组织在产业发展中发挥了至关重要的作用

NASSCOM是印度软件服务业企业协会，拥有1 100家会员单位，是印度IT-BPO的“市场部”，在印度乃至全球服务外包领域的政策推动、行业咨询以及协调作用非常明显。

（4）知识产权保护为产业发展创造了良好环境

印度高度重视知识产权保护，对非法进入计算机网络和数据库、干扰服务、复制软件等违法行为规定了具体惩治条款，已经得到国外企业的认可。在全国范围内形成一种诚信发展的环境，吸引更多的离岸外包业务放心交给印度服务商。

二、问题与思考

（一）关于“专业人才缺乏”的问题

据预测，在“十二五”期间，我国服务外包产业每年的人才缺口将高达20万。尤其是服务外包高端人才、实用性人才短缺，已成为困扰服务外包产业发展的一大瓶颈。有关人才的培养，目前一般经验是“高端人才要靠引进与挽留，中低端人才要靠培养，一般人才要靠培训”。为建立长效的人才培训机制，建议：

1．加强院校与企业的有效对接

（1）编制服务外包紧缺人才导向目录

政府商务部门应加强服务外包企业急需人才的市场调研，编制紧缺人才导向目录。实时跟踪，并定期发布服务外包人才需求导向目录，使得地方政府、高等院校和培训机构及时了解市场紧缺人才的信息，编制相应的人才培训规划。

（2）支持和增强试点高校的教学改革

加大院校与国内外培训教育机构、著名服务外包企业的合作培养服务外包人才的步伐。选择优秀的社会培训机构，鼓励大三、大四学生参与培训机构的实习实训，经考核后可以认定其学分。建议教育部门引导试点高校学习国际上培养人才的模式，推动高校与服务外包企业开展双向交流，在师资、课程等方面获得支持，提高大学生实践技能。

2. 鼓励建立多形式、多渠道的人才培训机制

（1）依靠院校培养

根据教育部、商务部联合颁布的《关于在江苏、浙江地方高校计算机学院培养服务外包人才试点工作的通知》（〔2010〕34号）文件精神，除了有条件的院校增设服务外包学历教育外，教育部和商务部可以定期会同有关部委联合举行交流会，在“大学生实习、见习、实训，以及师资培训、人才培养”等方面，就“组织保障、经费保障、制度保障”的具体做法和经验进行交流探讨，鼓励院校创新服务外包人才培养的机制。

（2）政府、学校、企业合作培养

在目前各示范城市建立的“培训中心”基础上，通过政府提供政策支持、学校和企业提供师资和设备，根据《关于服务外包培训机构设置参照标准》进行规范、科学的管理，试行“专家评审、政府认定，相关部门复审（抽样）”的机制，把各城市“短、平、快”的人才培训计划和有关政策落到实处。培训的主要对象可以是：大学应届毕业生和尚未就业的大中专毕业生、企业新员工、技术和管理人员、政府工作人员等，培训时间可以为三个月至半年。

（3）委托专向培养

由政府搭台，引导和鼓励有条件的中外资企业，比如IBM、文思、软通、东软等，每年通过互联网或商务部官方网公布对社会开放的“服务外包专业人才培训计划”。根据“双方自愿、按需培养、收费合理、互信共赢”原则，以“实训”为主，培训对象可以是：项目经理、信息主管、营运主管等服务外包企业骨干。

（4）企业自行培养。

由于服务外包业务发展快、涉及面广、时效性强等特点，有些企业根据订单或业务拓展需要，可以进行“自行培训”，同时纳入当地（示范城市）“培训中心”统一管理，培训计划、教学大纲经培训中心和当地教育、商务、人保部门认可后，可以享受国家有关人才培训的支持补贴政策。

3. 完善人才培训相关政策的修订

（1）根据实际情况进一步完善培训机构培训资金的申领手续，取消部分城市目前实行的关于“培训机构申请500元培训资金必须提供失业证的规定”，因刚毕业的大学生是无法提供“失业证”的。

（2）对企业开展与外包业务相关的中高级专业人才（企业中层干部及项目经理以上职位的）的专业培训（不包括学历教育），由当地培训中心制定“政策扶持方案”报示范城市政府批准后，予以实施。

（二）关于“专业技术相对落后”的问题

由于服务外包在我国起步较晚，超过千人的公司不多，目前中小企业为多，核心技术缺乏，

管理水平偏低，利润率不高，造成产业整体竞争能力不强，对国民经济发展的贡献率不明显。对于服务外包承接商在市场上要保持竞争优势，关键是在上游（如可行性研究、风险资本、产品概念设计、市场研究等）、中游（如质量控制、会计、人事管理、法律、保险等）和下游（如广告、物流、销售、人员培训等）的活动中，都要有自己的话语权。因此建议：

1. 选编《国际服务外包成功案例》

建议组织力量编辑《国际服务外包成功案例》，加强引导和宣传，尤其是目前人民币升值、劳动力成本提高等众多因素下。通过成功的案例来激励企业如何适应市场变化，提高自我调整的能力，如何立足于产品逐步转向立足于发挥自己的优势资源，为客户提供卓越价值来提高竞争能力。尽快了解和掌握与时俱进的“信息与网络、业务流程和整体解决方案”等方面的基本技能与技术业务。

2. 加强服务外包最新技术和前沿理论的研究

有条件的示范城市建议成立服务外包“研究中心”，形式不求统一。这些研究机构可以会同中国服务外包研究中心合作开展服务外包在最新技术和前沿理论的研究，行业发展与政策研究，行业数据分析与预测等。定期举行国家级高层次的“服务外包产业研究和战略联盟”全球年会或“服务外包技术创新和业态发展”全球峰会等活动，开展国内外交流，互通信息，共商发展对策。

3. 建立“国家级服务外包产业孵化中心”

建议引导在有条件的示范城市或示范园区内，建立“国家级服务外包孵化中心”，为入驻企业提供信息技术研发、产品展示、专业服务、成果转化、推广应用、人才培养等服务。以因地制宜、适度超前为原则，承载孵化、载体、聚集、示范、先导、社区的功能，建立以“公共服务专业、产业服务精益、园区服务便利”为特征的服务体系。政府可以对“孵化期内的企业”在一定时期内给予租金、引导基金、低息贷款等方面的扶持。

4. 鼓励企业和科研机构或院校建立“专利池”

目前我国服务外包企业一般规模都偏小，自己的知识产权或专利不多，因此要鼓励这些企业与大学、科研机构组建行业标准联盟、技术联盟、产业联盟，联合研发共性技术，构建“专利池”，交叉许可使用，不断提高自己的专业化水平。

（三）关于“企业规模偏小”的问题

据2011年数据表明，目前我国离岸服务外包合同执行金额还停留在年人均0.75万美元，明显低于不少国家的人均水平。服务外包企业中员工数超过万人仅4家（印度5万人以上有7家），在近1.7万个服务外包企业中50%以上的企业人数在500人以下，规模普遍不大。因为企业规模直接制约其离岸业务的承接能力，而且不少企业成立年限较短，并未建立起足够的市场信誉。因此建议：

1. 适时制定服务外包企业等级认定标准

可以委托专业研究机构在制定或完善服务外包企业认定标准的基础上根据企业规模、经营业绩、技术力量、设备环境、管理团队、财务状况、认证资格、诚信度等，参照国际上有关国家的相关标准，制定服务外包企业“等级（大中小）认定标准”。每年公布一次，中小型企业认定权在各示范城市或省商务主管部门，大型企业认定在中央。根据企业不同等级，国家给予不同力度的支持，鼓励企业兼并整合、越做越大、越做越强，快速提高参与国际竞争的综合能力。

2. 鼓励企业不断提升自身的核心竞争力

国际上成功的企业经验揭示，企业要做强必须要将内部资源、知识、技术等不断加以整合，由此来提升企业自己的核心竞争力。所以企业在技术认定、品牌注册、技术创新等有关增强自身核心竞争力方面，建议各示范城市结合本地具体情况，制定相关措施，给予一定的政策扶持，包括相关认定费用的减免或补贴等。

3. 建立中国服务外包交易平台

政府在指导企业发展、引导市场规范等方面要发挥更大的作用，进一步加大“China sourcing（中国服务）”品牌在国际上的推广力度和提高交易规模。建议选择基础设施完善、区域开放度和产业成熟度较高、各类交易市场活跃且运行规范的沿海示范城市，建立中国服务外包交易平台，与已落户驻地的各类交易所相应争辉。交易平台可以通过市场化运作，规范产业的市场运作、交易规则和降低交易成本、扩大产业规模、提高企业竞争力和诚信度，达到多方共赢。同时可以定期举办各类交易会和推介会等，作为政府转变职能和培育行业中间组织方面承担全方位的职能。

4. 鼓励和扶植有条件企业在国外设立窗口

以“市场为导向，政府搭平台，海外设窗口，企业建联盟”为原则建立联合竞标机制，实现业务和人才资源的集中，开拓海内外市场。同时鼓励企业海外上市直接融资，在国际市场上提升企业知名度。鼓励以获取国际客户资源、培养专业技能为目标与领先的跨国公司建立合资或其他方式的合作，不断做强。

5. 鼓励服务外包企业开展海外并购

为了提升服务外包企业的国际竞争力。政府应出台鼓励服务外包企业积极参与国际市场的并购和产业整合，来进一步提升他们的全球营销服务能力，加快制定出台针对服务外包企业的并购贷款政策，在外包企业海外市场开拓并购方面提供相应财政资金支持。

（四）关于“政策完善或修订”的问题

1. 修订“对人才培训机构补贴条件”

对培训机构从事服务外包人才培训，在“通过服务外包知识和技能考核，并与企业签订1年以上《劳动合同》”中每人不超过500元定额培训补贴的条件，建议调整“与企业签订1年以上《劳动合同》”的相关内容。因培训对象在接受培训后签订劳动合同情况，不少培训机构是难以获取的。

对培训机构从事服务外包人才培训，每人不超过500元定额培训补贴，建议适当调整增加补贴额度。

2. 国家相关政策支持再延续五年

由于服务外包在我国起步较晚，“产业结构”调整方兴未艾，不少企业正在大力转型升级中，国际上竞争又相当激烈，大学生就业形势仍然很严峻，大部分政策的操作细则还有待完善，有的还正在研究中，因此建议国家相关产业政策延续五年，到2018年为止，以进一步扶持产业的发展。

3. 各示范城市建立“政策推进协调小组”

目前各部委先后出台支持服务外包发展的相关政策，但有些政策操作性有待完善，出现企业经常有埋怨“政策多操作难，政策好享受难”。因此建议由示范城市分管服务外包的副市长牵头，建立“政策推进协调机制”，各地商务管理部门（或政府归口管理部门）开展定期调研或走访企业，了解政策的落实情况，及时向有关部门反馈信息，共同商讨政策的落实措施。

（五）关于完善“技术先进型企业认定标准”的问题

1. 调整“国际服务外包”的界定

在技术先进型企业的认定中，最核心的指标是向境外客户提供的国际（离岸）服务外包业务收入不低于企业当年总收入的50%，目前大多企业难以达到，不少企业接跨国公司在中国公司的转包业务量很大，但不能被认定为离岸外包业务。因此建议“在境内外与跨国公司完成交易的服务外包业务都称为国际服务外包”，其中直接离岸业务享受减免营业税，间接离岸的可纳入“离岸业务”的统计，可享受所得税等优惠政策。

2. 增加“离岸收入”的绝对值指标

对“技术先进型”外包企业认定标准中设定“从事离岸服务外包业务取得的收入不低于企业当年总收入的50%”调整为“从事国际服务外包业务取得的收入不低于企业当年总收入的50%，或者离岸收入在500万美元以上，两者满足一个条件均可”。

（六）关于扶持和支持企业“走出去”的问题

1. 加大海外服务外包平台建设

建议利用政府现有的海外资源，加大在服务外包海外业务交易平台建设、服务外包海外人才交流平台建设，鼓励相关专业研究机构翻译国外资料、发行外包刊物、引进和推广外包技术、提供政策咨询。推进国内外服务外包行业交流合作、组团参加国际各类相关展览、国际推介会等方面的扶持和支持的力度。

2. 设立“国际服务外包发展基金”

建议设立“国际服务外包发展基金”，对服务外包企业争取境外重大项目订单、参与国际标准制定、海外专利和海外商标申请等相关工作给予资金支持或信用担保。积极为企业提供包括风险创投、产业投资、融资担保等多层面金融服务支持。

3. 建立和完善服务外包行业组织

建议尽快筹建成立规范、协调、职能明确的中国服务外包行业协会。利用行业协会的力量组建企业合作联盟，制定行业相关标准和市场规范，形成品牌集聚效应。合力开拓离岸外包市场，为提升行业国际形象，拓展海外客户提供支持和帮助。

（七）关于"在岸服务外包业务发展"的问题

在岸业务是很多服务外包企业发展的基础，也是国外发包商评价接包对象的重要依据，而中国市场更是全球公认发展前景最好、市场潜力最大。因此，国家在鼓励发展离岸服务外包的同时，要重视占据产业70%左右份额的国内在岸服务外包业务的发展，否则产业不完整。在为离岸服务外包提供优惠政策的同时，要考虑协调发展国内服务外包较大比重的在岸外包业务。建议：

1. 服务外包企业尽早纳入"营改增"试点

一般专业化程度越高、服务外包市场越发达，分包、转包的情况就越普遍。然而在服务业征收营业税的现行税收制度下，企业是以营业收入总额计提营业税的，这意味着尽管企业将部分业务发包给其他企业完成，但是这笔业务还是算在企业营业收入和应税范围内的，因此企业每发包一次就要重复计税一次，发包、转包次数越多，对企业来说重复计税的损失就越大。

根据目前试点城市了解到服务外包企业实行"营改增"后，可按增值税6%纳税，表面上看似乎高出1个百分点。但是由于增值税可用进项抵扣，服务外包企业分包后能获得增值税发票就可作为进项税抵扣，企业的能源消耗、外购固定资产、外购低值易耗品、修理费、办公用品及交通运输费等用于生产的也可以作为进项抵扣。所以，在岸服务外包业务实际增值税率会大大降低，十分有利于企业发展。若对部分增值额难以计算的中小服务外包企业，建议可以参照欧盟地区一些国家的做法，暂免征收增值税。

2. 鼓励国内政府、事业单位发包，发挥示范作用

2009年9月，财政部会同商务部等九部委共同出台了《关于鼓励政府和企业发包促进我国服务外包产业发展的指导意见》，为国内发包业务提供了依据。建议进一步落实该《指导意见》，改革财政体制，扩大政府、事业单位业务外包范围，提高外包服务层次；鼓励其采取托管服务或云服务的方式外包业务，鼓励电信服务商为服务外包企业提供云计算等技术支持平台。与此同时，尽快完善相应的法律、监管、评价等配套措施，避免地方保护主义等问题，为本土服务外包产业发展提供公平的竞争环境和安全保障。

（八）关于完善服务外包统计制度问题

由于服务外包目前初步统计已涉及27个行业，150多个行业小类，若实行"纵向"的常规统计相对困难些。商务主管部门与研究机构、统计局尽快合作研究，根据服务外包概念，科学设计行业分类和指标体系，完善统计制度，为观察这一行业发展以及政府管理提供数量信息和科学依据。根据行业发展特点，每三年完善一次。

1. 完善服务外包的定义

明确服务外包的含义：机构在运行过程中将原由内部完成的某些业务或流程，发包给外部专业机构，可以借助信息和网络通讯技术完成交易的经济行为。

界定服务外包的企业：服务外包合同业务量连续两年超过营业额50%及以上的企业，可以认定为是服务外包企业。

2. 增强定期统计分析工作

加强对每个示范城市或有关省市上报的服务外包统计数据定期进行甄别、分析和研究，在适当范围内予以定期公布。同时完善对承接（国际）服务外包业务的统计范围，包括央企和大中型工业设计院（所）等承接（国际）服务外包的业务。

尽管过去的一年在世界经济增长放缓，国际贸易增速回落，国际金融市场剧烈动荡的大背景下，中国服务外包产业仍继续稳步快速发展。2012 年将是我国服务外包产业承前启后、快速发展的重要一年。新年伊始，万象更新。中国服务外包研究中心为中国服务外包产业发展出现的新格局感到欣喜，同时也深感压力，但对“无外包、不发展”的前景充满信心。

中国服务外包研究中心　金世和

服务外包行业统计工作研究

一、现行服务外包行业统计数据的缺陷

服务外包作为为全球新一轮结构调整中服务业跨国转移的一种方式，日益受到各国的重视。服务外包行业统计工作的开展是各国政府跟踪并把脉产业发展的基础，目前从全球范围来看，掌握服务外包产业统计数据的机构主要包括三类：一是全球咨询机构，包括 IDC、Gartner、TPI、KPMG 等，二是行业协会，如 NASSCOM，三是国家政府机构，如中华人民共和国商务部和工信部。纵观这几年的统计数据，各机构对服务外包产业规模的判断不一，差别较大。

表 1　各机构服务外包市场统计数据

（单位：亿美元）

	机构	2007 年	2008 年	2009 年	2010 年
全球服务外包市场	IDC	7 383	8 072	7 782	7 994
	Gartner	4 167	4 505		
	TPI			745	794
	KPMG	4 260	4 620	4 840	5 110

资料来源：公开资料整理。

究其原因发现，统计标准和统计方法的不同是造成统计数据差异较大的主要原因。从统计标准来看，目前各机构对服务外包内涵和外延的理解有所差异（详见表 2）。从统计方法来看，咨询机构多采用 bottom-up 的方法，类似于抽样加估算的方式，借助与一定量接包企业的长期合作关系，通过与企业共享收据的模式，根据企业每年的接包规模，再结合各类严谨的数理模型，最终确定全球市场的规模；行业协会的统计方法与此类似，通过对其会员的长期跟踪来掌握市场发展态势；而政府机构的统计，则更类似于普查的方式，用所有企业的表现来反映市场规模，不同于国民经济的统计，服务外包产业统计属于部门统计范畴，采取企业主动上报的方式。

表 2　与其他机构服务外包定义的比较分析

其他机构	IDC	Gartner	NASSCOM	商务部
比较分析	KPO 没有纳入服务外包标准定义	通常指连续的长期服务合同，不包括离散的短期服务合同	包括硬件相关业务内容	不包括硬件部署，但包括 KPO、离散的和短期的合同

此外，随着服务外包产业的不断发展，政府、企业、研究机构已经不满足于仅掌握产业发展的总量规模，希望能对各细分领域有所了解，关注垂直领域外包产业如年制造业外包、金融外包、医疗外包、政府外包产值，关注水平业务领域如人力资源外包、财务外包、研发外包、物流外包等市场规模，关注专业业务领域如医药研发外包、工业设计外包等的发展情况。而目前的统计数据并不能满足这一诉求，细分领域数据缺失，有待逐步补充与完善。

二、当前服务外包统计工作中遇到的困难

我国商务部服务外包统计目前采用属地申报的方式，企业属地上报，主管部门层层审核，以服务外包合同金额为主要统计单位。在实际操作中遇到如下困难：

（一）统计口径不一致。“外包”最早是指企业的一种商业模式，“服务外包”是指企业将服务型业务外包给服务提供商来完成的模式，之后随着这一模式的广泛使用，产业的细分化深入，以及服务供应商的蓬勃发展，尤其是印度凭借这一领域的迅速崛起，服务外包产业作为一个新兴产业逐渐得到更多关注，但产业发展目前仍处于幼稚阶段，产业的内涵和外延不断变化更新。同时，由于我国服务外包是多部委共同管理的产业，各部委的视角和管辖范围不同，对产业的理解有别。同时，目前业界对服务外包的边界看法不一，并会将其与服务业外包、服务贸易、软件外包等相互混淆。

（二）细分业务标准缺失。在国家财政部、国家税务总局、商务部、科技部、国家发展改革委联合颁布的（财税〔2010〕65号）《关于技术先进型服务企业有关企业所得税政策问题的通知》中对技术先进型服务业务明确了认定范围，划分出信息技术外包服务、技术性业务流程外包服务、技术性知识流程外包服务三类，并对每类所涉及内容进行了列举，但是对各细项的边界范围没有详细说明，如：什么是医药研发服务，哪些类型属于工业设计，哪些属于供应链管理服务等等？细分业务标准的缺失，加大了业务主管部门审核具体合同时的难度，同时不利于对各细分业务领域发展现状及趋势的把握。

（三）执行标准不统一。这几年，国家商务部在完善服务外包统计工作方面做了大量的努力，通过不定期的宣讲培训来加强各示范城市业务主管部门对服务外包的认识。但从实际走访调研中发现，各示范城市在审核签约合同时的执行标准并不一致。这一方面是由于主管部门理解上的差异造成，服务外包业务跨行业的特征，导致主管部门在具体业务合同审核时存在一定困难；另一方面则是由于主管部门的主观因素造成，为求业务数据的增长而统计，虽然目前国家商务部对各城市上报的业务统计会有抽查审核，但也难避免各主管部门的审核尺度不同而带来的统计数据不实的问题。

（四）企业上报积极性不高。企业上报合同数据多基于寻求政策扶持的目的，而目前国家服务外包产业政策更倾向于对离岸市场的支持，所以现有离岸市场的统计数据相对较为完善。实地调研发现，地方政府为了提高企业上报积极性采取了很多措施，如按时上报给予一定奖励、亲自到企业辅导统计工作等等，但从现有统计数据来看，这一工作仍需持续推进。此外，企业对服务外包产业的不了解也是导致其上报积极性不高的重要原因，企业的各类业务更多强调提供哪些服务，而对“外包”并没明确说明。

此外，服务外包产业发展迅速，新兴业态不断涌现，也为产业统计工作带来一定的困难。

三、完善服务外包统计工作的思考

为进一步推进服务外包产业在中国的发展，落实国务院办公厅《关于鼓励服务外包产业加快发展的复函（国办函〔2010〕69号）》提出“完善服务外包统计制度”的要求，完善统计标准，改善统计方法意义重大。为此提出如下几点思考：

（一）接轨国际统计标准

与国际服务外包统计标准接轨，是了解中国服务外包产业全球竞争地位的重要依据，有利于我国企业与国际客户在同样的平台上沟通交流达成合作意向，为国内政府、公共服务组织在国际市场宣传推广提供帮助。国际关于服务外包市场的研究有买方和卖方市场的两个不同的角度，我国发展服务外包产业的初衷与印度类似同为卖方市场，因而卖方市场的产业统计标准更加值得参考借鉴。

统计标准的接轨，主要体现在定义及分类两个方面。服务外包是指：机构原由内部完成的某些业务或流程剥离出来发包给外部专业服务提供商，并能借助信息技术和现代通信手段，可以用数据的方式进行交付的经济活动。从采用技术手段、交易市场及发包主体三个要素出发，可以发现：离岸服务外包是服务贸易的一部分；服务业外包不同于服务外包（如图 1）。

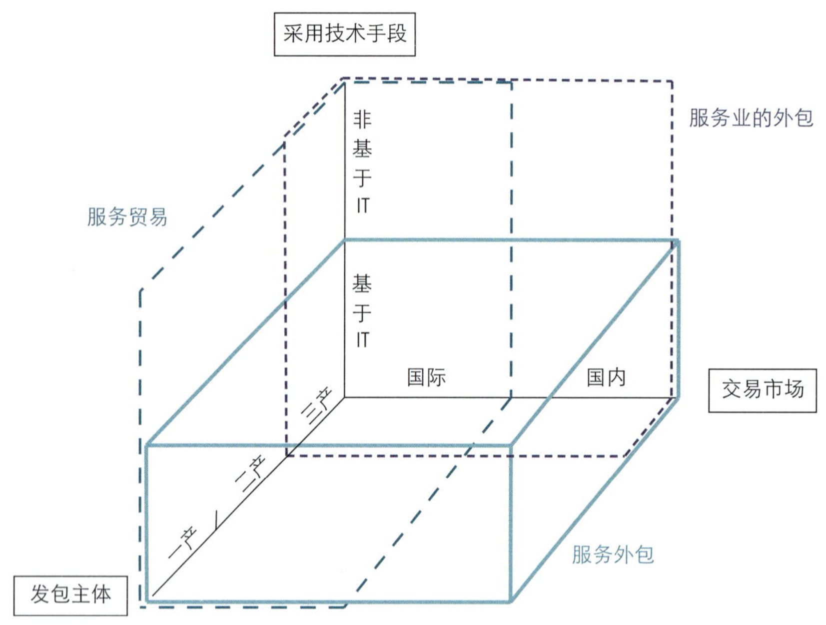

图 1　服务外包、服务贸易、服务业外包的比较

服务外包分类可以从发包机构的价值链出发考虑，在机构内部价值链中通常包含人力资源、财务会计、行政管理、IT 等辅链环节，同时包括采购、研发、生产、销售、客户关怀等主链环节。其中上述所讲的信息技术外包主要围绕机构 IT 职能所衍生的外包服务，知识流程外包主要围绕内部研发职能所衍生的外包服务，而业务流程外包是企业其他业务流程相关的外包服务（如图 2）。

（二）参照国民经济统计

国民经济统计是由国家统计局主导完成的，与国民经济行业分类形成对照，将有利于服务外包产业数据的统计，示范城市服务外包统计工作将有望得到各级统计部门的专业支持；有利于统计、计划、财政、税收、工商行政管理等部门对产业发展的宏观管理；有利于研究服务外包产业的经济效应，明确其对其他产业发展的带动作用，为社会经济研究和微观管理中对经济活动的观察提供便利。

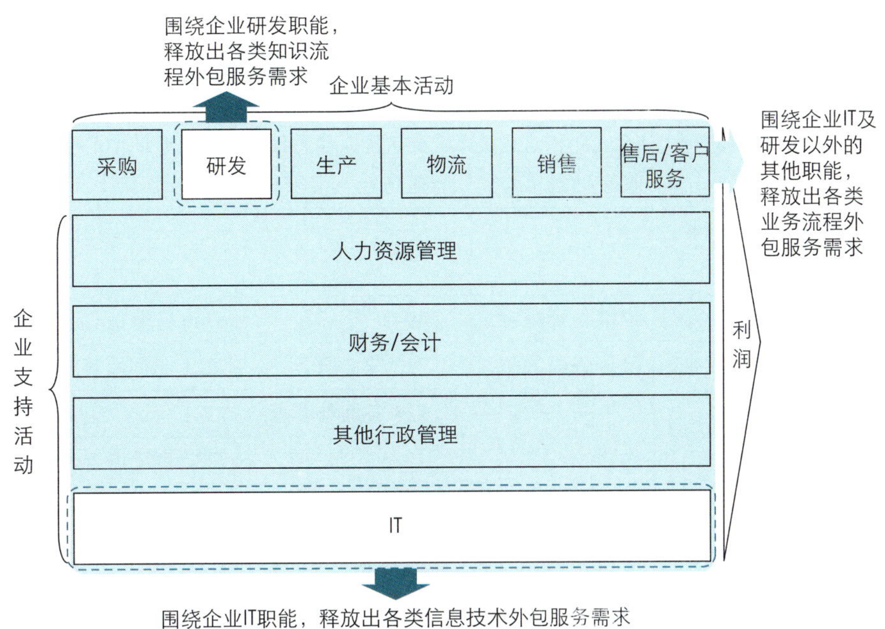

图 2 服务外包的分类

在最新的《国民经济行业分类》（GB/T4754-2011）的分类注释中已经对外包有所阐述，首先在“判别单位行业性质的原则”中出现针对外包活动的处理原则，其次在“关于收费或合同基础上的经济活动”提及外包活动。国民经济统计对外包的关注，为服务外包产业统计的进一步完善提供支持。正如物流业、生产性服务业、高技术产业、战略性新兴产业等跨行业产业分类，都是以《国民经济行业分类》为基础视产业特性而专门制定。

对照发现，服务外包产业可以融入 G 交通运输、仓储和邮政业，J 金融业，I 信息传输、软件和信息技术服务业，L 租赁和商务服务业，M 科学研究和技术服务业等五大类行业（见表 1）。

表 1 与国民经济行业分类对照

服务外包统计分类	国民经济行业分类			
ITO	I 信息传输、软件和信息技术服务业	64 互联网和相关服务	641	6410 互联网接入及相关服务
			642	6420 互联网信息服务
			649	6490 其他互联网服务
		65 软件和信息技术服务业	651	6510 软件开发
			652	6520 信息系统集成服务
			653	6530 信息技术咨询服务
			654	6540 数据咨询和存储服务
			655	6550 集成电路设计
			659 其他信息技术服务业	6591 数字内容服务
				6599 其他未列明信息技术服务业

（续表）

服务外包统计分类	国民经济行业分类			
BPO	I 信息传输、软件和信息技术服务业	65 软件和信息技术服务业	659 其他信息技术服务业	6592 呼叫中心
	G 交通运输、仓储和邮政业			
	J 金融业	69 其他金融业	694	6940 金融信息服务
	L 租赁和商务服务业	72 商务服务业	722 法律服务	7221 律师及其他相关法律服务
			723 咨询与调查	7231 会计、审计及税务服务
				7232 市场调查
				7233 社会经济咨询
				7239 其他专业咨询
			725	7250 知识产权服务
			726 人力资源服务	7269 其他人力资源服务
			728 安全保护服务	7281 安全服务
				7282 安全系统监控服务
KPO	M 科技研究和技术服务业	73 研究和试验发展	732	7320 工程和技术研究和试验发展
			734	7340 医学研究和试验发展
		74 专业技术服务业	745	7450 质检技术服务
			748 工程设计	7481 工程管理服务
				7482 工程勘察设计
			749 其他专业技术服务业	7491 专业化设计服务
	I 信息传输、软件和信息技术服务业	65 软件和信息技术服务业	659 其他信息技术服务业	6591 数字内容服务

资料来源：《2011 国民经济行业分类注释》。

（三）丰富统计调查方法

对照国民经济统计及其他特殊行业的统计方法，建议调整以往以服务外包业务合同为统计单位的方式，尽快出台服务外包企业认定标准，以服务外包企业的经营活动作为考察对象。由于服务外包行业种类丰富，开展全面调查工作量大，建议在统计调查中不拘泥于单一的全面调查方式，应根据具体细分领域的特点以及发展趋势，采取更为科学合理的统计调查方法，全面和抽样两种方式相结合。考虑对服务外包业务规模以上企业实行全面调查，对规模以下企业采用非全面调查方法开展统计。

（四）从“中间产品”的角度出发挖掘统计数据

理论界有部分学者从产品分工的视角来解读“外包”定义。从“投入－产出”的角度来看，外包是在产出不变时，把部分投入环节转移到外部完成的管理方法或分工形态。因而利用投入－

产出表来获得服务外包统计数据的做法值得探索，即通过对不同产业贸易数据进行分类，确定那些集中于中间品贸易的产业及其贸易数据。

（五）健全指标体系

目前发布的服务外包产业统计信息，主要包括有：合同签约金额、合同执行金额、离岸合同签约金额、离岸合同执行金额、企业数、人员规模、新增培训人数、新增通过认证数、业务来源地等，这些指标能很好地反映服务外包产业宏观面情况，但是对于细分领域的统计仍显不足，如金融服务外包、医药研发外包、制造业服务外包、动漫设计外包等。

服务外包的边界在不断延伸，内涵也在逐渐扩大，完善服务外包统计制度是一项长期的、持续的工作，需随着服务外包产业的成熟与发展不断加以完善。

中国服务外包研究中心　杨梅

战略视角下的服务外包人才培养体系

自20世纪60年代，全球产业结构呈现由“工业型经济”向“服务型经济”转型的总趋势，现代服务业应运而生。服务外包产业是现代高端服务业的重要组成部分，具有信息技术承载度高、附加值大、资源消耗低、环境污染少、吸纳就业能力强、国际化水平高等特点，是我国进行产业结构调整升级，转变经济发展方式的战略性产业；同时服务外包产业是一个人力资本高度密集的产业，充足数量的合格从业者是产业发展的基石和必要条件。因此，我国在发展服务外包产业的过程中，不仅要制定符合自身特点的产业发展战略，实现业务转型与价值链攀升；而且要制定符合产业发展战略的教育发展战略，指导服务外包人才的培养，以快速、高质量地培养出大量符合产业发展需求并具备良好综合素质的服务型人才。

一、服务外包人才培养存在的问题

我国的高等教育经过半个多世纪的快速发展，经历了从精英化教育到大众化教育的必然发展阶段。随着服务外包产业的快速发展，社会对服务型人才的需求巨大，然而以往单一面向研究型人才的培养模式，和产业需求脱节严重，造成我国服务外包产业合格人才缺口巨大，企业招聘和员工培训成本居高不下，而同时相当数量的毕业生就业困难，给产业的长期、健康、快速发展带来了不利影响。

因此，结合产业需求，在产业发展战略和教育发展战略的视角下，研究服务外包人才培养体系，将产业对人才的能力要求与大学人才培养体系结合，有利于在高质量保证前提下提高产业人才培养速度和规模；对提高教育质量和人才培养质量、加快产业升级和经济结构转型有着重要意义。

目前国家对服务外包人才的培养非常重视，先后出台《教育部、商务部关于加快服务外包产业人才培养、促进高校毕业生就业工作的若干意见》（教高〔2009〕5号）和《教育部办公厅、商务部办公厅关于在江苏、浙江两省开展地方高校计算机学院培养服务外包人才试点工作的通知》（教高厅函〔2010〕34号）等多项政策，推动服务外包人才培养。国家服务外包人力资源研究院受教育部委托于2011年11月～12月，对江苏、浙江、黑龙江、辽宁等近30所高等院校的服务外包人才培养情况展开调研，深入了解了目前高校服务外包人才培养的现状和存在的问题。

总体上，在服务外包人才培养工作中，各高校都在加强和企业的合作，贴近产业需求，积极探索多种校企合作模式，如校企合作办学、课程置换、短期实训、聘请企业讲师、建立企业实习基地、建立软件工厂（校内实习基地）等，创新培养模式，改革培养内容，加强学生实践能力培养。这些改革措施在一定程度上弥补了产业人才需求和学校人才培养间的鸿沟，对我国服务外包产业的快速发展做出了积极贡献。但是，我们也看到高校在推进改革中面临的两个突出问题。

1. 产业界所关注的人才标准和教育界的教学评价基准脱节

企业选聘人才不仅要求应聘者有扎实的专业知识，更重视其所具备的专业实践能力、软技能（学习能力、逻辑和创新能力、分析总结能力、协作沟通能力等）和素养（动机与态度、自我认知与社会角色认知、职业素养与伦理等）。但是，目前对服务外包企业而言，要了解应聘者上述能力，只能通过企业自己组织的几轮、甚至是十几轮的笔试、面试工作挑选合适从业者，导致企业招人和学生找工作的成本越来越高。产生这种现象的本质原因是目前在我国高校的教育过程中，教学评价的标准是学生所掌握知识点的情况，缺少对产业界关注的各种能力和素养的度量，即缺少产业和教育双方均认可的从业者评价标准体系。

2. 高校和企业如何建立长期良性合作机制问题

由于高校是非盈利性组织，其组织诉求与企业诉求有较大差异。如何让学校以较低投入培养出产业所需合格人才，同时又让参与校企合作的企业能够得到其切身利益，是目前各高校面临的一个难题。因此，需要在人才培养的产业链中，以学生为本，重新界定学校与企业的定位，明确学校和企业的职责与分工，从而构建高校和企业间长期稳定的良性合作关系，实现双赢。

二、建立服务外包人才培养体系基本思路

知识是通过课堂进行传授，是被动的接受；能力是通过解决现实问题（完成任务）锻炼出来的，是主动实践的感悟；素养是在实践过程中养成的，是教育的最高境界。为了缩小和弥合产业界人才需求与教育界人才培养间鸿沟，需要建立产业和教育之间的桥梁，形成良性互动机制，将产业人才需求传递到学校，融入到学校的培养目标、培养内容和方法、考核评估等教育过程中。

在培养目标的设置上，需要以产业需求为导向，培养应用型、复合型、技能型和服务型人才；在培养内容和方法上，需要将以专业为中心的课程设置向以能力为中心的课程设置转变，重视职业素养训练环境的构建和运用，需要利用信息化手段，解决教学内容与经济社会脱节、教学管理与教育过程脱节的问题；在考核评估上，需要在以往单一的以知识度量为基准的评价标准中，增加能力和素养度量维度，形成多维度的衡量教育质量的基准线，需要将以事后主观评价向以客观过程考核为主转变，解决教学评估与教育产品（学生）脱节的问题。

在上述思路的指导下，研究院从产业发展战略和教育发展战略出发，深入研究了服务外包人才培养体系：从产业需求出发，构建人才标准，明确产业岗位需求、岗位胜任力和绩效考核，搭建教育界和产业界桥梁，将产业人才需求与能力要求传递到教育领域，确定培养目标、培养内容和方法、考核评估，以提高人才培养质量，降低企业用人成本。

三、战略视角下的服务外包人才培养体系

战略视角下的服务外包人才培养体系如图1所示。

在发展服务外包产业的过程中，首先要制定符合自身特点的产业发展战略和符合产业发展战略的教育发展战略；在战略的指导下，从产业的人才需求出发，以产业的岗位需求、岗位胜任力、绩效评价为基础，构建教育界的培养目标、培养内容和方法、以及教学评估体系。服务外包人才培养体系以标准层为桥梁，通过和方案层、实施层的有机结合共同形成完整体系。

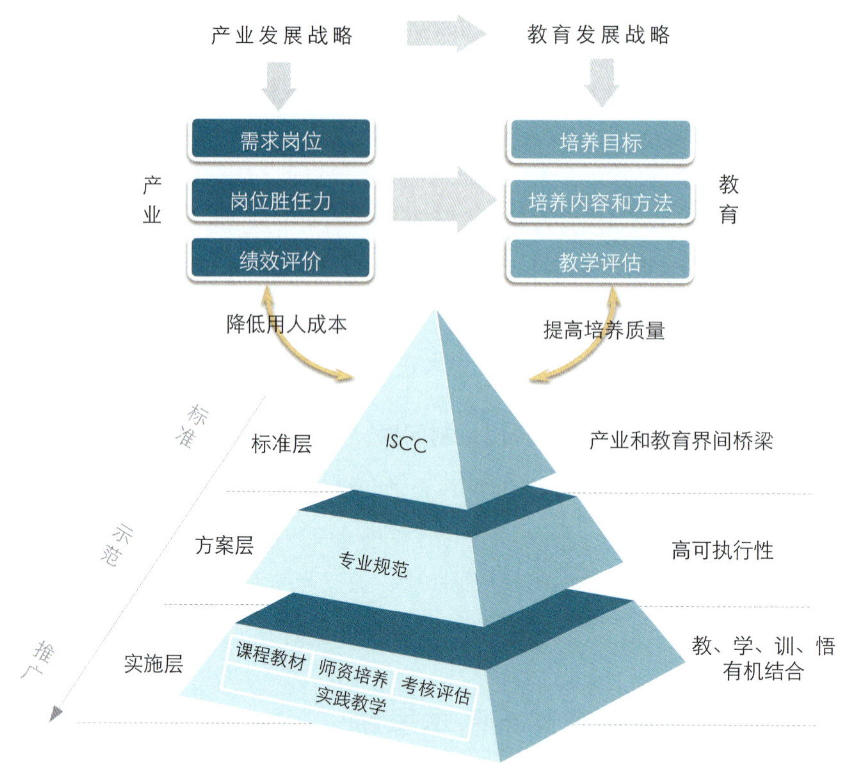

图 1 战略视角下的服务外包人才培养体系

- 在标准层，构建了国际服务外包人力资源标准体系（International Service Outsourcing Career Certification，简称 ISCC），描述和跟踪产业实际需求，搭建产业与教育界间桥梁，使产学双方达成一致理解，便于共同协作，并为专业教育人才培养和人才考核评估提供参考和依据，促进教育界人才培养质量的提高，降低产业界用人成本。

- 在方案层，基于 ISCC 标准构建服务外包产业所需不同方向的专业规范和培养方案，面向服务外包产业，结合产业对人才需求，重点研究不同专业方向的人才培养目标、专业教育内容与要求、专业教育知识体系和课程体系，以及专业的办学条件和指标等，促进规范、有序、高质量办学，关注学科建设，考虑长远发展。

- 在实施层，依据方案层的专业规范，开展课程教材、师资培养、考核评估和实践教学等研究和实践，促进教、学、训、悟的有机结合，为服务外包产业人才培养的内容和方法、以及教学评估改革提供依据和指导。

（一）标准层——ISCC

ISCC 是国家商务部、教育部委托国家服务外包人力资源研究院制订的面向服务外包产业的人力资源标准体系，由 3 部分组成，如图 2 所示。

- 职位描述：通过胜任力发展模型（Competence Development Model，CDM）规范职位描述方法，并从产业需求出发，提供人力资源的典型职位描述。

- 知识体系：通过建立知识空间、知识领域、知识单元与知识点的描述方法和层次关系，规范知识体系描述方法，并提供与典型职位相关的知识体系。

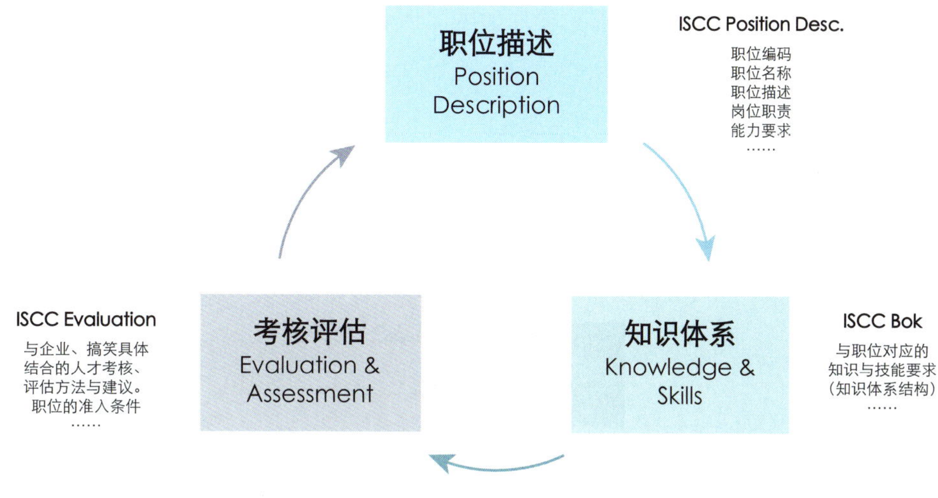

图 2 ISCC 体系

- 考核评估：按照知识体系，针对职位需求，提供产业人力资源能力的相关考核评估标准和方法，包括考核指标体系、考核方式、考核要求、考核题目等内容。

ISCC 对教育界人才培养和产业界人才选拔都具有重要作用，基于 ISCC 标准，教育界可以构建培养目标、培养内容和培养方法（课程体系、教学计划等）、教学评估体系；产业界可基于业务需求，招聘人员。如图 3 所示。

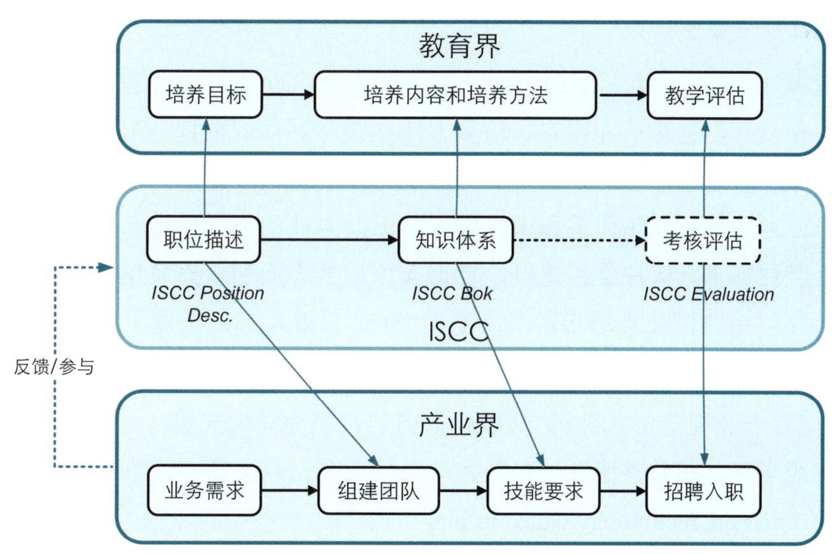

图 3 ISCC 应用

依托开放式、国际化、多方参与、持续更新的 ISCC 标准体系制定与更新模式，形成国际范围内企业、高校、政府以及个体从业者等多方参与、交流和互动的平台，促进高校和企业间良性合作机制建立。在此平台上，相关企业、高校、机构和政府形成产业人力资源生态链：基于 ISCC 标准体系，企业参与创源，提供职位相关描述；教育机构参与知识体系梳理；政府获取产业人才数据，提供政策支持。平台应用于职业发展、人才培养和应用，提供人才储备，降低用人成本，并为标准提供反馈，加以完善。如图 4 所示。

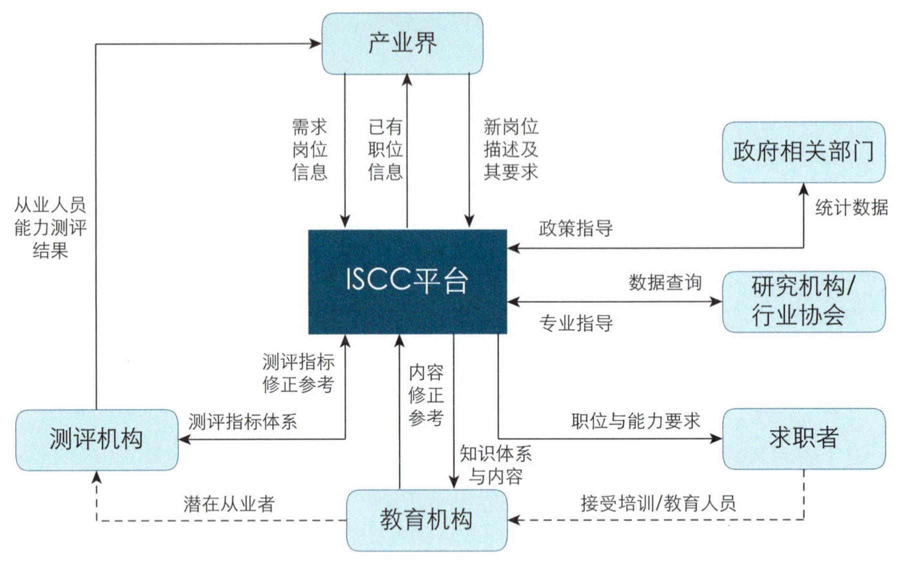

图 4　ISCC 平台

目前 ISCC 已经征询了众多教育界和产业界专家意见，并通过教育部组织的专家评审。在 ISCC 的更新和完善中，研究院与 IBM、HP、ORACLE、SAP、软通动力、博彦科技、日本 TAC 等展开了深入合作。

（二）方案层——专业规范

专业规范是基于 ISCC 标准，面向产业所需不同专业方向的人才培养方案，通过专业规范明确专业人才培养目标，提供培养内容、培养方法和教学评估的依据，促进规范、有序、高质量办学，同时关注学科建设，考虑长远发展。其主要内容包括专业方向的人才培养目标、专业教育内容与要求、专业教育知识体系和课程体系，以及专业的办学条件和指标等内容。专业规范的制定要贴近产业需求，关注学科建设，把握人才培养方向和培养质量，要运用灵活原则，体现院校差异特色。结合产业最迫切需求，基于 ISCC 标准，重点构建了《软件服务工程专业规范（本科）》和《客户信息服务专业规范（中职）》。

《软件服务工程专业规范（本科）》（软件服务工程是面向现代服务经济发展方向的软件工程学科的一个二级学科，是软件服务外包人才培养的学科对应）重点面向服务外包产业中的信息技术外包（Information Technology Outsourcing，ITO），明确了人才培养目标，专业教育的素质结构要求、能力结构要求、专业知识结构要求等；构建了专业知识体系，包括 6 个知识空间，19 个知识领域，61 个知识单元和 400 多个知识点；规划了专业课程体系：包括 12 门专业基础课，8 门专业核心课，两类专业选修课和学校特色附加课程；明确了办学条件，包括师资队伍、教材、现代化教学手段与网络教学平台、图书资料、实验室、实习基地建设、教学经费等内容，并给出了专业建设的主要参考指标。

《客户信息服务专业规范（中职）》面向服务外包产业中业务流程外包（Business Process

Outsourcing，BPO）中的联络中心方向（即呼叫中心方向），详细说明了人才培养目标和专业要求；构建了专业知识体系，包括6个知识空间，18个知识领域，58个知识单元和200多个知识点；规划了专业课程体系，包括5门专业基础课，9门专业核心课，5门职业延展课程，以及学校自设特色课程；同时对办学条件和指标进行了规范。

（三）实施层

为了使得专业规范真正实施落地，还需要在其基础上，深入研究培养内容、培养方法和考核评估，使得培养方案具有较强可操作性，能够进一步依据规范开展人才培养的实践。在培养内容和方法上，需要开展课程教材研发，并基于信息技术构建实训信息支持平台，促进向以能力为中心的课程设置转变，推进职业素养训练环境的运用；在考核评估方面，需要开展面向职业基线的测评研究和实践，增加对能力的度量，形成多维度的教育质量基准线，并结合实训信息支撑平台，实现客观的过程考核；同时专业规范和培养方案的实践离不开高素质的师资队伍，需要加强师资队伍的培养和建设，构建素质高、结构合理、业务过硬、具有创新精神的师资队伍，以提升教学质量，促进人才培养模式改革。本节重点介绍研究院在实践教学环节和考核评估方面的研究成果。

1. 实践教学——综合能力实训平台

目前各学校在服务外包人才培养过程中，采用多种方式和企业合作，加强实践教学，但还存在如下短板：1）训练盲区：缺少对产业认知、企业经营到综合能力运用的实训；2）管理盲区：在校企合作中，学生管理困难，教学质量难以控制；3）发展盲区：目前在校企合作中，企业发挥较大作用，高校教师成长缓慢，不利于学校声誉与发展。

针对上述问题，研究院利用IT手段，研究开发了一套能够有利于高校、学生、企业、社会的综合能力实训平台。该平台依托软件支撑系统，构建了高度仿真的商业生态环境（包括典型制造企业、IT服务企业、商贸物流企业、流通型企业、电子商务企业、工商税务等政务服务机构和银行等公共服务机构等），在相应软件指引辅助下，通过线上和线下活动引导学生进行产业环境认知、创新创业实践、虚拟企业经营和专业综合能力训练。

综合能力实训平台引入模拟军事演习的设计思路，借鉴军事演习训练过程分层分步进行，如图5所示。

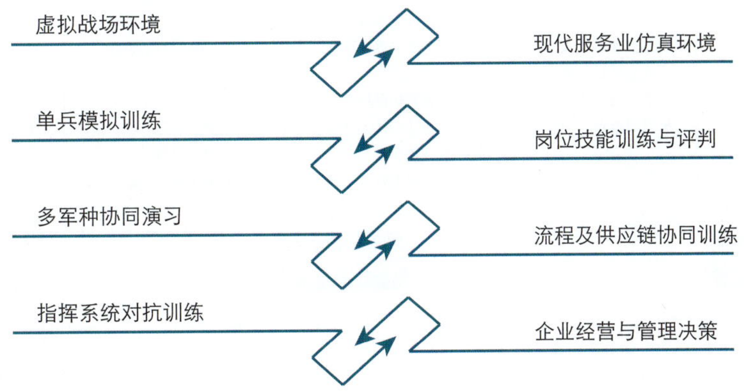

图5　综合能力实训平台设计思路

平台从学生、教学、研究三个角度对现有实践教学进行了补充和优化。1）学生角度：针对教育短板，侧重产业认知、企业体验和综合训练；2）教学角度：探索真实开放，团队学习，教学相长，任务驱动的新实训模式；实现教学资源分级共享、教学成果可分析整理；3）研究角度：训测一体，建立从教学到实训、到就业创业相关联的量化反馈机制。

综合能力实训平台依托一个软件支撑系统，其体系设计如图6所示。

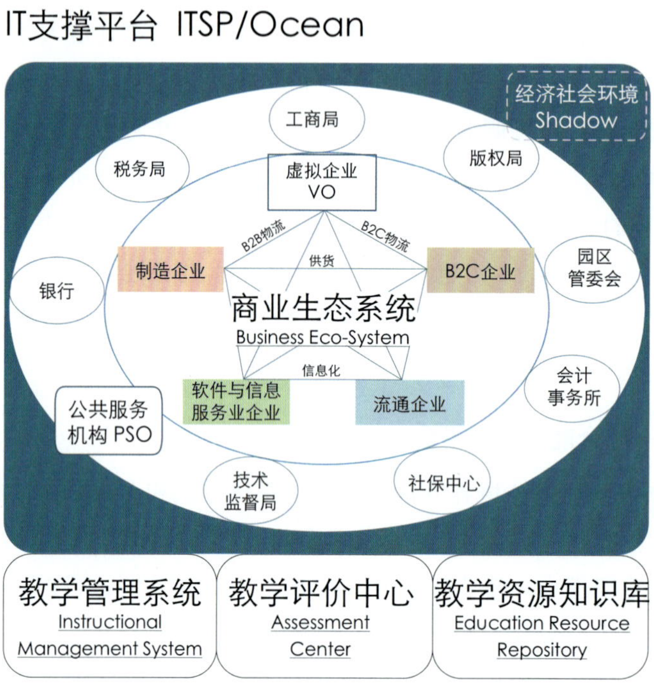
IT支撑平台 ITSP/Ocean
经济社会环境
Shadow
工商局
税务局
版权局
虚拟企业
VO
B2B物流
B2C物流
供货
制造企业
B2C企业
银行
园区
管委会
商业生态系统
Business Eco-System
信息化
会计
事务所
公共服务
机构 PSO
软件与信息
服务业企业
流通企业
技术
监督局
社保中心
教学管理系统
Instructional
Management System
教学评价中心
Assessment
Center
教学资源知识库
Education Resource
Repository

图6 IT支撑平台

基于综合能力实训平台的实训流程如图7所示。

实训动员
规则说明
先导测评
人员招聘
团队组建
企业策划
系统注册
答疑辅导
实训准备
企业创立
企业注册
组织架构设计
组织战略规划
企业经营决策
企业基础建设
宣传推介
市场分析与决策
供应链协商
产品与服务研发
项目管理
编制财务报表
企业年检
纳税申报
信贷融资
互动经营
业务招投标
业务任务提取
企业信息化外包
招投标中心流程
解决方案提供
混合评标委员会
唱标答辩
合同签署
财务参数更新
开发研讨
企业经营总结
个人表现总结
实训成绩评定
意见建议征集
整理实习资料
汇总量化数据
研讨总结

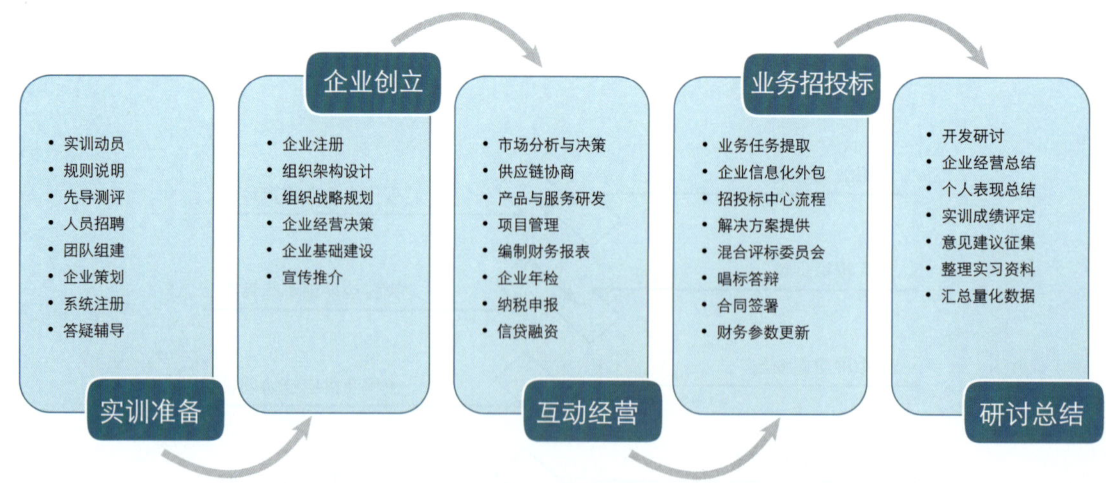

图7 实训流程

通过综合能力实训平台开展校内实训，创新校内实训模式，可以促使学生在环境中体验，在对抗中思考，在行动中认知，在组织中协同，有利于全面提高学生工程实践能力和职业素养，促进人才培养模式改革。

目前基于该平台，已在清华软件学院面向研究生和本科生开展了两次综合能力实训课程。通过参加该课程，学生 1）认知了软件服务企业生态环境；2）认知了行业背景、业务服务领域、软件服务企业文化；3）认知了行业法律规范、惯例和业务；4）综合训练了商业环境下解决方案的提供与交互；5）培养了综合素质，提升了沟通、协助、管理、商务技能；6）拓展了视野，培养了兴趣，加深了对产业的了解。

2. 考核评估——面向职业基线的测评

面向职业基线的测评是专业规范中考核评估的实践，它通过对能力的度量，形成多维度的教育质量基准线，并结合综合能力实训平台，实现客观的过程考核。其主要目的是：1）摸底产业人才培养的真实现状，为今后的人才培养积累数据支持；2）提高测评本身信度和效度，为教学质量评估提供有效的支撑工具，指导专业教育；3）完成企业用人单位对人才招聘的初步筛选，切实起到解决“企业招聘难”和“院校就业难”的桥梁作用。

面向职业基线的测评基于未来目标职位对人员的胜任力要求设计，考察被测对象的知识、能力和素养水平：(1)知识：包括胜任产业和目标职位的通用知识、专业技术知识、行业知识等。(2)能力：包括胜任产业和目标职位的专业能力、管理能力、人际能力以及思维能力等。（3）职业素养：包括胜任产业和目标职位所需的潜在的态度、内驱力和风格等。通过分析被测对象综合素质与产业需求的差异，分析被测对象就业能力，从教育角度、企业角度和个人角度提出建议，具体应用如图 8 所示。

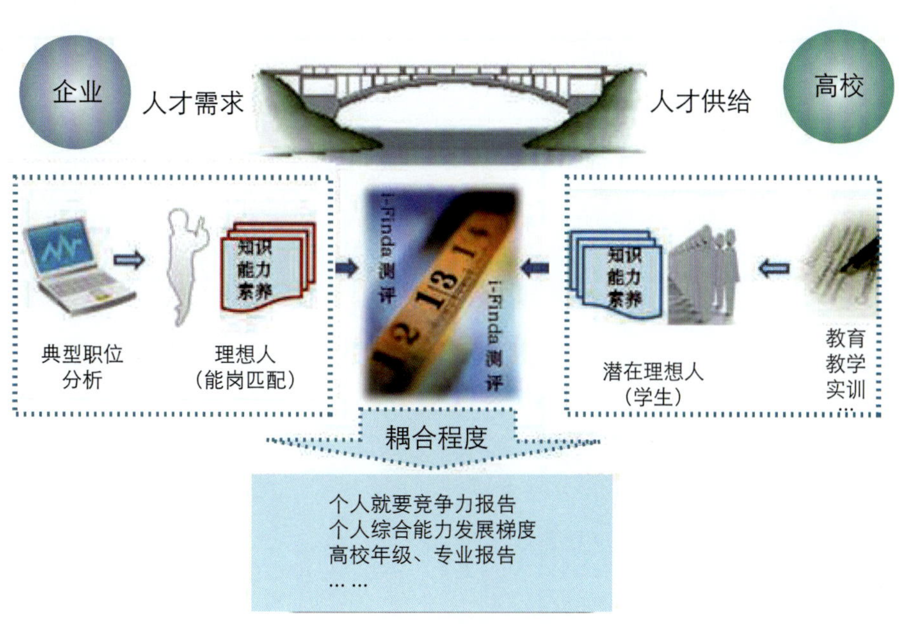

图 8　面向职业基线的测评

通过面向职业基线的测评，研究能力测评与知识点的对应关系，形成多维度教学评估基准线，促进高校加强学生能力的考核和评估，实现对毕业生的持续跟踪，形成动态教学质量评价体系，促进人才培养模式改革。

目前已经面向多所高校（包括一本、二本、三本、高职高专等）和培训机构的IT相关专业开展了面向职业基线的测评，积累了大量数据，为多维度教学评估基准线和教学质量评价体系研究奠定了基础。

服务外包产业是我国进行产业结构调整升级，转变经济发展方式的战略性产业，大量符合产业发展需求并具备良好综合素质的服务型人才是服务外包产业快速健康发展的重要基础。本文在对目前我国服务外包人才培养现状分析的基础上，分析总结存在问题，提出解决思路——战略视角下的服务外包人才培养体系，并详细介绍了研究院的相关研究成果，为服务外包产业各个领域及不同服务型人才培养的高等教育机构提供人才培养规划与实施的参考内容，并希望通过这些实践，对推动高等学校教育改革，提高高等教育质量、完善创新人才培养模式、改革教育质量评价和人才评价体制机制发挥作用。

国家服务外包人力资源研究院

全球服务外包产业链的创新发展

近年来，中国从长远战略考虑，提出要从下游制造出口转向上游服务出口。其中，服务外包是中国服务出口的关键组成部分之一，中国政府从政策到资源上都非常重视和支持。目前，中国服务外包尽管规模发展很快，但仍以处于服务外包产业链下游的劳动密集型和低价值的传统服务外包为主。随着国际 / 国内客户需求和国际竞争市场的变化，中国服务外包产业面临结构调整、企业面临二次创业或战略转型的挑战。基于数年来对国内外服务外包产业 / 企业的深入研究，在这篇文章中我们讨论三个主题：（1）全球服务外包产业链发展过程；(2) 全球服务外包市场细分中的机会；（3）中国服务外包产业 / 企业的创新发展。

一、全球服务外包产业链发展过程

全球服务外包产业链可以分解为三个组成部分，包括上游的理念创新和设计开发，中游的逻辑设计和物理设计，下游的实施及集成。上游相当于产业链的“大脑”，下游相当于产业链的“手脚”，中游衔接着上游和下游，会产生“蓝图”。目前，中国服务外包基本覆盖了下游产业链，拓展了部分中游产业链。具备了大规模开发组织和质量控制等方面的优势，尚不具备整体贯通服务需求方业务面的能力，没有做到产业链完全覆盖。

全球服务外包产业链发展过程主要经历了三个阶段。

1. 二十世纪八十年代初开始，全球服务外包产业链的重点是在下游，是以降低成本为基础的“标准化工厂模式”。在这个阶段，欧美发包客户具备贯穿产业链上下游业务的能力，中国对全球外包产业链的覆盖非常有限。中国政府为了引进资金和技术开始参与全球服务外包，当时中国服务外包企业的主要优势是劳动力成本低。

在“标准化工厂模式”阶段，发包方为追求低成本而寻求外包，接包方根据发包方已经具体定义清楚的结构化流程执行交易合同。发包范围和交付结果都很明确，接包方通常建立常规项目团队与之对应。在这个阶段，发包方相当于“大脑”，接包方相当于“手脚”。接包方与发包方互动较少，接包方与终端用户互动更少。

当时，中国服务外包企业在产业链下游做代工，附加值低。这个阶段的企业普遍具有执着、顽强的风格和挑山工奋斗精神，追求效率，追求盈利。中国当时的政策主要以吸引外资，引进制造业技术为主体，鼓励劳动力密集型制造企业出口。经过这个阶段，中国服务外包企业具备了产业链下游覆盖能力，产生了向产业链上游拓展的需求。

2. 二十世纪九十年代初，全球服务外包产业链的重点是在中游，是以能力延伸为基础的“离岸开发中心模式（ODC 模式）”。在这一阶段，发包方为获得专业品质和能力补充而延续外包，接包方和发包方互动增多，接包方开始介入发包方的一些上游工作，凭借自身的专业能力“嵌入”到发包方具有战略重要性的组织流程中，与发包方结成战略联盟，双方共同解决复杂性问题。接包方在自身专业领域具有比较大的自主性，成为发包方能力的延伸。发包方是“大脑”，接包方成为“大脑”的一部分，但主要是“手脚”。

当时，中国服务外包希望向产业链中游拓展，依靠成本和产业链下游能力承接了欧美和日本基于成熟技术支持的外包业务。发包客户希望充分利用中国工程技术人才和中国市场这两类资源。经过这个阶段，中国服务外包企业具备了中游产业链覆盖能力，并且初步形成了中国市场，产生了向上游产业链拓展的需求。中国在这个阶段出台的产业政策体现了利用现有资源和下游能力向中游发展的特征。在这个阶段，出现了一些以智力知识型业务为主的企业，他们基于参与国外外包产业链中上游业务来学习引入核心技术，做自己的产品，这些企业面临的挑战是开拓中国市场和融资。

3．2000 年尤其是 2005 年以后，全球服务外包产业链的重点是在上游，是以战略伙伴关系为基础的“共同创新发展模式”。在这一阶段，发包方为合作创新而投资外包，双方寻求并确定共同目标，通过合作方式分享创新。接包方不仅和发包方互动增多，而且双方共同与最终用户互动，接包方凭借自身的敏捷、自愿、经验、主动和高层承诺成为发包方全球虚拟合作网络中的一部分，与发包企业共同就知识密集型和创造性流程进行创新，双方形成战略合作伙伴关系，共同满足客户需求，共同解决变革问题。双方互为补充，共同追求创新和发展。

在这个阶段，中国服务外包企业努力用现有的中游能力、下游能力和中国市场向产业链上游拓展。中国产业政策也开始逐步从鼓励下游为主向鼓励从中游向上游拓展转变。企业面临前端市场开发和后端技术支持的衔接问题、上市公司必须重点考虑季度财报压力的目光短浅问题；企业重组必须面对并购成功率低的问题；集团企业要处理好内部集团和分公司的关系，处理好内部集团和不同市场的关系问题。这个阶段需要出现有思想的企业，这样的企业需要靠精神和文化成为可持续发展的行业领导者。企业想发展必须不断否定自己，不断超越自己。

政府和园区的工作要点应突出打造舆论氛围、文化氛围和社会氛围，鼓励企业的社会责任感，鼓励企业之间公平竞争，鼓励企业对客户以诚信相待。服务外包产业链中应该有蚂蚁、大象和老鼠，形成产业生态链，企业之间相处融洽，不断发展。

二、全球服务外包市场细分中的机会

从客户市场区域分布来看，欧美仍是全球服务外包市场的主战场。但随着经济全球化进程的发展，中国等新兴市场的发包需求逐步释放，而且潜力巨大。

从客户规模来看，大型企业客户通常是在业务进入成熟期以后再发包，这些企业把外包作为长期合作发展策略，接包方与发包方已经形成比较稳定的合作关系，新进入服务外包市场的中国企业很难进入这个稳定的市场。中小型客户企业在创新探索过程中需要外部合作伙伴，接包方与发包方形成合作关系。

从客户对产业链不同环节的需要来看，除了传统的生产性外包之外，开发性外包和研究性外包需求在逐步增加，而且潜力巨大。

综合以上三个方面，可以将全球服务外包市场细分如表 1。

目前，日本大型企业产业链中下游市场基本饱和并有逐步萎缩的趋势。这部分市场也是中国传统服务外包的主战场，中国企业和日本客户基本形成了“互锁”关系，越南等国家想取代中国真正进入这块市场非常困难。同样道理，欧美大型企业产业链中下游市场，尤其是美国的这部分市场基本被印度占领，中国想在这块市场赶超印度也非常困难。

除了这部分成熟市场之外，实际上还有更多的市场有待于开拓。例如，欧美中小型终端客

表 1　全球服务外包市场细分

	竞争激烈程度小	竞争激烈程度大
市场潜力大	欧美中小用户全产业链 中国中小用户全产业链	中国大型客户产业链上游 中国大型客户产业链中上游 日本大型企业产业链上游
市场潜力小	日本中小用户全产业链	欧美大型企业产业链中下游 日本大型企业产业链下游

户全产业链市场。目前，这块市场的主要供应商是来自南美和东欧的公司。另外，印度企业也在逐步向这个市场转型。中国进入这块市场的外包企业还很少，进入到中小企业产业链中上游市场的外包企业更少。

中国在全球服务外包市场中的作用重要而且独特。一方面，中国与印度、南美和东欧等国家和地区共同成为全球主要接包方；另一方面，中国成为越来越重要的发包方。根据预测，到2015年中国国内服务外包市场需求将超过300亿美元。这部分外包市场未来将迎来快速发展期。

印度面向美国大企业产业链中下游市场时，成功经验是通过规范化和标准化降低成本。目前，这类市场已经成熟饱和，客户需求及市场发展空间有限，中国服务外包企不宜在这类市场和印度及其他比较成熟的竞争对手直接竞争。

如何面对欧美中小企业全产业链市场，服务外包企业目前还没有非常成熟的经验。欧美有很多中小企业正在针对全球新兴市场进行创新，中国既是全球新兴市场也是全球研发外包的重点区域，中国企业如果选择这块市场，具有重要的战略意义。一方面，可以避开与印度及其他比较成熟的竞争对手直接竞争，另一方面是在探索以合作为基础的新型外包模式。在这块市场，南美和东欧的服务外包企业将成为中国企业的主要竞争对手。目前，欧美中小企业已经产生了外包需求，市场潜力巨大。

中国服务外包企业及时成功进入欧美中小型终端客户全产业链市场，是在全球服务市场布局的关键步骤。欧美大型企业、中小型创新企业和日本大型企业都在计划进入中国市场，如果中国服务外包产业 / 企业不能抓住欧美创新型中小企业市场，成为其全球合作网络的一部分，并位于产业链的中上游，在中国市场和全球其他新兴市场中将会遇到更大的挑战。

面对不同的细分市场和不同的竞争对手，中国服务外包产业 / 企业需要重新审视并基于互惠和平等交换原则重新构建全球竞合关系，实现主动转型。

在发包方追求合作创新的“共同创新发展”阶段，发包方将首先关注接包方的敏捷、创新并兼顾接包方的专注和效率，即敏捷、创新、专注和效率成为接包方最重要的绩效度量指标。

如果接包方是新进入服务外包产业的企业，多元化发展通常是其首选策略，即接包方的结构要比规模更重要。

如果接包方在“ODC 模式”阶段已经进入这个产业，就要实现从专业化向多元化发展方向的转型。在这种背景下，技术人员的结构化思维和过于同质化的团队成员背景将会成为企业转型的主要阻力。

如果接包方在“标准化工厂模式”阶段已经进入这个产业，同时也实现了向专业化方向的转型，就要兼顾不同业务比例结构的平衡。

如果接包方在“标准化工厂模式”阶段已经进入这个产业，但没有向专业化方向转型，就要实现跨越式发展。在这种背景下，领导者过于保守的意识、同质化的团队、人力资源单一的结构化思维都有可能成为企业转型的主要阻力。

几年来，我们与中国数十家服务外包企业深入互动，这些企业有面向欧美市场、日本市场和国内市场的，有专注不同客户行业的，客户规模有大型企业、也有中小型企业的，有分别位于客户产业链上游的和下游的，有国内最早从事国际服务外包和新进入这个产业不久的。随着全球服务外包市场的发展，目前这些企业集体走到了十字路口，整体需要重新定位。很多企业需要再次创业或战略转型。

企业之间的差别在于再次创业或战略重新定位的基础不同，主动转型和被动转型的态度不同，遇到的挑战和实际问题不同，未来的结果可能不同。中国服务外包产业/企业重新定位及持续发展将影响中国服务外包产业未来的产业结构和企业素质，将影响中国服务外包企业的国际市场竞争力。系统考虑中国服务外包产业重新定位及发展问题，是解决中国服务外包企业“活下去”、抓住全球性战略机遇和分享全球新兴市场成长收益的重要战略举措。

三、中国服务外包产业/企业的创新发展

（一）以中国服务外包企业为主体促进产业链的创新发展

目前，很多中国服务外包企业需要二次创业。以中国IT/软件服务外包为例，过程如图1所示。

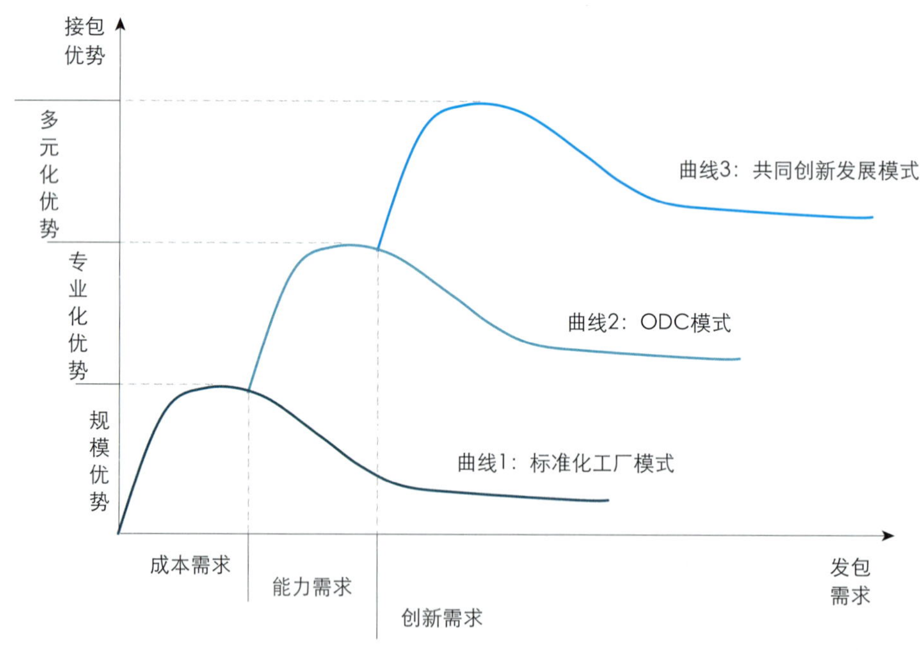

图1　中国IT/软件服务外包企业市场定位/转型/创新和持续发展曲线

总体而言，中国服务外包企业目前都已经开始或正在考虑第三条曲线——共同创新发展模式。启动和发展第三条曲线的复杂性和不确定性都远高于前面两条曲线，三条曲线的成功标志也不相同，产业/企业必须进行系统化重新定位。实现二次创业的总体思路有两个。一个是沿

产业链向上游发展，一个是产业链、市场和人才的多元化。

1．**沿产业链向上游发展**

接包方所承接的业务活动中，并不是每个环节都创造，实际上只有某些特定的业务活动才真正创造，这些真正创造的活动就是产业链上的“战略环节”。接包方要保持竞争优势，实际上就是其在产业链某些特定战略环节上的优势。

基于发包方视角，以IT/软件服务外包为例，服务外包产业链通常包括战略分析、项目组合管理、运作流程、逻辑分析、物理设计、编程、测试、集成、文档和本地化。其中，战略分析主要解决发包方的重新定位问题；项目组合管理是面对若干项目如何根据战略目标进行选择，这是发包方需要解决的重要又紧急的出发点；运作流程是解决发包方项目过程管理的问题；逻辑分析是基于最终用户视角发现并定义其目前和未来运作程序的差距；物理设计是用计算机语言对信息系统的人机交互界面和内容进行描述；编程就是应用计算机语言进行程序设计，还包括计算机程序测试、程序模块集成、文档和本地化等问题。

在这些环节中，从战略分析到本地化，其规范化程度、标准化程度、确定性和可描述性逐步提高，各环节的利润率逐步降低。通常，我们把战略分析、项目组合管理和运作流程作为产业链的上游，把逻辑分析和物理设计作为产业链的中游，把编程、测试、集成、文档和本地化作为产业链的下游。

基于接包方视角，为了保持竞争优势，应该选择合适的产业链环节，并积淀自身在该环节上的竞争优势来源。如果接包方处于产业链的下游，其竞争优势主要体现在效率和成本方面，竞争优势来源主要是规模化和标准化。如果接包方处于产业链的上游，其竞争优势主要体现在创新和专业方面，竞争优势来源主要是敏捷、知识共享和能力。

全球服务外包的发展过程也是接包方沿着产业链不断向产业链中上游发展的过程。对服务外包企业而言，向产业链上游转移意味着服务外包企业竞争优势组合的变化、竞争优势来源组合的变化、客户市场的变化、企业业务组合的变化、企业运做资本 / 资源的变化，即企业战略重新定位的变化。而企业战略重新定位调整或转型的前提是了解相应的国际客户市场需求、国际竞争对手市场、国家服务外包企业环境和企业自身特征，企业战略重新定位调整或转型后需要解决的问题包括企业组织结构、人力资源调整和持续发展等。

接包企业如果希望向产业链上游转移，就要强调做产品 / 服务拓展创新，并且要不断跟进及满足客户的创新需求。外包企业如果始终定位于产业链的下游，其重点是强调效率和成本，强调规模化和标准化。如果向产业链中上游转移，接包企业的业务模式就需要更加强调创新和灵活。如果位于产业链中上游，外包企业的组织结构应强调层次化，这样更易于与客户方衔接；如果位于产业链下游，组织结构一般强调扁平化。下游业务主要通过短期合同控制客户关系，采用结构化项目管理方法；上游业务主要通过互动建立并保持与客户的长期稳定合作伙伴关系，采用非结构化的敏捷管理方法。

所以，从服务外包企业的视角来看，如果从产业链上游往中下游走，不确定性及风险逐渐降低，服务外包企业的利润率及议价能力也在降低。如果上游出现问题，下游改错成本很高。接包企业应该看到自己在产业链中的定位，关注产业链的覆盖面。企业如果确定了产业链的定位，下一步就需要对项目和人力资源的匹配提出要求。如果企业要做到可持续发展，就要形成产业链上中下游的合理定位及组合。

中国服务外包企业在过去的发展过程中开始积累了一定的产业链下游技术和产品基础，向产业链中上游业务拓展是中国服务外包未来发展的关键。影响中国服务外包企业向服务外包产业链中上游发展的主要因素包括：人才知识结构转变，概念创新，模式创新，待遇、个体发展及企业现有体系之间的平衡，企业领袖的市场嗅觉力和胸怀，经营层和资本层对公司主导权的平衡，好技术和好产品的积淀和政策导向等。其中，符合企业战略发展需求的全方位合适人才是核心。在人才方面，有些企业以自主培养为主，但有局限性，而且有流失。局限性体现在人的知识结构转变难，概念和模式创新难。在做产业链中上游业务时，人才的知识结构不能仅局限于产业链下游专业技术知识。需要能了解行业，与客户沟通，具有创新能力及组织管理能力的全面性人才。

2．产业链、市场和人才多元化

中国服务外包企业及产业发展需要拓展空间，关键出路是向产业链中上游转型，所以企业及产业有创新和转型的需求，实现产业链、市场和人才的多元化。目前中国服务外包企业定位及市场过于单一，局限于服务外包产业链下游的某个特定技术环节。例如，有些公司考虑保持原有市场业务的同时积极发展中国业务，挑战在于可遵循的规律很少，不同客户需要不同的对应方式，企业必须找到适合自己的规律与方法。市场多元化的影响因素主要包括创新与开拓、主动转型与被动转型等。其中，主动转型与被动转型很关键。

当企业进行主动转型时，不仅要考虑“活从哪里来”，还要考虑“有活谁能干”，是为了寻求新的成长曲线，需要用财务类和发展类等综合性指标度量企业的成功。当企业进行被动转型时，往往仅考虑“活从哪里来”，是为了延缓原有成长曲线的衰老时间，强调用财务类指标度量企业的成功。主动转型需要有从战略到运作、从运作到能力、从能力到资源协同一致的战略统筹，需要战略与运作协同、业务与技术协同、计划与执行协同、数量与结构协同。被动转型是对市场机会的某种反应式应对，短期内快速获取颇具诱惑力的面上资源，长期可能失去了持续发展的战略机遇和积淀竞争优势和竞争优势来源所必须的时间。

（二）挑战与对策

尽管中国早在2000年颁布的18号文中就提到，要“增强信息产业创新能力和国际竞争力”，要“鼓励国内企业充分利用国际、国内两种资源，努力开拓两个市场”，但以中国IT/软件服务外包行业/企业为例，我们并没有实现从第一条曲线向第二条曲线的主动转型，错过了难得的战略发展机遇。目前，难得的市场战略机遇再一次出现。中国新兴市场、欧美中小型终端用户市场、日本中小型终端用户市场、欧美大型客户的下游市场和中游市场、日本大型客户的上游市场都出现了不同程度的机会，已经具备了多个细分市场协力互动的基本条件。如果中国企业主动在不同客户市场进行多元化的产业链布局，并在各细分市场因地制宜、彼此协力，形成不同业务模式的组合，并最终形成竞争优势组合，积淀竞争优势来源组合，将会显著提升中国IT/软件行业的国际竞争力。但是，中国IT/软件服务外包企业如果还是以条块化思路独立开拓和发展各细分市场，被动进行转型，将会再一次非常遗憾地错过这次战略机遇，其后果将非常严重。

要抓住这些机会需要解决两个本质问题：企业实力提升和产业政策优化。

1. 企业实力提升

中国服务外包企业主动进行二次创业不是简单的打单问题，而是涉及到市场重新定位、组织结构和人力资源方面的重新定位和转型的挑战和问题。企业需要从不同维度进行综合战略重新定位并制定相应的策略。

首先，人力资源的结构、数量和素质是影响企业未来持续发展的根本驱动力，其重新定位最难，影响最深远。从人力资源的意识层面看，中国服务外包企业高管普遍相对保守，投资意识不强。具体表现为短期绩效压力比较大，过度看重订单数量，以成本控制为主。要改变这种状况，中国服务外包企业 / 产业一方面可以寻找优秀的合作伙伴，另一方面可以考虑战略投资，重点应放在将商业模式的形成和积淀过程演变成竞争对手无法复制的创新过程。

其次，人才储备和企业 / 产业发展不匹配是人力资源方面的另外一个重要挑战。具体表现为有的服务外包企业有业务但招不到人，有的则是有人但没有业务；服务外包企业向产业链上游转型的时候很难批量聘用到可以近距离接触终端客户的人才；有些服务外包企业由于误用人才而导致员工满意度和忠诚度不高；以前更多的优秀学生倾向于选择 IT/ 软件类专业，目前越来越多的优秀学生选择人文社会科学。而且这类人才必须提前储备。

另外，企业 / 产业人力资源协力也是很重要的一个思路。要突破人力资源瓶颈，应该从国家战略重新定位的高度看待服务外包人力资源问题，认真思考服务外包人力资源现状及发展趋势与国家高等教育定位之间的关系。把高等教育定位与国家总体从下游劳动力密集型外包转向上游高服务外包的总体战略相匹配，从根本上解决中国服务外包人力资源瓶颈问题。

2. 产业政策优化

中国目前已经从税收、工程、认定、人才和产业规划等维度构建了服务外包产业政策的基本体系，这对中国服务外包产业的发展有至关重要的影响。随着产业和企业的不断发展和成熟，接下来需要在鼓励企业充分利用国内和国外资源，努力开拓国内和国外市场方面创造更好的环境，提供更合理的资源配置机制，出台符合中国服务外包产业链创新发展需求的新政策。

相对于美国、印度及其他服务外包市场国家而言，中国政府政策导向与资源激励机制相结合是中国服务外包产业独有的特点。比如，政府规划并投资建设了大批园区和基地，支持中国服务外包产业 / 企业的发展，这是中国服务外包的特色。但是，政府主导的系统性产业研究比较缺乏，主要表现为政府在制定产业发展促进和相关激励政策时得到的研究支持不够，对政策的运作跟踪及监督管理不够、对政策效果的评估和总结不够。可能会导致目前政府、园区、协会、企业和研究机构都不同程度活跃在产业层面，但彼此间的合作机制还不成熟，协同效应还有很大发展空间。通过竞争合作联盟共享人力资源培训，在行业层面开展企业能力评估，建立与终端客户需求体系对接的平台和机制等策略都值得从行业高度进行重新定位并脚踏实地逐步落实。计划能力与市场竞争机制的结合是中国独特的竞争优势组合，这一优势的充分发挥将有利于提升中国服务外包行业的国际竞争力。

以服务外包园区为例，制定相关产业政策时应主要考虑以下原则：（1）重新定位准确，特色鲜明。园区重新定位应体现差异化发展和错位发展理念。服务外包园区应本着管理科学、服务高效和运作规范的精神，从服务外包市场、服务外包企业和各级政府的现实与未来需求出发，充分考虑园区发展历史和现状、园区基础设施环境与配套条件等因素，准确进行园区重新定位，并有明晰的工作推进思路和必要且充分的资源支撑。（2）市场导向，政府促进。园区应深刻理解全球服务市场的发展趋势，以市场为导向，充分发挥政府和市场的双重优势。在基础环境配套、信息服务和技术支持服务等方面主要发挥政府资源调度能力强的优势，在招商、管理、市场开拓服务和投融资服务等方面主要发挥市场机制的优势。（3）创新机制，提升服务。园区应通过服务机制创新促进服务水平提升。园区在建设服务平台的过程中，要保证服务内容与服务对象的需求一致，服务特色体现在服务内容中，用服务机制保障服务内容的交付和改进。

美国佛罗里达国际大学商学院终身教授，新桥博研创始人　夏卫东

北京联合大学管理学院副教授，新桥博研创始人　李英侠

附　　录

附录一 2011 年中国服务外包发展大事记

1 月 6 日	全国服务外包工作会在北京举办。会议由商务部副部长王超主持，21 个服务外包示范城市分管领导及有关负责人参加。
1 月 28 日	国务院印发《国务院关于印发进一步鼓励软件产业和集成电路产业发展若干政策的通知》，进一步优化软件产业和集成电路产业发展环境，提高产业发展质量和水平，培育一批有实力和影响力的行业领先企业。
4 月 12 日	财政部、商务部印发《关于做好 2011 年度支持承接国际服务外包业务发展资金管理工作的通知》，对 2011 年度承接国际服务外包的相关业务安排专项资金予以资金支持。
4 月 16 日	首届中国（苏州）服务外包创新发展投资促进年会在苏州举办，商务部副部长王超出席开幕式并致辞。
4 月 18 日	第三届中国国际服务外包交易博览会在杭州举办，商务部副部长王超出席有关活动并在开幕式上发表致辞。
4 月 18 日	国家商务部在杭州召开了全国服务外包工作会议。商务部、外交部、发改委、科技部、教育部、工信部等 17 个部委，各省级商务主管部门和服务外包示范城市相关负责同志参加会议。商务部副部长王超出席并做重要讲话。
4 月 21 ～ 26 日	商务部部长助理仇鸿率领中国服务外包代表团访问印度。商务部相关司局、中国国际投资促进会及博彦、文思等软件开发和服务外包企业代表随团访问。
5 月 23 日	第四届全球外包大会在马鞍山举行，商务部副部长王超出席开幕式并致辞。
6 月 1 日	全国服务贸易（服务外包）人才培养国际峰会在北京举行，商务部部长助理仇鸿出席会议。
6 月 1 日	第三届中国服务贸易大会在北京举行，商务部部长助理仇鸿主持会议。商务部部长陈德铭出席会议并做主旨演讲。
6 月 8 ～ 10 日	第四届中国国际服务外包合作大会在南京举行，商务部副部长王超出席开幕式并致辞。
6 月 27 日	部分服务外包示范城市座谈会在北京召开，商务部部长助理仇鸿主持会议并做重要讲话。
7 月 20 日	为加强政府信息技术外包服务安全管理，保证政府信息和信息系统安全，工业和信息化部制定了《政府部门信息技术外包服务机构申请信息安全管理体系认证安全审查程序（暂行）》
12 月 12 日	国务院办公厅印发关于加快发展高技术服务业的指导意见，要切实加强组织领导，加大工作力度，确保各项任务措施落到实处，推动我国高技术服务业又好又快发展。

附录二　2011 年国务院关于促进服务外包发展的政策

国务院关于印发进一步鼓励软件产业和集成电路产业发展若干政策的通知

国发〔2011〕4 号

各省、自治区、直辖市人民政府，国务院各部委、各直属机构：

现将《进一步鼓励软件产业和集成电路产业发展的若干政策》印发给你们，请认真贯彻执行。

软件产业和集成电路产业是国家战略性新兴产业，是国民经济和社会信息化的重要基础。近年来，在国家一系列政策措施的扶持下，经过各方面共同努力，我国软件产业和集成电路产业获得较快发展。制定实施《进一步鼓励软件产业和集成电路产业发展的若干政策》，继续完善激励措施，明确政策导向，对于优化产业发展环境，增强科技创新能力，提高产业发展质量和水平，具有重要意义。各地区、各有关部门要高度重视，加强组织领导和协调配合，抓紧制定实施细则和配套措施，切实抓好落实工作。发展改革委要会同有关部门及时跟踪了解政策执行情况，加强督促指导，确保取得实效。

国务院

二〇一一年一月二十八日

进一步鼓励软件产业和集成电路产业发展的若干政策

《国务院关于印发鼓励软件产业和集成电路产业发展若干政策的通知》（国发〔2000〕18 号，以下简称国发 18 号文件）印发以来，我国软件产业和集成电路产业快速发展，产业规模迅速扩大，技术水平显著提升，有力推动了国家信息化建设。但与国际先进水平相比，我国软件产业和集成电路产业还存在发展基础较为薄弱，企业科技创新和自我发展能力不强，应用开发水平急待提高，产业链有待完善等问题。为进一步优化软件产业和集成电路产业发展环境，提高产业发展质量和水平，培育一批有实力和影响力的行业领先企业，制定以下政策。

一、财税政策

（一）继续实施软件增值税优惠政策。

（二）进一步落实和完善相关营业税优惠政策，对符合条件的软件企业和集成电路设计企业从事软件开发与测试，信息系统集成、咨询和运营维护，集成电路设计等业务，免征营业税，并简化相关程序。具体办法由财政部、税务总局会同有关部门制定。

（三）对集成电路线宽小于 0.8 微米（含）的集成电路生产企业，经认定后，自获利年度起，第一年至第二年免征企业所得税，第三年至第五年按照 25% 的法定税率减半征收企业所得税（以下简称企业所得税“两免三减半”优惠政策）。

（四）对集成电路线宽小于 0.25 微米或投资额超过 80 亿元的集成电路生产企业，经认定后，减按 15% 的税率征收企业所得税，其中经营期在 15 年以上的，自获利年度起，第一年至第五年免征企业所得税，第六年至第十年按照25%的法定税率减半征收企业所得税（以下简称企业所得税“五免五减半”优惠政策）。

（五）对国家批准的集成电路重大项目，因集中采购产生短期内难以抵扣的增值税进项税额占用资金问题，采取专项措施予以妥善解决。具体办法由财政部会同有关部门制定。

（六）对我国境内新办集成电路设计企业和符合条件的软件企业，经认定后，自获利年度起，享受企业所得税“两免三减半”优惠政策。经认定的集成电路设计企业和符合条件的软件企业的进口料件，符合现行法律法规规定的，可享受保税政策。

（七）国家规划布局内的集成电路设计企业符合相关条件的，可比照国发18号文件享受国家规划布局内重点软件企业所得税优惠政策。具体办法由发展改革委会同有关部门制定。

（八）为完善集成电路产业链，对符合条件的集成电路封装、测试、关键专用材料企业以及集成电路专用设备相关企业给予企业所得税优惠。具体办法由财政部、税务总局会同有关部门制定。

（九）国家对集成电路企业实施的所得税优惠政策，根据产业技术进步情况实行动态调整。符合条件的软件企业和集成电路企业享受企业所得税“两免三减半”、“五免五减半”优惠政策，在2017年12月31日前自获利年度起计算优惠期，并享受至期满为止。符合条件的软件企业和集成电路企业所得税优惠政策与企业所得税其他优惠政策存在交叉的，由企业选择一项最优惠政策执行，不叠加享受。

二、投融资政策

（十）国家大力支持重要的软件和集成电路项目建设。对符合条件的集成电路企业技术进步和技术改造项目，中央预算内投资给予适当支持。鼓励软件企业加强技术开发综合能力建设。

（十一）国家鼓励、支持软件企业和集成电路企业加强产业资源整合。对软件企业和集成电路企业为实现资源整合和做大做强进行的跨地区重组并购，国务院有关部门和地方各级人民政府要积极支持引导，防止设置各种形式的障碍。

（十二）通过现有的创业投资引导基金等资金和政策渠道，引导社会资本设立创业投资基金，支持中小软件企业和集成电路企业创业。有条件的地方政府可按照国家有关规定设立主要支持软件企业和集成电路企业发展的股权投资基金或创业投资基金，引导社会资金投资软件产业和集成电路产业。积极支持符合条件的软件企业和集成电路企业采取发行股票、债券等多种方式筹集资金，拓宽直接融资渠道。

（十三）支持和引导地方政府建立贷款风险补偿机制，健全知识产权质押登记制度，积极推动软件企业和集成电路企业利用知识产权等无形资产进行质押贷款。充分发挥融资性担保机构和融资担保补助资金的作用，积极为中小软件企业和集成电路企业提供各种形式的贷款担保服务。

（十四）政策性金融机构在批准的业务范围内，可对符合国家重大科技项目范围、条件的软件和集成电路项目给予重点支持。

（十五）商业性金融机构应进一步改善金融服务，积极创新适合软件产业和集成电路产业发展的信贷品种，为符合条件的软件企业和集成电路企业提供融资支持。

三、研究开发政策

（十六）充分利用多种资金渠道，进一步加大对科技创新的支持力度。发挥国家科技重大专项的引导作用，大力支持软件和集成电路重大关键技术的研发，努力实现关键技术的整体突破，加快具有自主知识产权技术的产业化和推广应用。紧紧围绕培育战略性新兴产业的目标，重点支持基础软件、面向新一代信息网络的高端软件、工业软件、数字内容相关软件、高端芯片、集成电路装备和工艺技术、集成电路关键材料、关键应用系统的研发以及重要技术标准的制订。科技部、发展改革委、财政部、工业和信息化部等部门要做好有关专项的组织实施工作。

（十七）在基础软件、高性能计算和通用计算平台、集成电路工艺研发、关键材料、关键应用软件和芯片设计等领域，推动国家重点实验室、国家工程实验室、国家工程中心和企业技术中心建设，有关部门要优先安排研发项目。鼓励软件企业和集成电路企业建立产学研用结合的产业技术创新战略联盟，促进产业链协同发展。

（十八）鼓励软件企业大力开发软件测试和评价技术，完善相关标准，提升软件研发能力，提高软件质量，加强品牌建设，增强产品竞争力。

四、进出口政策

（十九）对软件企业和集成电路设计企业需要临时进口的自用设备（包括开发测试设备、软硬件环境、样机及部件、元器件等），经地市级商务主管部门确认，可以向海关申请按暂时进境货物监管，其进口税收按照现行法规执行。对符合条件的软件企业和集成电路企业，质检部门可提供提前预约报检服务，海关根据企业要求提供提前预约通关服务。

（二十）对软件企业与国外资信等级较高的企业签订的软件出口合同，政策性金融机构可按照独立审贷和风险可控的原则，在批准的业务范围内提供融资和保险支持。

（二十一）支持企业“走出去”建立境外营销网络和研发中心，推动集成电路、软件和信息服务出口。大力发展国际服务外包业务。商务部要会同有关部门与重点国家和地区建立长效合作机制，采取综合措施为企业拓展新兴市场创造条件。

五、人才政策

（二十二）加快完善期权、技术入股、股权、分红权等多种形式的激励机制，充分发挥研发人员和管理人员的积极性和创造性。各级人民政府可对有突出贡献的软件和集成电路高级人才给予重奖。对国家有关部门批准建立的产业基地（园区）、高校软件学院和微电子学院引进的软件、集成电路人才，优先安排本人及其配偶、未成年子女在所在地落户。加强人才市场管理，积极为软件企业和集成电路企业招聘人才提供服务。

（二十三）高校要进一步深化改革，加强软件工程和微电子专业建设，紧密结合产业发展需求及时调整课程设置、教学计划和教学方式，努力培养国际化、复合型、实用性人才。加强软件工程和微电子专业师资队伍、教学实验室和实习实训基地建设。教育部要会同有关部门加强督促和指导。

（二十四）鼓励有条件的高校采取与集成电路企业联合办学等方式建立微电子学院，经批准设立的示范性微电子学院可以享受示范性软件学院相关政策。支持建立校企结合的人才综合培训和实践基地，支持示范性软件学院和微电子学院与国际知名大学、跨国公司合作，引进国外师资和优质资源，联合培养软件和集成电路人才。

（二十五）按照引进海外高层次人才的有关要求，加快软件与集成电路海外高层次人才的引进，落实好相关政策。制定落实软件与集成电路人才引进和出国培训年度计划，办好国家软件和集成电路人才国际培训基地，积极开辟国外培训渠道。

六、知识产权政策

（二十六）鼓励软件企业进行著作权登记。支持软件和集成电路企业依法到国外申请知识产权，对符合有关规定的，可申请财政资金支持。加大政策扶持力度，大力发展知识产权服务业。

（二十七）严格落实软件和集成电路知识产权保护制度，依法打击各类侵权行为。加大对网络环境下软件著作权、集成电路布图设计专有权的保护力度，积极开发和应用正版软件网络版权保护技术，有效保护软件和集成电路知识产权。

（二十八）进一步推进软件正版化工作，探索建立长效机制。凡在我国境内销售的计算机（大型计算机、服务器、微型计算机和笔记本电脑）所预装软件必须为正版软件，禁止预装非正版软件的计算机上市销售。全面落实政府机关使用正版软件的政策措施，将软件购置经费纳入财政预算，对通用软件实行政府集中采购，加强对软件资产的管理。大力引导企业和社会公众使用正版软件。

七、市场政策

（二十九）积极引导企业将信息技术研发应用业务外包给专业企业。鼓励政府部门通过购买服务的方式将电子政务建设和数据处理工作中的一般性业务发包给专业软件和信息服务企业，有关部门要抓紧建立和完善相应的安全审查和保密管理规定。

鼓励大中型企业将其信息技术研发应用业务机构剥离，成立专业软件和信息服务企业，为全行业和全社会提供服务。

（三十）进一步规范软件和集成电路市场秩序，加强反垄断工作，依法打击各种滥用知识产权排除、限制竞争以及滥用市场支配地位进行不正当竞争的行为，充分发挥行业协会的作用，创造良好的产业发展环境。加快制订相关技术和服务标准，促进软件市场公平竞争，维护消费者合法权益。

（三十一）完善网络环境下消费者隐私及企业秘密保护制度，促进软件和信息服务网络化发展。逐步在各级政府机关和事业单位推广符合安全要求的软件产品。

八、政策落实

（三十二）凡在我国境内设立的符合条件的软件企业和集成电路企业，不分所有制性质，均可享受本政策。

（三十三）继续实施国发18号文件明确的政策，相关政策与本政策不一致的，以本政策为准。本政策由发展改革委会同财政部、税务总局、工业和信息化部、商务部、海关总署等部门负责解释。

（三十四）本政策自发布之日起实施。

附录三　2011 年中央各部委关于促进服务外包发展的政策

财政部、商务部关于做好 2011 年度支持承接国际服务外包业务发展资金管理工作的通知

财企〔2011〕69 号

各省、自治区、直辖市、计划单列市财政厅（局）、商务主管部门，新疆生产建设兵团财务局、商务局：

为落实国务院关于促进服务外包产业发展的精神，加快我国服务外包产业发展，支持服务外包企业做大做强，积极承接国际服务外包业务，促进贸易增长方式转变，财政部、商务部决定安排专项资金，对 2011 年度承接国际服务外包的相关业务（服务外包业务范围见附件 6，下同）予以资金支持。现就有关事项通知如下：

一、2011 年资金支持的领域和重点

（一）2011 年重点支持“中国服务外包示范城市”（以下简称示范城市）的服务外包企业，以及列入商务部重点服务外包企业名录的企业。

（二）鼓励培训各类承接国际服务外包人才的培训机构（含大专院校，以下统称培训机构）。

（三）支持示范城市相关公共服务平台设备购置、运营及维护。

（四）支持服务外包企业取得国际通行的资质认证。

（五）支持和鼓励服务外包企业参与国际竞争，积极开拓国际市场。

二、申请资金支持的企业和培训机构须具备的条件

（一）服务外包企业必须具备下列条件：

1. 在中国境内注册、具有企业法人资格、依法备案登记的对外贸易经营者，且如实填报《服务外包统计报表制度》中规定的报表；

2. 近两年在进出口业务管理、财务管理、税收管理、外汇管理、海关管理等方面无违法行为；

3. 已与服务外包发包商签订中长期提供服务外包业务合同，企业 2010 年提供服务外包业务额不低于 50 万美元，其中向境外最终客户提供服务外包业务额占 50% 以上；

4. 具有服务外包承接能力及服务外包市场开拓和项目管理人员，大学（含大专，下同）毕业及以上学历员工占员工总数 70% 以上。

（二）培训机构必须具备下列条件：

1. 具有服务外包人才培训的从业资格；

2. 具有符合条件的场地、设施、专业教材和师资力量；

3. 具有为服务外包企业提供定制培训的经验；

4. 具有健全的财务制度和合格的财务管理人员；

5. 所申报的培训项目原则上为非盈利培训；

6. 上年度培训机构无虚报、瞒报等违规行为。

省级（含服务外包示范城市）商务主管部门应根据上述条件制定培训机构管理办法并报商务部备案，对培训机构进行规范化管理和指导，对符合规定的服务外包人才培训机构进行备案。

三、支持的标准和支持方式

对2010年7月1日～2011年6月30日期间的服务外包业务予以支持：

（一）服务外包企业每新录用1名大学以上学历员工从事服务外包工作并签订1年（含1年，下同）以上《劳动合同》的，给予企业每人不超过4500元的定额培训支持（定向用于上述人员的培训）。

对被录用人员提前解除合同，并在原合同规定的1年期内，与其他服务外包企业或原企业签订新的《劳动合同》的不再予以资金支持。

（二）服务外包培训机构培训的从事服务外包业务人才（大学以上学历），通过服务外包业务专业知识和技能培训考核，并与服务外包企业签订1年以上《劳动合同》的，给予培训机构每人不超过500元的定额培训支持。

（三）给予示范城市500万元定额支持，专项用于公共技术服务平台、公共信息服务平台和公共培训服务平台所需设备购置、运营及维护费用。具体由示范城市商务主管部门商同级财政主管部门制定资金使用管理办法，并报商务部、财政部备案后拨付。

（四）对服务外包企业取得的开发能力成熟度模型集成（CMMI）、开发能力成熟度模型（CMM）、人力资源成熟度模型（PCMM）、信息安全管理（ISO27001/BS7799）、IT服务管理（ISO20000）、服务提供商环境安全性（SAS70）、国际实验动物评估和认可委员会认证（AAALAC）、优良实验室规范（GLP）、信息技术基础架构库认证（ITIL）、客户服务中心认证（COPC）、环球同业银行金融电讯协会认证（SWIFT）、质量管理体系要求（ISO9001）、业务持续性管理标准（BS25999）等相关认证及认证的系列维护、升级给予支持，每个企业每年最多可申报3个认证项目，每个项目不超过50万元的资金支持。

（五）对服务外包企业开拓国际市场的各项活动给予支持，具体标准按照财政部、商务部关于中小企业国际市场开拓资金管理的有关办法执行。

四、资金的申请和拨付

（一）申报材料。符合条件的服务外包企业和培训机构，可向所在城市商务主管部门提出资助申请，申请应提供以下材料：

1. 服务外包企业申请人才培训资金需提供下列材料：

（1）《服务外包人才培训资金补助申请表》（网站自动生成，见附件1）；

（2）录用人员身份证明及大学以上学历证明复印件；

（3）被录用人员与服务外包企业签订的1年以上的《劳动合同》复印件；

（4）服务外包业务额不低于50万美元的凭证复印件；

（5）服务外包企业向境外最终客户提供服务外包业务额占50%以上的业务凭证复印件。

2．培训机构申请资金需提供下列材料：

（1）《服务外包人才培训资金补助申请表》（网站自动生成，见附件1）；

（2）录用人员身份证明及大学以上学历证明复印件；

（3）被录用人员与符合资金申报条件的服务外包企业签订的1年以上的《劳动合同》复印件；

（4）有关部门提供的依法从业资格证明；

（5）每期项目的培训方案及课程安排；

（6）出具为服务外包企业提供定制培训的材料（含培训机构与服务外包企业签订的定制培训协议）；

（7）培训机构颁发被培训人员专业知识和技能培训考核合格证书复印件；

（8）被培训人员的培训费用缴费凭证复印件；

（9）每期培训项目成本、收费标准等明细情况；

（10）经省级（含服务外包示范城市）商务主管部门备案的培训机构的证明。

3．服务外包企业申请国际认证补助资金需提供下列材料：

（1）企业获得国际资质认证证书复印件；

（2）企业与相关国际认证评估顾问公司签订的合同协议复印件；

（3）企业缴纳认证费用凭证的复印件（包括认证费用发票和相对应的银行出具的支付凭证）。

4．申请服务外包公共平台支持资金的示范城市需提供下列材料：

（1）服务外包公共平台支持资金的申请文件；

（2）本地区服务外包公共平台资金具体管理和使用办法。

5．服务外包企业申请中小企业国际市场开拓资金支持，按相关中小企业国际市场开拓资金相关规定申报。

（二）资金申请程序。申请采取网上和书面申请相结合的方式，并建立分级负责制，以保障资金安全。申报程序和各级责任如下：

1．企业申报

申报企业指定专人登录商务部“服务外包及软件出口信息管理系统”（www.fwwb.gov.cn）网站，可随时直接向商务部和所在城市商务主管部门同时填报申报材料。企业应指派专门申报员申报，并指派企业相关负责人核定签字，方可网络传输上报。同时，将电子材料汇总后编制申报情况汇总表及明细表，编制索引（即将申报的材料与明细表对应编制索引），并将填报的纸质材料与电子材料核对一致，企业相关负责人签字和加盖公章后报商务、财政主管部门。

2．省级以下商务、财政主管部门审核

省级以下商务主管部门指派专人受理申报单位的电子和纸质材料，进行对照审核，形成审核记录，报同级财政主管部门审核，并以电子和纸质两种方式上报省级商务主管部门。

3．省级商务、财政主管部门审定

省级商务主管部门应对上传的电子材料与上报的纸质材料进行对照审定，形成审定记录，由指定的受理人员和商务部门主管领导签字盖章，报同级财政主管部门审定；对最终通过的申报材料进行汇总，编制索引，编写审定情况总结，填写审定部门意见表（附件5），由商务主管部门领导签字盖章后，以电子和纸质两种方式上报商务部、财政部。

请省级商务和财政主管部门按照规定填写相关申请材料，于2011年8月10日前向商务部、财政部上报资金申请，超过申报期限不予受理。申报材料包括《2011年度服务外包企业录用人员汇总表》、《2011年度服务外包人才培训资助汇总表》、《2011年度服务外包企业国际认证资助汇总表》、服务外包业务发展资金材料审定部门意见表以及相关申报材料。

（三）符合条件的服务外包企业的分支机构，由其具有独立法人资格的总公司向总公司所在地的商务和财务部门统一申请财政资金支持。

（四）财政部、商务部聘请中介机构对各地上报的申请进行核查，确定支持金额。财政部于年度内按照预算级次一次将支持资金拨付至各省级财政部门，由省级财政部门按照国库管理规定拨付至服务外包企业和培训机构。

五、各地财政、商务主管部门要切实加强财政资金的审核监督管理，确保资金准确及时到位。对申办企业报送的资金拨付申请要按《档案管理法》的规定将有关纸质材料妥善保管，以备核查。

六、严禁任何单位骗取、挪用或截留资金；不得虚报、瞒报、拒报、迟报，不得伪造、篡改服务外包统计信息。对违反本通知规定的单位，财政部、商务部将全额收回资金，取消其以后年度申请资格，并按《财政违法行为处罚处分条例》（国务院令第427号）和《中华人民共和国统计法》予以处理；情节严重或触犯国家法律的，依法追究相关人员或单位的责任。

七、各服务外包示范城市的资金申请审核工作情况将纳入服务外包综合评价指标体系进行考核。

各地在执行本通知规定过程中，应认真总结经验。发现问题及时向财政部（企业司）、商务部（财务司、服贸司、外资司）反映。

附件：1. 服务外包人才培训资金补助申请表

2. 2011年度服务外包企业录用人员汇总表

3. 2011年度服务外包人才培训资助汇总表

4. 2011年度服务外包企业国际认证资助汇总表

5. 服务外包业务发展资金材料审定部门意见表

6. 服务外包业务范围

中华人民共和国财政部

中华人民共和国商务部

二〇一一年四月十二日

工业和信息化部加强政府信息技术外包安全管理

中华人民共和国工业和信息化部公告

2011年第21号

为加强国务院各部委、各直属机构信息技术外包服务的安全管理，保证政府信息和信息系统安全，根据国家有关政策要求，我部制定了《政府部门信息技术外包服务机构申请信息安全管理体系认证安全审查程序》（暂行），现予以公告。

附件：政府部门信息技术外包服务机构申请信息安全管理体系认证安全审查程序（暂行）

二〇一一年七月二十日

政府部门信息技术外包服务机构申请信息安全管理体系认证安全审查程序

（暂　行）

一、为加强国务院各部委、各直属机构信息技术外包服务的安全管理，保证政府信息和信息系统安全，依据工业和信息化部、国家质量监督检验检疫总局、中国人民银行、国务院国有资产监督管理委员会、国家保密局、国家认证认可监督管理委员会联合印发的《关于加强信息安全管理体系认证安全管理的通知》（工信部联协〔2010〕394号），制定本审查程序。

二、本审查程序所称政府部门信息技术外包服务机构（以下简称服务机构），是指国务院各部委、各直属机构以签订合同的方式，委托承担信息技术服务且非本部门所属的专业机构。信息技术服务主要包括信息系统设计与开发、信息系统集成、监理与测试、运行维护、数据处理、数据备份与灾难恢复、应急技术支持、安全测评、信息系统托管等。

三、本审查程序所称信息安全管理体系认证，是指由认证机构依据信息安全管理体系相关标准和规范，对一个单位信息安全管理水平符合标准情况进行的合格评定活动。

四、鼓励服务机构按照信息安全管理体系相关标准加强信息安全建设。服务机构申请信息安全管理体系认证时，应选择国家认证认可监督管理委员会批准开展信息安全管理体系认证的认证机构。

五、鼓励政府部门优先选用通过信息安全管理体系认证的信息技术服务机构提供外包服务。

六、服务机构申请信息安全管理体系认证（含再认证）时，应经工业和信息化部安全审查同意。

七、工业和信息化部负责安全审查的管理工作，包括发布审查程序、制定审查标准、组织开展审查、发布审查结果等。

八、申请安全审查的服务机构应向工业和信息化部提交以下材料：

（一）经服务机构法定代表人或其授权代表签署的《政府部门信息技术外包服务机构申请信息安全管理体系认证安全审查申请表》（附表1）。

（二）服务机构拟提交给信息安全管理体系认证机构的认证申请材料，包括服务机构的营业执照及组织机构代码证书复印件、机构简介、主要业务流程、信息安全管理体系相关程序文件及其清单，以及认证机构要求提供的其他材料。

（三）服务机构拟选定的信息安全管理体系认证机构的基本信息，包括认证机构名称、性质、资质、联系方式及机构简介等。

（四）服务机构证明其在申请认证、再认证及年度复核过程中确保不泄露政府重要信息的相关说明材料，包括但不限于拟与认证机构签署的安全保密协议，对认证活动中涉及政府信息的数据、文档、设备的安全管理措施，以及对参与认证人员的安全管理措施等。

（五）工业和信息化部要求提供的其他补充材料。

九、工业和信息化部对服务机构提交的申请材料进行形式审查，并将是否受理的结果告知提交申请的服务机构。

十、工业和信息化部会同相关部门，组织专家对受理的申请进行实质审查，评估认证活动可能带来的信息安全风险，并将审查结果告知提交申请的服务机构。

十一、经审查同意申请并获得信息安全管理体系认证证书的服务机构，应在获证后30个工作日内向工业和信息化部备案。

十二、自本审查程序公告之日起，对于未经工业和信息化部同意自行申请信息安全管理体系认证（含再认证），以及在审查过程中弄虚作假、谎报申请材料的服务机构，工业和信息化部将在一定范围予以通报。

十三、本审查程序由工业和信息化部负责解释。

十四、本审查程序自公告之日起实施。

附表1：政府部门信息技术外包服务机构申请信息安全管理体系认证安全审查申请表

附表2：政府部门信息技术外包服务机构信息安全管理体系认证情况备案表

国务院办公厅关于加快发展高技术服务业的指导意见

国办发〔2011〕58号

各省、自治区、直辖市人民政府，国务院各部委、各直属机构：

为落实“十二五”规划纲要、《国务院关于加快培育和发展战略性新兴产业的决定》（国发〔2010〕32号）和《国务院关于加快发展服务业的若干意见》（国发〔2007〕7号）相关部署，经国务院同意，现就加快发展高技术服务业提出如下意见：

一、充分认识加快发展高技术服务业的重要性和紧迫性

高技术服务业是现代服务业的重要内容和高端环节，技术含量和附加值高，创新性强，发展潜力大，辐射带动作用突出。加快发展高技术服务业对于扩大内需、吸纳就业、培育壮大战略性新兴产业、促进产业结构优化升级具有重要意义。当前，国民经济各行业对高技术服务的需求日益增长，科技创新对经济社会发展的支撑作用日益体现在服务上，基于高技术和支撑科

技创新的新兴服务业态不断涌现，高技术服务业呈现出良好发展势头。但我国高技术服务业尚处于发展初期，存在体制机制不健全、政策体系不完善、创新能力不足、服务品牌匮乏、国际化程度不高、高端人才短缺等突出问题，不能适应经济结构战略性调整的需要。各地区、各部门要从加快转变经济发展方式出发，把发展高技术服务业放在突出位置，加强组织领导，创新工作思路，完善体制机制，营造良好环境，推进高技术服务业快速健康发展。

二、指导思想、基本原则和发展目标

（一）指导思想。以邓小平理论和“三个代表”重要思想为指导，深入贯彻落实科学发展观，按照服务业发展改革的总体要求，重点发展高技术的延伸服务和相关科技支撑服务，加强政府引导，推动体制机制创新，培育市场需求，拓展服务领域，不断提升高技术服务业的比重和水平，推动高技术服务业做强做大。

（二）基本原则。发展高技术服务业要坚持“分类指导、市场驱动、创新发展、开放合作”的原则。

分类指导。根据不同领域、不同发展阶段高技术服务业实际情况，区分公共服务和市场化服务，有针对性地采取改革试点、政策扶持、规范管理等措施，着力培育服务企业，实现高技术服务业市场化发展。

市场驱动。完善体制机制，进一步发挥市场配置资源的基础性作用，加强专业化分工，培育新兴业态，拓展市场空间，优化发展环境，促进产业集聚，实现高技术服务业规模化发展。

创新发展。营造有利于新技术、新业务开发和推广应用的外部条件，加强技术创新、服务模式创新和管理创新，引导高技术服务业专业化发展。

开放合作。引导高技术服务企业加强对外交流与合作，积极承接全球高端服务转移，整合利用全球创新资源，培育具有国际影响力的服务品牌，推动高技术服务业国际化发展。

（三）发展目标。“十二五”期间，高技术服务业营业收入年均增长18%以上，到2015年，发展成为国民经济的重要增长点，对经济结构调整、发展方式转变的支撑能力明显增强；培育一批创新能力较强、服务水平较高、具有一定国际影响力的骨干企业；形成若干产业特色鲜明、比较优势突出的产业基地和创新集聚区；基本建立高技术服务产业体系、标准体系、统计体系和政策体系。到2020年，形成较为完善的高技术服务产业体系，成为服务业发展的主导力量，基本满足建设创新型国家和全面建设小康社会的需要，为经济社会可持续发展提供强有力的支撑。

三、重点任务

当前，要重点推进以下八个领域的高技术服务加快发展：

（一）研发设计服务。突出研发设计服务对提升产业创新能力的关键作用，建立支撑产业结构调整的研发设计服务体系，壮大专业研发设计服务企业。支持高校和科研院所面向市场提高研发服务能力，创建特色服务平台。加强科研资源整合，发展研发服务企业，鼓励企业将可外包的研发设计业务发包给研发设计企业。引导跨国公司和海外高端人才在华设立研发服务机构。鼓励有条件的地区成立工业设计服务中心和实施示范工程，完善工业设计知识产权交易和中介服务体系，建设研发设计交易市场，打造一批具有国际竞争力的研发设计企业和知名品牌。

（二）知识产权服务。积极发展知识产权创造、运用、保护和管理等环节的服务，加强规范管理。培育知识产权服务市场，构建服务主体多元化的知识产权服务体系。扩大知识产权基础信息资源共享范围，使各类知识产权服务主体可低成本地获得基础信息资源。创新知识产权服务模式，发展咨询、检索、分析、数据加工等基础服务，培育评估、交易、转化、托管、投融资等增值服务。提升知识产权服务机构涉外事务处理能力，打造具有国际影响力的知识产权服务企业和品牌。加强标准信息分析和相关技术咨询等标准化服务能力。

（三）检验检测服务。推进检验检测机构市场化运营，提升专业化服务水平。充分利用现有资源，加强测试方法、测试技术等基础能力建设，发展面向设计开发、生产制造、售后服务全过程的分析、测试、检验、计量等服务，培育第三方的质量和安全检验、检测、检疫、计量、认证技术服务。加强战略性新兴产业和农业等重点行业产品质量检验检测体系建设。鼓励检验检测技术服务机构由提供单一认证型服务向提供综合检测服务延伸。

（四）科技成果转化服务。完善科技中介体系，大力发展专业化、市场化的科技成果转化服务。发展技术交易市场，鼓励建立具备技术咨询评估、成果推介、融资担保等多种功能的技术转移服务机构。鼓励社会资本投资设立新型转化实体，发展包括创业投资、创业辅导、市场开拓等多种业务的综合性科技成果转化服务。提升科技企业孵化器、生产力促进中心和大学科技园等机构的服务能力，推动市场化运营。

（五）信息技术服务。充分发挥现有信息网络基础设施的作用，依托宽带光纤、新一代移动通信网、下一代互联网、数字电视网等信息基础设施建设，大力发展网络信息服务和三网融合业务，着力推进网络技术和业务创新，培育基于移动互联网、云计算、物联网等新技术、新模式、新业态的信息服务。加强软件工具开发和知识库建设，提高信息系统咨询设计、集成实施、运营维护、测试评估和信息安全服务水平，面向行业应用提供系统解决方案。推动电子信息产品制造企业由单纯提供产品向提供综合解决方案和信息服务转变，完善电子信息产品售后服务。进一步增强承接软件和信息服务外包能力，着力培育有国际影响力的服务外包品牌。

（六）数字内容服务。加强数字文化教育产品开发和公共信息资源深化利用，构建便捷、安全、低成本的数字内容服务体系。促进数字内容和信息网络技术融合创新，拓展数字影音、数字动漫、健康游戏、网络文学、数字学习等服务，大力推动数字虚拟等技术在生产经营领域的应用。进一步推进人口、地理、医疗、社保等信息资源深度开发和社会化服务。

（七）电子商务服务。重点完善面向中小企业的电子商务服务体系，鼓励相关机构建立可信交易服务平台。加快促进集交易、电子认证、在线支付、物流、信用评估等服务于一体的第三方电子商务综合服务平台建设，培育一批骨干电子商务服务企业。

（八）生物技术服务。大力完善生物技术服务体系，加快培育和发展新业态。重点发展创新药物及产品的临床前研究和评价服务，形成具有特色的研发外包服务体系。积极发展胚胎工程、细胞工程、分子育种等现代生物农业技术服务，加速生物技术成果在农业领域的应用。加快发展生物环保技术服务。以国家生物信息共享体系为载体，开展生物信息技术服务和国际合作。

四、政策措施

国务院各有关部门和地方各级人民政府要在协调落实好国家支持科技创新、高技术产业和服务业发展有关政策的同时，进一步完善高技术服务业发展环境，加强政策创新和试点示范，针对高技术服务业发展的重点领域和重点任务，制定和完善相关政策措施。

（一）加大财税支持。积极发挥财政资金的杠杆作用，利用创业投资引导基金、科技型中小企业创新基金等资金渠道加大对高技术服务企业的支持力度，引导社会资金投向高技术服务业。鼓励有条件的地区设立高技术服务业发展专项资金。发展改革委会同有关部门组织实施高技术服务产业化专项。进一步统筹在岸和离岸高技术服务业发展。针对高技术服务业发展重点，研究完善高新技术企业认定范围，符合条件的高技术服务企业可享受相关税收优惠政策。检验检测、知识产权等高技术服务领域事业单位转制为企业的，可按规定享受有关税收优惠政策。按照增值税扩大征收范围改革总体安排，完善相关制度，解决高技术服务业发展存在的税收问题。

（二）拓展融资渠道。完善知识产权价值评估制度和管理规定，积极推行知识产权质押等融资方式。继续推动高技术服务产业基地发行中小企业集合债和集合票据。推动各类融资担保机构按照商业原则加大对高技术服务企业提供融资担保的力度。引导社会资本设立创业投资企业，支持符合条件的高技术服务企业在境内外特别是境内创业板上市，加快推进全国性证券场外交易市场建设，拓展高技术服务企业直接融资渠道。

（三）完善市场环境。有序开放高技术服务业市场，构建各类企业公平竞争的市场环境。在知识产权、检验检测、信息服务等领域进一步放开市场准入，对能够实行市场经营的服务要动员社会力量增加市场供给，充分发挥非公有制企业的作用。按照营利性机构与非营利性机构分开的原则，引导和推进知识产权、检验检测等领域体制机制改革，加强市场化服务。建立和完善高技术服务业技术体系、服务标准体系和职称评价体系，促进规范化发展。加快制定高技术服务业统计分类标准，完善统计方法和统计目录，加强统计调查和运行分析。加大高技术服务领域知识产权保护力度。完善价格政策，实现高技术服务企业用水、用电、用气与工业企业同质同量同价。实行有利于高技术服务业发展的土地管理政策。健全个人信息和商业数据保护规定，推广电子签名与认证应用，构建网络信任环境，保障信息安全。加强诚信体系建设，推进服务业务社会化。进一步完善高技术服务业市场法规和监管体制，规范市场秩序。

（四）培育市场需求。在信息技术服务、生物技术服务、知识产权服务等领域开展应用示范，培育高技术服务市场需求。切实落实并完善居民小区光纤接入建设等方面技术规范和管理规定，以基础设施升级促进信息服务业务发展。加大政府采购高技术服务的力度，拓展政府采购高技术服务的领域，鼓励政府部门将可外包的信息技术服务、检验检测服务、知识产权服务等业务发包给专业服务企业，实现服务提供主体和提供方式多元化。

（五）增强创新能力。促进服务模式创新，推动高技术服务相关业务融合发展，探索适合新型服务业态发展的市场管理方式。促进高技术服务企业技术中心建设，鼓励集成创新。推动建立各具特色的高技术服务产业创新联盟，完善以企业为主体、产学研用相结合的创新体系。加强关键共性技术和支撑工具研发，完善成果转化中试条件，整合和完善现有公共服务平台，加强必要的软件平台、仿真环境、资源信息库、公共测试平台建设。支持高技术服务企业在国内外积极获取专利权和注册商标，实施标准战略，构建专利联盟。

（六）加强人才培养。鼓励采用合作办学、定向培养、继续教育等多种形式，创新高技术服务人才培养模式。完善高技术服务学科设置，允许部分地区高校根据产业需求自行设置高技术服务相关二级学科。鼓励高技术服务企业加大职工培训投入力度，提高职工培训费用计入企业成本的比例。加强创新型人才的引进和使用。完善技术入股、股票期权等知识资本化激励机制。健全高技术服务业人才评价体系，完善职业资格制度，加强人才科学管理。加快发展人力资源服务业，促进高技术服务业人才资源优化配置和合理流动。

（七）深化对外合作。扩大高技术服务领域对外开放，支持承接境外高端服务业转移，完善外商投资管理制度，引导外商投资我国高技术服务业。支持高技术服务企业“走出去”，通过海外并购、联合经营、设立分支机构等方式积极开拓国际及港澳台市场，鼓励在境外设立研发机构。推动政府间投资保护协定谈判，保护高技术服务企业海外投资利益。进一步完善外汇、出入境等方面管理，提升出入境检验检疫能力，促进高技术服务贸易发展。鼓励国内企业和协会参与制定国际标准，支持高技术服务自主标准国际化。

（八）引导集聚发展。依托优势地区，着力培育一批创新能力强、创业环境好、特色突出的高技术服务业集聚区。完善创新创业服务体系建设，促进创新资源向高技术服务业集聚区汇集。引导形成以龙头企业为核心、中小企业协同发展的高技术服务企业集群。支持建设一批高技术服务产业基地，鼓励在政策扶持、体制创新等方面积极探索、先行先试。引导和支持高技术服务企业与制造企业互动发展，依托优势产业集群，完善配套服务。

五、加强组织落实

发展高技术服务业是培育发展战略性新兴产业和服务业的重要任务，各地区、各部门要高度重视，切实加强组织领导，根据本指导意见的要求抓紧制定具体实施方案和落实措施，加大工作力度，确保各项任务措施落到实处。国务院有关部门要按照职能分工，加强对高技术服务业发展的协调指导，细化政策措施，创新体制机制，加强监督检查，推动我国高技术服务业又好又快发展。

国务院办公厅

二〇一一年十二月十二日

附录四 中国服务外包示范城市发展情况

服务外包发展指标		示范城市数量／个	
		2010 年	2011 年
接包合同执行金额	≥ 200 000 万美元	2	7
	150 000 ～ 200 000 万美元（含 150 000 万美元）	4	0
	100 000 ～ 150 000 万美元（含 100 000 万美元）	2	3
	50 000 ～ 100 000 万美元（含 50 000 万美元）	3	2
	10 000 ～ 50 000 万美元（含 10 000 万美元）	8	9
	< 10 000 万美元	2	0
离岸接包合同执行金额	≥ 150 000 万美元	3	6
	100 000 ～ 150 000 万美元（含 100 000 万美元）	4	3
	50 000 ～ 100 000 万美元（含 50 000 万美元）	2	1
	20 000 ～ 50 000 万美元（含 20 000 万美元）	5	10
	10 000 ～ 20 000 万美元（含 10 000 万美元）	4	1
	＜ 10 000 万美元	3	0
企业数	> 1 000 家	2	4
	501 ～ 1 000 家	5	5
	301 ～ 500 家	6	7
	201 ～ 300 家	3	4
	≤ 200 家	5	1
从业人员	> 150 000 人	3	7
	100 001 ～ 150 000 人	5	3
	50 001 ～ 100 000 人	5	8
	30 001 ～ 50 000 人	4	1
	≤ 30 000 人	4	2
受训人数	>50 000 人	5	9
	30 001 ～ 50 000 人	4	2
	20 001 ～ 30 000 人	5	6
	10 001 ～ 20 000 人	4	3
	≤ 10 000 人	3	1
认证数量	> 400 个	4	5
	301 ～ 400 个	4	4
	201 ～ 300 个	4	5
	101 ～ 200 个	5	6
	≤ 100 个	4	1

附录五　中国服务外包示范城市代表园区

北京

序号	园区名称	序号	园区名称
1	中关村科技园区海淀园	2	朝阳区北京商务中心区
3	昌平区中关村生命科学园	4	大兴区大兴生物医药产业基地
5	北京经济技术开发区	6	密云县北京呼叫中心产业基地

天津

序号	园区名称	序号	园区名称
1	天津经济技术开发区	2	滨海高新区
3	天津港保税区	4	武清区
5	南开区	6	北辰区
7	西青区	8	河西区
9	中新天津生态城		

上海

序号	园区名称	序号	园区名称
1	张江金融信息服务外包专业园区	2	长宁数字媒体服务外包专业园区
3	张江生物医药服务外包专业园区	4	天地信息技术服务外包专业园区
5	南汇生物医药服务外包专业园区	6	财经大学金融服务外包专业园区
7	信息技术服务外包专业园区（浦东软件园）	8	张江信息技术服务外包专业园区
9	卢湾人力资源服务外包专业园区	10	金桥研发设计服务外包专业园区
11	陆家嘴信息技术服务外包专业园区	12	嘉定汽车研发设计服务外包专业园区

重庆

序号	园区名称	序号	园区名称
1	北部新区	2	渝北区
3	渝中区	4	南岸区
5	西永微电子产业园区	6	万州区
7	永川区	8	沙坪坝区
9	北碚区	10	巴南区
11	两江新区	12	綦江区
13	九龙坡区	14	大渡口区
15	合川区	16	江北区
17	江津区	18	长寿区

大连

序号	园区名称	序号	园区名称
1	大连软件园		

深圳

序号	园区名称	序号	园区名称
1	深圳软件园	2	马家龙工业区

广州

序号	园区名称	序号	园区名称
1	广州开发区	2	南沙开发区
3	天河软件园	4	黄花岗科技园
5	番禺区		

武汉

序号	园区名称	序号	园区名称
1	光谷软件园	2	光谷金融港
3	光谷创意产业基地		

哈尔滨

序号	园区名称	序号	园区名称
1	黑龙江省联通呼叫中心园区	2	黑龙江省地理信息产业园
3	黑龙江动漫产业基地	4	黑大软件园
5	哈尔滨理工大学服务外包产业园	6	哈尔滨工业大学科技园
7	哈尔滨工程大学科技园服务外包园区	8	哈南国际数据城（“中国云谷”）
9	科技创新城		

成都

序号	园区名称	序号	园区名称
1	成都天府软件园		

南京

序号	园区名称	序号	园区名称
1	雨花台区	2	南京江宁经济技术开发区
3	南京高新技术产业开发区	4	玄武区
5	鼓楼区	6	秦淮区国际服务外包示范区
7	建邺区	8	南京国际服务外包产业园（江东软件城）
9	南京模范路科技创新园区		

西安

序号	园区名称	序号	园区名称
1	西安软件园	2	西安服务外包产业园
3	西安航天基地服务外包产业园	4	碑林动漫产业园
5	西安金融商务区	6	西安航空服务外包园
7	西安国际港务区物流外包园		

济南

序号	园区名称	序号	园区名称
1	齐鲁软件园		

杭州

序号	园区名称	序号	园区名称
1	新加坡杭州科技园	2	杭州东部软件园

合肥

序号	园区名称	序号	园区名称
1	合肥蜀山服务外包示范园	2	合肥经济技术开发区创新创业园
3	高新区	4	绿地赢海大厦服务外包特色楼宇
5	安徽服务外包产业园		

南昌

序号	园区名称	序号	园区名称
1	浙江大学（江西）科技园		

长沙

序号	园区名称	序号	园区名称
1	长沙高新技术产业开发区	2	隆平科技产业园
3	岳麓科技产业园	4	长沙青竹湖生态科技（产业）园

大庆

序号	园区名称	序号	园区名称
1	大庆服务外包产业园	2	大庆软件园
3	大庆黑龙江软件园	4	石油工程技术服务集聚区

苏州

序号	园区名称	序号	园区名称
1	苏州工业园区国际科技园	2	苏州工业园区生物纳米园
3	苏州现代物流园	4	常熟大学科技园和科技城
5	张家港软件（动漫）产业园	6	苏州高新区科技城和创业园
7	昆山花桥国际商务城和软件园	8	太仓 LOFT 创意产业园和国际服务外包园
9	中新科技城	10	吴中科技园
11	太湖科创产业园		

无锡

序号	园区名称	序号	园区名称
1	无锡（国家）软件园	2	中关村软件园太湖分园
3	无锡（太湖）国际科技园	4	江阴高新区服务外包产业园
5	无锡惠山软件外包园（O-PARK）	6	南长科技创新及服务外包集聚区管理中心
7	V-Park 信息服务和创意产业园	8	无锡山水城（科教产业园）
9	无锡生物医药研发服务外包区	10	无锡（国家）工业设计园

厦门

序号	园区名称	序号	园区名称
1	厦门市软件园	2	厦门市现代物流园区

附录六 中国服务外包示范城市代表企业

北京

序号	企业名称	序号	企业名称
1	奥博杰天软件（北京）有限公司	2	康龙化成（北京）新药技术有限公司
3	保诺科技（北京）有限公司	4	路通世纪（中国）科技有限公司
5	北京护航科技有限公司	6	软通动力信息技术（集团）有限公司
7	北京瑞友科技股份有限公司	8	瞬联软件科技（北京）有限公司
9	北京新聚思信息技术有限公司	10	同方鼎欣信息技术有限公司
11	北京信必优信息技术有限公司	12	纬创软件（北京）有限公司
13	北京义翘神州生物技术有限公司	14	文思创新软件技术有限公司
15	北京中软国际信息技术有限公司	16	幸星数字娱乐科技（北京）有限公司
17	博彦科技股份有限公司	18	宇思信德科技（北京）有限公司
19	方正国际软件（北京）有限公司	20	中科创达软件科技（北京）有限公司

天津

序号	企业名称	序号	企业名称
1	芯愿景软件有限公司	2	联盟计算机服务（天津）有限公司
3	通标标准技术服务（天津）有限公司	4	天津南大强芯半导体芯片设计有限公司
5	维斯塔斯风力技术（中国）有限公司	6	天津先进信息产品有限公司
7	奥贝泰克药物化学（天津）有限公司	8	东软集团（天津）有限公司
9	天津北星博辉科技发展有限公司	10	爱思爱（天津）高科技有限公司
11	飞思卡尔强芯（天津）集成电路设计有限公司	12	软通动力信息技术有限公司
13	飞思卡尔半导体（中国）有限公司	14	CSC 信息科技（天津）有限公司

上海

序号	企业名称	序号	企业名称
1	上海贝塔斯曼商业服务有限公司	2	上海药明康德新药开发有限公司
3	上海皿鎏软件有限公司	4	上海幻维数码创意科技有限公司
5	安德普翰商务服务（上海）有限公司	6	易唯思商务咨询（上海）有限公司
7	汇丰技术服务（中国）有限公司	8	上海华泛信息服务有限公司
9	尚华医药研发服务集团	10	上海腾程医学科技信息有限公司
11	上海中和软件有限公司	12	上海微创软件服务有限公司
13	上海海隆软件服务有限公司	14	上海威虎网络通讯有限公司

重庆

序号	企业名称	序号	企业名称
1	重庆贝叶科技发展有限公司	2	重庆市擎天博元科技有限公司
3	重庆大龙网科技有限公司	4	重庆美联国际仓储运输（集团）有限公司
5	重庆西信天元数据资讯有限公司	6	重庆中远国际货运有限公司
7	重庆亚德科技股份有限公司		

大连

序号	企业名称	序号	企业名称
1	国际商业机器全球服务（大连）有限公司	2	大连信华信息技术有限公司

序号	企业名称	序号	企业名称
3	埃森哲信息技术（大连）有限公司	4	野村信息技术（大连）有限公司
5	简柏特（大连）有限公司	6	FIL（大连）科技有限公司
7	东软集团（大连）有限公司	8	安永全球商务服务（大连）有限公司
9	戴尔（厦门）有限公司大连分公司	10	松下电器软件开发（大连）有限公司
11	海辉软件（大连）有限公司	12	索尼信息系统（大连）有限公司
13	大连华信计算机技术股份有限公司	14	益德穿梭科技（大连）有限公司
15	亿达信息技术有限公司	16	大连慧搜网络技术有限公司
17	花旗数据处理（上海）有限公司大连分公司	18	大连信雅达软件有限公司
19	上海惠普有限公司大连分公司	20	大连创盛科技有限公司

深圳

序号	企业名称	序号	企业名称
1	艾思捷采购咨询（深圳）有限公司	2	联发软件设计（深圳）有限公司
3	爱德华光网络（深圳）有限公司	4	深圳市联合利丰供应链管理有限公司
5	大展信息科技（深圳）有限公司	6	麦得思仓储物流（深圳）有限公司
7	多美玩具（深圳）有限公司	8	麦迪实计算机软件（深圳）有限公司
9	飞利浦电子（深圳）有限公司	10	深圳市年富实业发展有限公司
11	福瑞博德软件开发（深圳）有限公司	12	深圳市维恩贝特信息技术有限公司
13	深圳市富森供应链管理有限公司	14	深圳文思创新软件技术有限公司
15	富士施乐采购咨询（深圳）有限公司	16	新钶信息系统（深圳）有限公司
17	和记电讯信息科技（深圳）有限公司	18	雅达电源制品（深圳）有限公司
19	惠而浦产品研发（深圳）有限公司	20	深圳市易思博信息技术有限公司
21	柯尼卡美能达咨询（深圳）有限公司	22	卓银软件（深圳）有限公司

武汉

序号	企业名称	序号	企业名称
1	惠普企业服务交付（武汉）有限公司	2	武汉凯迪电力环保有限公司
3	武汉佰钧成技术有限责任公司	4	武汉立得空间信息技术发展有限公司
5	博彦科技（武汉）有限公司	6	领航动力信息系统有限公司
7	武汉传神信息技术有限公司	8	软通动力信息技术集团（武汉）有限公司
9	东风设计研究院有限公司	10	武汉天喻信息产业股份有限公司
11	武汉东浦信息技术有限公司	12	武汉威仕达软件工程有限公司
13	方正国际软件（武汉）有限公司	14	武大吉奥信息技术有限公司
15	武汉光庭数据导航（武汉）有限公司	16	中国电力工程顾问集团中南电力设计院
17	江通动画股份有限公司	18	中冶南方工程技术有限公司
19	武汉捷讯信息技术有限公司	20	中英融贯资讯（武汉）有限公司

哈尔滨

序号	企业名称	序号	企业名称
1	哈尔滨鼎鑫数据科技有限公司	2	哈尔滨极光文化传播有限公司
3	哈尔滨东森科技发展有限公司	4	哈尔滨凯普乐德莱维软件开发有限公司
5	哈尔滨国裕数据技术服务有限公司	6	哈尔滨兰诺数码有限公司
7	哈尔滨电机厂有限责任公司	8	哈尔滨乐辰科技有限责任公司
9	哈尔滨电气国际工程有限责任公司	10	哈尔滨奇安科技发展有限公司
11	哈尔滨锅炉厂有限责任公司	12	哈尔滨世纪龙翔科技开发有限公司
13	哈尔滨嘉鸿科技开发有限公司	14	哈尔滨益进信息技术有限公司
15	哈尔滨汽轮机厂有限责任公司	16	哈尔滨翼鹏科技有限公司

序号	企业名称	序号	企业名称
17	哈尔滨鑫昱通信技术开发有限公司	18	哈尔滨市中孚伟业科技有限公司
19	哈尔滨工业大学软件工程股份有限公司	20	黑龙江中软计算机股份有限公司

成都

序号	企业名称	序号	企业名称
1	IBM 成都全球服务执行中心	2	成都睿智化学研究有限公司
3	成都育碧电脑软件有限公司	4	摩托罗拉（中国）电子有限公司成都第二分公司
5	音泰思计算机技术（成都）有限公司	6	成都迈思信息技术有限公司
7	新电信息科技（成都）有限公司	8	马士基信息处理（成都
9	维塔士电脑软件（成都）有限公司	10	成都力方数字科技有限公司
11	成都维纳软件有限公司	12	成都聚思力信息技术有限公司
13	成都万创科技有限责任公司	14	成都建筑材料工业设计研究院有限公司
15	泰立嘉（成都）科技有限公司	16	叠拓信息技术（北京）有限公司成都分公司
17	成都索贝数码科技股份有限公司	18	成都颠峰软件有限公司
19	成都兴斯普数字媒体软件有限公司	20	中国成达工程有限公司

南京

序号	企业名称	序号	企业名称
1	华为软件技术有限公司	2	南京擎天科技有限公司
3	福特汽车工程研究 (南京) 有限公司	4	江苏润和软件股份有限公司
5	南京中兴软创科技股份有限公司	6	中博信息技术研究院有限公司
7	南京朗讯科技通信有限公司	8	南京文思创新软件技术有限公司
9	联创亚信科技（南京）有限公司	10	南京金利检验有限公司
11	三星电子（中国）研发中心	12	南京金斯瑞生物科技有限公司
13	联迪恒星（南京）信息系统有限公司	14	熊猫电子集团有限公司
15	中博信息技术研究院有限公司	16	南京熊猫信息产业有限公司
17	南京富士通南大软件技术有限公司	18	国电南瑞科技股份有限公司
19	南京朗坤软件有限公司	20	南京首屏科技有限公司
21	江苏原力电脑动画制作有限公司	22	南京南瑞继保电气有限公司
23	南京中图数码科技有限公司	24	南京飞麟影视制作有限公司
25	江苏南大苏富特科技股份有限公司	26	江苏省邮电建设工程有限公司
27	南京欣网视讯通信科技有限公司	28	江苏省邮电规划设计院有限责任公司
29	摩托罗拉移动技术（中国）有限公司南京分公司	30	南京莱斯信息技术股份有限公司
31	江苏省通信服务有限公司	32	江苏邮通建设监理有限公司
33	诚迈科技（南京）有限公司	34	江苏通信置业管理有限公司

济南

序号	企业名称	序号	企业名称
1	浪潮集团有限公司	2	山东碧通通信技术有限公司
3	山东中创软件工程股份有限公司	4	山东万博科技股份有限公司
5	NEC 软件（济南）有限公司	6	山东微创软件有限公司
7	济南凌佳科技有限公司	8	优创（济南）数据技术有限公司
9	济南东忠软件有限公司	10	山东世博华创动漫传媒有限公司
11	济南华信计算机技术有限公司	12	普联软件服务外包（济南）有限公司
13	山东东方道迩数字数据技术有限公司	14	山东瀚高科技有限公司
15	山东旅科信息有限公司	16	山东源和电站工程技术有限公司
17	亿帆环球科技（济南）有限公司	18	昱胜资讯（济南）有限公司

序号	企业名称	序号	企业名称
19	戈尔特西斯科技（济南）有限公司	20	山东太古飞机工程有限公司
21	山东绿邦数据服务股份有限公司		

杭州

序号	企业名称	序号	企业名称
1	道富信息科技（浙江）有限公司	2	杭州海康威视数字技术股份有限公司
3	罗特软件系统（杭州）有限公司	4	恒生电子股份有限公司
5	网迅（中国）软件有限公司	6	杭州华三通信技术有限公司
7	艾博生物医药（杭州）有限公司	8	华信邮电咨询设计研究院有限公司
9	杭州东忠科技有限公司	10	诺基亚西门子通信技术（北京）有限公司浙江分公司
11	虹软（杭州）多媒体信息技术有限公司	12	威睿电通（杭州）有限公司
13	浙江舒奇蒙光伏科技有限公司	14	浙大网新科技股份有限公司
15	浙江省邮电工程建设有限公司	16	浙江大华技术股份有限公司
17	中控科技集团有限公司	18	杭州中肽生化有限公司

合肥

序号	企业名称	序号	企业名称
1	科大恒星电子商务技术有限公司	2	联合包裹外包服务（安徽）有限公司
3	安徽海金水泥技术发展有限公司	4	安徽宝葫芦信息科技集团股份有限公司
5	安徽和信科技发展有限责任公司	6	安徽省交通规划设计研究院
7	安徽华文国际经贸股份有限公司	8	安徽讯飞智元信息科技有限公司
9	安徽科大讯飞信息科技股份有限公司	10	安徽易德人力资源管理有限公司
11	安徽南瑞继远软件有限公司	12	合肥艾迪康临床检验所有限公司
13	安徽省外国企业服务有限公司	14	合肥安达电子有限责任公司
15	安徽四创电子股份有限公司	16	合肥晶奇电子科技有限公司
17	安徽皖能电力运营检修有限公司	18	合肥水泥研究设计院
19	安徽易联星通服务外包有限公司	20	联发科技（合肥）有限公司
21	安徽易商数码科技有限公司	22	联合利华（中国）有限公司
23	安徽兆尹信息科技有限责任公司	24	联合利华服务（合肥）有限公司
25	北京外企人力资源服务安徽有限公司	26	思科系统（中国）研发有限公司合肥分公司
27	东华工程科技股份有限公司	28	四川顺丰通讯科技有限公司合肥分公司
29	合肥凯捷技术有限公司	30	亚微信息技术（安徽）有限公司
31	合肥智明星通软件科技有限公司		

南昌

序号	企业名称	序号	企业名称
1	贝谷科技股份有限公司	2	江西优码创达软件技术有限公司
3	江西笛卡传媒有限公司	4	捷德（中国）信息科技有限公司
5	健华安德（南昌）服务外包有限公司	6	南昌昊威天承信息技术有限公司
7	江西博微新技术有限公司	8	欧唯特服务外包（南昌）有限公司
9	江西鼎文多媒体有限公司	10	思创数码科技股份有限公司
11	江西汇天科技有限公司	12	泰豪软件股份有限公司
13	江西火森信息技术有限公司	14	先锋软件股份有限公司
15	江西金格科技股份有限公司	16	英华达（南昌）科技有限公司
17	江西联微软件技术有限公司	18	远景（南昌）科技有限公司
19	江西尚通科技发展有限公司	20	中兴软件技术（南昌）有限公司

大庆

序号	企业名称	序号	企业名称
1	大庆市华拓数码科技有限公司	2	大庆市嘉华科技有限公司
3	大庆京北方信息技术有限公司	4	大庆思特传媒科技有限公司
5	大庆金桥信息技术工程有限公司	6	大庆开发区广维勘察测绘有限责任公司
7	大庆锦华联电子信息科技开发有限公司	8	大庆医行华夏科技有限公司
9	大庆开发区华创电子有限公司	10	金蝶软件（中国）有限公司大庆分公司
11	大庆明达韦尔信息系统服务有限公司	12	大庆恒通电子有限公司
13	大庆纳奇网络开发有限公司	14	大庆百米马流体控制有限公司
15	大庆英辰创新科技有限公司	16	大庆朗墨光电有限公司
17	黑龙江盛世润通文化传媒有限公司	18	黑龙江美图建筑装饰工程有限公司
19	大庆市科铼数字科技有限公司	20	大庆高新区中环电力控制系统有限公司
21	大庆三维软件有限责任公司	22	黑龙江省建筑标准设计研究院有限公司

苏州

序号	企业名称	序号	企业名称
1	中美冠科生物技术（太仓）有限公司	2	明基逐鹿软件（苏州）有限公司
3	苏州昭衍新药研究中心有限公司	4	江苏欧索软件有限公司
5	江苏网路神电子商务技术有限公司	6	江苏仕德伟网络科技股份有限公司
7	江苏远洋数据有限公司	8	新宇软件（苏州工业园区）有限公司
9	华道数据处理（苏州）有限公司	10	方正国际软件有限公司
11	苏州药明康德新药开发有限公司	12	新电信息（苏州）科技有限公司
13	吴江近岸蛋白质科技有限公司	14	苏州华冠科技有限公司
15	江苏国泰新点软件有限公司	16	苏州工业园区凌志软件有限公司
17	华硕科技（苏州）有限公司	18	苏州大宇宙信息创造有限公司
19	江苏富士通通信技术有限公司	20	宏智科技（苏州）有限公司

无锡

序号	企业名称	序号	企业名称
1	无锡海辉软件有限公司	2	泛亚信息技术江苏有限公司
3	无锡研勤信息科技有限公司	4	无锡诺威特信息科技有限公司
5	无锡华润矽科微电子有限公司	6	无锡企源投资有限公司
7	中软国际资源信息技术（无锡）有限公司	8	无锡九久动画制作有限公司
9	横新软件工程（无锡）有限公司	10	无锡融天信息技术有限公司
11	中兴智能交通（无锡）有限公司	12	萨孚凯信息系统技术（北京）有限公司
13	无锡恩梯梯数据有限公司	14	英脉特信息技术（无锡）有限公司
15	贝斯（无锡）信息系统有限公司	16	无锡同捷汽车设计有限公司
17	贝卡尔特（中国）技术研发有限公司	18	软通动力信息系统服务有限公司
19	无锡新思软件技术有限公司	20	无锡药明康德新药开发有限公司

厦门

序号	企业名称	序号	企业名称
1	翼华科技（厦门）有限公司	2	厦门思迪科技有限公司
3	厦门海实科技有限公司	4	思源（厦门）软件科技有限公司
5	微泰科技（厦门）有限公司	6	厦门旸升信息服务有限公司
7	雅马哈发动机（厦门）信息系统有限公司	8	意博（厦门）网络服务有限公司
9	大北欧通讯设备（中国）有限公司	10	厦门银禾软件有限公司

序号	企业名称	序号	企业名称
11	中国厦门外轮代理有限公司	12	厦门银据空间地理信息有限公司
13	戴尔（中国）有限公司	14	厦门掌通信息科技有限公司
15	厦门弘信国际物流有限公司	16	亚尔迪（厦门）科技有限公司
17	厦门吉联科技有限公司	18	厦门速传物流发展股份有限公司
19	厦门精图信息技术股份有限公司	20	芯群集成电路（厦门）有限公司
21	厦门联合国际船舶代理有限公司	22	厦门凌越资讯有限公司
23	厦门舜亚科技有限公司	24	锐骐（厦门）电子科技有限公司

附录七　中国服务外包示范城市代表培训机构

北京

序号	培训机构名称	序号	培训机构名称
1	北京测试空间科技发展有限公司	2	北京琅德北软教育科技有限责任公司
3	北京工业职业技术学院	4	北京联合大学培训中心
5	北京华信智原教育技术有限公司	6	北京邮电大学
7	北京交通大学软件学院	8	北京中软国际教育科技有限公司

天津

序号	培训机构名称	序号	培训机构名称
1	天津滨海技能开发有限责任公司	2	天津开发区中软卓越信息技术有限公司

上海

序号	培训机构名称	序号	培训机构名称
1	上海杰普软件科技有限公司	2	上海市北高新园区职业技能培训中心
3	上海外服国际人才培训中心	4	上海黄浦区博为峰教育培训中凡
5	上海计算技术培训中心	6	长宁民社学院
7	上海启明信息技术培训中心	8	上海外服国际人才培训中心
9	上海人才教育进修学院	10	上海计算技术培训中心
11	上海威迅天达软件专修学院	12	上海新长宁教育培训
13	上海市申信信息技术专修学院	14	张江创新学院
15	上海张江生物医药职业技能培训中心	16	上海企顺技能培训学校
17	上海交通大学（继续教育学院）		

重庆

序号	培训机构名称	序号	培训机构名称
1	重庆大学软件学院	2	西南大学
3	重庆邮电大学	4	重庆服务外包软件学院
5	重庆新东方计算机学校	6	重庆大学科技园海王星 IT 认证教育中心
7	宝利阳培训认证中心	8	重庆正大软件职业技术学院
9	重庆服务外包学院		

大连

序号	培训机构名称	序号	培训机构名称
1	大连华信计算机新技术培训中心	2	大连理工大学软件学院
3	大连交通大学软件学院	4	大连外国语学院软件学院
5	大连大工创智专修学校	6	大连安博
7	大连中软卓越计算机培训中心	8	大连东软软件人才培训中心
9	大连东软信息学院		

深圳

序号	培训机构名称	序号	培训机构名称
1	深圳市罗湖区鲲鹏职业技术培训中心	2	深圳市远标培训中心

武汉

序号	培训机构名称	序号	培训机构名称
1	武汉厚溥职业培训学校	2	湖北思远信息技术培训学院

哈尔滨

序号	培训机构名称	序号	培训机构名称
1	哈尔滨博城职业培训学校	2	黑龙江测绘局教育中心
3	哈尔滨中孚软件外包职业培训学校	4	哈尔滨金达职业培训学校
5	黑龙江赛斯特职业培训学校	6	哈尔滨三叶计算机职业培训学校
7	哈尔滨嘉恒职业培训学校	8	黑龙江对外经济学院
9	哈尔滨乐辰软件外包职业培训学校	10	哈尔滨新一搏职业培训学校
11	哈尔滨市南岗区银河网络教育中心	12	延寿哈工大微机外语学校

成都

序号	培训机构名称	序号	培训机构名称
1	成都大学	2	成都夏尔数字娱乐职业技能培训中心
3	成都信息工程学院软件与服务外包学院	4	成都高新金海洋教育中心
5	四川商务职业学院	6	成都市青羊区力方职业技能培训学校
7	四川国信安职业培训学校	8	成都市现代职业技术学校
9	成都华迪信息技术学校	10	成都市工业职业技术学校
11	电子科大产业服务人才中心	12	四川省成都市中和职业中学
13	成都西源软件技术有限公司	14	四川邮电职业技术学院
15	成都维纳软件职业培训学校	16	成都市成华区创新职业技能培训学校
17	成都斯普软件职业技能培训中心	18	成都麒麟飞图劳动职业技能培训中心
19	成都英才软件职业技能培训学校	20	成都智谷软件技术职业技能培训学校
21	成都东软学院	22	成都三叠纪数字艺术职业技能培训学校
23	西南石油大学计算机培训中心	24	成都天符人瑞教育咨询有限公司
25	成都职业技术学院	26	西南财经大学天府学院
27	成都财贸职业高级中学	28	四川托普信息技术职业学院
29	成都电子机械高等专科学校		

南京

序号	培训机构名称	序号	培训机构名称
1	南京协同职业培训中心	2	江苏万和计算机培训中心
3	南京中博职业培训学校	4	江苏微软技术中心
5	南京联迪杰易软件培训学校	6	南京九元素职业培训学校
7	南京普雷信息培训学校	8	南京东软人才培训中心
9	南京协同职业培训中心	10	南京南大苏富特服务外包人才培训中心
11	江苏中江信息技术培训学校		

西安

序号	培训机构名称	序号	培训机构名称
1	西安软件服务外包学院	2	维多利亚加中教育集团
3	西安深蓝软件开发实践培训学校	4	西安博雅国际培训学校
5	西安开创天诚计算机培训学校	6	西安长城职业技术培训学校
7	西安雁塔行知汇元软件培训学校	8	西安通瀛软件技术职业培训学校
9	西安交大产业集团职业培训中心	10	西安英达科技培训学校

济南

序号	培训机构名称	序号	培训机构名称
1	山东大学软件学院	2	山东英才学院服务外包学院
3	山东交通学院	4	济南市凌佳软件外包培训学校
5	济南大学	6	济南市红枫服务外包培训学校
7	山东商业职业技术学院	8	济南市万博培训学校
9	山东中印服务外包专修学院	10	济南市木田培训学校
11	山东海天软件工程专修学院	12	济南成功培训学校
13	山东软件工程师培养基地	14	济南市奋斗教育职业培训学校
15	济南新视觉传艺培训学校	16	山东金桥信息技术培训中心
17	山东师创软件实训学院		

杭州

序号	培训机构名称	序号	培训机构名称
1	杭州达内科技有限公司		

合肥

序号	培训机构名称	序号	培训机构名称
1	合肥中科金诺职业培训学校	2	安徽合肥服务外包职业培训学校
3	合肥科海信息技术职业培训学校	4	安徽菲斯科培训咨询有限公司
5	安徽中澳科技职业学院	6	安徽创睿软件技术有限公司
7	安徽省通信产业服务有限公司培训分公司		

南昌

序号	培训机构名称	序号	培训机构名称
1	江西昌大蓝山教育培训中心	2	江西泰豪动漫职业学院
3	江西省联微信息技术职业培训学校	4	江西泰豪职业技能培训学院
5	南昌先锋服务外包教育有限公司	6	中兴软件技术（南昌）职业培训中心

长沙

序号	培训机构名称	序号	培训机构名称
1	湖南青苹果数据中心有限公司	2	湖南微凯信息科技有限公司
3	湖南拓肯文化传播有限公司	4	长沙艾迪康医学检验所有限公司
5	湖南全洲现代物流有限公司	6	长沙五牛电子商务有限公司
7	湖南创博龙智信息科技股份有限公司	8	湖南外国语职业学院
9	中软国际（湖南）信息技术有限公司	10	长沙市中软计算机培训中心
11	长沙明照日本语专修学院		

大庆

序号	培训机构名称	序号	培训机构名称
1	黑龙江达内软件技术有限公司		

苏州

序号	培训机构名称	序号	培训机构名称
1	苏州市风云软件职业培训学校	2	常熟市苏富特服务外包人才培训中心

序号	培训机构名称	序号	培训机构名称
3	苏州软件园培训中心有限公司	4	太仓健雄职业技术学院
5	苏州市中科职业培训学校	6	苏州索迪培训中心
7	苏州高博软件培训中心	8	昆山安博服务外包实训基地
9	苏州工业园区服务外包职业学院		

无锡

序号	培训机构名称	序号	培训机构名称
1	NIIT（中国）服务外包学院	2	无锡市公共实训基地
3	无锡达内科技有限公司	4	江南大学
5	无锡科技职业学院	6	无锡市埃卡内基培训学校

厦门

序号	培训机构名称	序号	培训机构名称
1	厦门海实科技有限公司	2	集美大学计算机工程学院
3	IBM-ETP（厦门•思明）软件和服务外包人才实训基地	4	厦门理工学院
5	厦门邦初职业培训学校	6	厦门软件职业技术学院
7	厦门市中山北大青鸟职业培训学校	8	厦门硕泰商务科技有限公司
9	厦门城市职业学院	10	厦门万策智业科技有限公司
11	厦门海洋职业技术学院	12	厦门中软卓越教育服务有限公司
13	华侨大学厦门工学院	14	中娱文化股份有限公司

《中国服务外包发展报告 2012》编审成员、学术委员会与专家组成员一览表

（一）编写成员

姓名	单位及职务	备注
	主编	
朱晓明	中国服务外包研究中心 名誉主任 中欧国际工商学院 院长 上海交通大学经济与管理学院 名誉院长	教授、博士生导师
周柳军	商务部服务贸易和商贸服务业司 司长	
蹇芳莉	中国服务外包研究中心 主任	
	副主编	
金世和	中国服务外包研究中心 副主任	高级经济师、高级国际商务师
李庭辉	中国服务外包研究中心 顾问	研究员
杨　梅	中国服务外包研究中心 研究员	硕士
	成员	
江　维	中国服务外包研究中心 研究员	博士
尚庆琛	中国服务外包研究中心 研究员	博士
季　成	华鑫证券 TMT（科技、媒体和通信）研究团队负责人	博士
郑忠良	中国服务外包研究中心 研究员	博士
陈宁生	中国服务外包研究中心 办公室负责人	高级工程师
姜丽花	浙江大学宁波理工学院 宁波市服务外包研究中心	博士
孙晓琴	广东外语外贸大学国际服务外包研究院 院长	教授
沙　琦	鼎韬服务外包研究院 副总监、高级咨询顾问	
石　璜	中国服务外包研究中心 研究助理	硕士
肖颖君	中国服务外包研究中心 研究助理	
曹佩华	中国服务外包研究中心 研究助理	
孙　瑜	中国服务外包研究中心 研究助理	
卢淑君	中国服务外包研究中心 办公室主任助理	
任轶凡	中国服务外包研究中心 研究助理	硕士

（二）审核成员

姓　名	单位及职务	备　注
王新培	上海市商务委员会 副主任	
徐兴锋	商务部服务贸易和商贸服务业司 处长	博士
王晓佳	商务部服务贸易和商贸服务业司 调研员	
张素心	上海金桥出口加工区管委会 常务副主任 上海金桥（集团）有限公司 总经理	博士
沈　荣	上海金桥出口加工区开发股份有限公司 总经理	
孙嘉荣	上海商务委员会国际服务贸易处 处长	MBA
马学杰	上海市浦东新区商务委 副主任	博士
李宇宏	上海市浦东新区商委服务业发展处 处长	博士
李建辉	商务部服务贸易和商贸服务业司	
徐美华	上海市科委 秘书长	教授级高级工程师
张剑波	上海张江高新技术产业开发区领导小组办公室 处长	教授级高级工程师
李幼林	上海金桥出口加工区管委会 副主任	博士
李京梅	博彦科技（北京）有限公司 副总裁	
李　楠	软通动力 高级总监	博士

（三）学术委员会成员

姓　名	单位及职务	备　注
	主　任	
汪应洛	中国工程院 院士 西安交通大学管理学院 名誉院长	教授、博士生导师
王新奎	上海市政协 副主席 上海市工商联 主席 WTO 事务咨询中心 副理事长、总裁	博士、教授
	副主任	
王方华	上海交通大学安泰经济与管理学院 院长	教授、博士生导师
肖　文	浙江大学宁波理工学院经济与贸易学院 院长	教授、博士生导师
覃　正	南方科技大学 副校长	教授、博士生导师
张维炯	中欧国际工商学院 副院长	博士、教授
陈　进	对外经济贸易大学信息学院 院长 现代服务业研究中心 主任	教授、博士生导师
顾　明	清华大学软件学院 副院长	研究员
	成　员	
卢　锋	北京大学中国经济研究中心 副主任	教授、博士生导师
任荣明	上海交通大学安泰经济与管理学院	教授、博士生导师
兰宜生	上海财经大学国际工商管理学院	教授、博士生导师
郛适融	上海应用技术学院	教授

（四）专家委员会成员

姓名	单位及职务	备注
主　席		
霍建国	商务部国际贸易经济合作研究院 院长 中国服务外包研究中心 高级顾问	博士
刘积仁	东软集团有限公司 董事长兼 CEO 东北大学 副校长 计算机软件国家工程研究中心 主任	教授、博士生导师
副主席		
寿子琪	上海市科委 主任	教授级高级工程师
郭　昕	北京云基地智库 云华时代智能科技有限公司 董事长	
曲玲年	北京服务外包企业协会 理事长	高级工程师
瞿嘉东	旭天发展有限公司 董事长	MIT 斯隆学者及 MBA
刘天文	软通动力 董事长兼 CEO	MIT 斯隆学者及 MBA
林承亮	浙江大学宁波理工学院经济与贸易学院 副院长	副教授
宋东今	中国商务出版社 副社长 《中国服务外包》杂志社 社长、总编辑	
成　员		
郑　韶	上海市发展改革研究院 中国服务外包研究中心 顾问	研究员
陈志列	研祥智能科技股份有限公司董事局 主席	EMBA
陈　举	中关村软件园 高级顾问	
高　炜	大连软件园 总裁、中国软件行业协会 理事	硕士
刘　宁	西安炎兴科技公司 董事长、总经理	MBA、博士
张天兵	科尔尼公司 全球合伙人	
杨　鹏	华道数据处理（北京）有限公司 总裁 中国金融外包研究中心 常务副主任	MBA、高级研究员
李　波	软通动力大中国区 事业群总裁	博士
屈中华	IBM 全球服务 (中国) 公司 高级经理	硕士、MBA
高耀松	上海国际经济贸易研究所 所长	
武连峰	IDC 中国行业研究与咨询服务部 助理副总裁	
于　坚	上海易方客户服务中心 董事长	EMBA

姓　名	单位及职务	备　注
夏卫东	美国佛罗里达国际大学商学院 终身教授 新桥博研 创始人	教授
薛庆林	《中国服务外包》杂志社 常务副社长	
杨　冬	大连软件园股份有限公司 副总裁	
齐海涛	鼎韬外包服务有限公司 CEO	

后　记

在商务部有关领导和司局的指导和支持下，《中国服务外包发展报告2012》如期出版了。本期报告编写中，商务部及国家有关部委和全国服务外包21个示范城市、部分非示范城市给予了大力支持。

《中国服务外包发展报告2012》的编写工作于2011年10月正式启动，明确报告主题、确定调研方案、组建编写团队；2011年12月至2012年1月，在商务部服务贸易和商贸服务业司的支持下，中国服务外包研究中心对全国21个示范城市及部分非示范城市的园区、企业、培训机构、政府部门进行了调研，通过提交材料的方式，深入了解了各地服务外包产业的创新发展；2012年1月份同步启动企业网络调查工作，详细挖掘代表企业的发展现状及趋势，为本发展报告的编写提供了基础；2月上旬，本发展报告的详细编写提纲确定；2月中旬至3月上旬形成初稿；3月中旬至4月中旬完成制图排版工作形成送审稿；4月底召开编审会；5月初至5月上旬发示范城市征求修改意见；5月中旬送商务部服务贸易和商贸服务业司审稿，5月底经过多次修改最终定稿。

我们应当感谢中国服务外包21个示范城市及宁波、青岛、洛阳等部分非示范城市的商务主管部门，以及代表企业、园区、培训机构的相关负责人，他们对本书的编写提供了大量的信息资料、修改意见和其他方面的帮助。

我们非常感谢上海市服务外包研究中心，他们在整个编制过程中提供了大力支持，不仅在国际国内基础信息资料的收集整理、典型案例调研等方面给予帮助，同时为整个编写工作提供了坚实的后勤保障。

我们要特别感谢中欧国际工商学院、上海交通大学经济与管理学院、上海财经大学信息管理与工程学院、浙江大学宁波理工学院、美国佛罗里达大学、广州外语外贸大学、国家服务外包人力资源研究院、北京服务外包企业协会、国际数据公司、毕马威国际合作组织、天津鼎韬外包服务有限公司、华鑫证券有限责任公司等高等院校和专业公司，他们为我们的编写工作提供了强有力的学术和信息资料支持。

我们对参与本书编审研讨和提供资料信息的人员表示感谢，他们是：刘树民/张华雨/张艳芳（北京)、王鸿奎/赵强（天津）、阎蓓/王敬云/杨曜（上海）、冯蒙/贠琰（重庆）、杨海/王晓姗（大连）、樊孝国/牛凤梅（深圳）、刘旭/周木亮/谢家强（广州）、郑刚（武汉）、季春华/刘凯（哈尔滨）、陈小兵/吕媛（成都）、王涛/韦刚（南京）、麻晓勤/吴增军/马卉（西安）、李金强（济南）、孙书信/胡敏慧/葛志海（杭州）、王可健/吴松江/刘梦龙（合肥）、李伟/戴琼/周兵林（南昌）、刘跃宏（长沙）、张凤良/石士杰（大庆）、盛逸仙/李晶（苏州）、

施忠 / 张亮（无锡）、赵福平 / 程波（厦门）。《中国外资》杂志社的薛庆林副社长、刘大伟编辑，他们为本书提供了专业的编辑和修改意见，一并表示感谢。

我们特别要衷心感谢上海金桥出口加工管理委员会、上海金桥（集团）有限公司和上海金桥出口加工区开发股份有限公司的领导张素心、马淑燕、沈荣先生，他们为本报告编写组提供了各种支持与服务。

本报告如有疏漏与差错之处，敬请读者不吝指正。

中国服务外包研究中心

2012 年 5 月 25 日